东南大学教育人物丛书　章未卷

我的人生轨迹

章未 著

东南大学出版社
SOUTHEAST UNIVERSITY PRESS

图书在版编目（CIP）数据

我的人生轨迹 / 章未著． —南京：东南大学出版社，2021.2
（东南大学教育人物丛书 / 时巨涛，李霄翔主编）
ISBN 978-7-5641-9456-7

Ⅰ. ①我… Ⅱ. ①章… Ⅲ. ①章未-回忆录 Ⅳ. ①K825.46

中国版本图书馆CIP数据核字（2021）第027456号

我的人生轨迹
Wo De Rensheng Guiji

著　　　者	章　未
出版发行	东南大学出版社
社　　　址	南京市四牌楼2号　（邮编：210096）
出 版 人	江建中
责任编辑	陈　淑　戴　丽
经　　　销	全国各地新华书店
印　　　刷	南京新世纪联盟印务有限公司
开　　　本	787 mm × 1092 mm　1/16
印　　　张	18.5
字　　　数	305千
版　　　次	2021年2月第1版
印　　　次	2021年2月第1次印刷
书　　　号	ISBN 978-7-5641-9456-7
定　　　价	120.00元

本社图书若有印装质量问题，请直接与营销部联系，电话：025-83791830。

序

五月底的一个周末，接到老朋友和老同事时巨涛教授的电话和邮件后，我按捺不住激动的心情拜读了章未先生的自传《我的人生轨迹》书稿。先生的书坦荡真诚、直抒胸臆，又生动平实、行文流畅，一个正直、认真、敬业的老师形象跃然纸上，一位老一代知识分子的经历、境界和风骨浮现在眼前，令人敬佩，感触良多，也让我想起许多与章老师有关的往事。

章未先生是我的恩师。自我1973年进入南京工学院机械工程系学习时师从先生，算来已有47个年头了。不管是在学生时代还是在留校任教时期，章未先生对我的教诲和提携，在做人和做学问方面先生对我的言传和身教，至今记忆犹新，往事历历在目。

在机械制造专业读书期间，章老师曾指导过我的生产实习，在围绕典型零部件开展教学活动的过程中也直接指导过我。先生对学生的关爱，对教学工作的倾情，对企业技术人员和工人的尊重给我留下了深刻印象，并影响至今。

1977年毕业留校工作后，我被安排到机械制造教研组刀具教学小组做助教，章未先生是组长，还有黄仁、汤铭权、赵芝眉、时修荣、丁瑞连、谢夕俊、万迪慧等老师，这在当时高校中应属精英团队了。我开出的第一门课是"齿轮加工"，这是一门综合性的课程，内容涉及齿轮原理与设计、齿轮刀具、加工工艺和制造设备等。我先跟着章未先生听课做辅导，后经过精心备课，由章未先生主持了我的试讲，小组老师全部出席并提出了中肯的意见。自此，我正式走上了大学讲台。后来，我先后开出了8门本科生和研究生课程，并相继在东南大学和英国威尔士大学攻读硕士和博士学位。先生深厚的教育情怀、精深的学术造诣和严谨的治学态度，以及对后生的无私提携和言传身教，都一直影响着我的职业生涯，使我受益终生。

在学校任教期间，我经常到章未先生家去看望和讨教，认识了师母范元明老师。先生在家里或是潜心备课，或是摇着蒲扇阅读原著的形象直到今天都挥之不去，每每忆及，感慨万分。我曾随章老师到南京市工人文化宫参加"金属切削队"的活动，认识了一些工人革新能手；也曾一同去观看京剧名家钟荣主演的程派名剧《陈三两爬堂》；还曾去观看南京京剧票友出演的《小宴》，章先生在戏中饰演吕布一角，我为先生精湛的演出热情捧场叫好。章老师的一双儿女章晖和章晔我也比较熟，他们在家庭的熏陶下都很优秀，一家人亲密和睦，给人印象很深。

  1994年，我回国后任东南大学副校长，1996年奉调教育部任高等教育司司长，从此离开了学校，但一直与章未先生保持着联系。印象较深的一件事是，1997年我到南京出差，应邀回机械系做了一场讲座，介绍我国高等教育改革与发展形势，脱稿讲了两个小时。章老师和李延保副校长、教务处处长陈怡都听了那次讲座。先生当时任学校的教学督导并参加校史编纂工作，他在讲座结束后对我讲了一句话："看来你的工作到位了！"不多的几个字，给了我极大的鼓励和鞭策。后来到南京出差或参加校友聚会，多次见过先生，看到他精神矍铄、身体健康，总是感到由衷欣慰。

  一个人生活在大千世界中，除了家人之外，总会交往和结识很多人，包括老师、学生、同事、朋友等。章未先生家国情怀浓厚，一生经历曲折却磊落豁达，有彷徨，更有坚定和自信；为人真诚通透，治学严谨务实，有坎坷，更有成功与贡献；先生兴趣爱好多样，涉猎领域广泛，有情趣，更有风骨与境界。正是这些优秀品质，既体现了老一代知识分子的风范特征，又形成了强烈的人格魅力。我想，这也正是我多年来敬仰和追随先生的缘由吧。

  巨涛转达了章未先生要我为他的自传作序的期望，师命难违，我感到又惶恐又高兴。回顾与先生近半个世纪的"忘年交"，不由感慨系之，匆匆写就此文，以表师恩难忘。同时也借此机会，遥祝章未先生九十华诞，衷心祝愿先生与师母幸福快乐，健康长寿！

  是为序。

钟秉林

2020年6月3日

（作者系中国教育学会会长，教育部高教司原司长、北京师范大学原校长）

自　序

这是一本我写的自传。我们每一个人从呱呱坠地、进入人世间始，到走完整个人生旅程，一般不过数十年。相对于几千年人类历史长河而言，不亦短乎？个人作为人类社会中的一个个体，相对于同时代整体几十亿人口而言，不亦渺乎？对吾辈普通老百姓来说，人世间走一遭，过眼烟云，无"留芳"或"遗臭"的价值，本没必要写什么自传，可我为什么又要多此一举呢？于此作一说明。

一则，我这一辈子，生于1931年——民国时期，历经抗日战争、解放战争、新中国成立、毛泽东时代、改革开放时期……尝遍酸甜苦辣，享尽多彩人生，值了！老来无事，没事找事，对自己几十年走过的路，回过头来看看，作点反思，写点东西下来，有个交代。子女后人，有兴趣的话，随手翻翻，多少可以对我们父辈这代增进些了解。如此而已。

再者，我这一辈子，自1936年进入小学以后，经中学到大学，读了十几年书。1953年大学毕业后，留校任教，直至退休及退休后生活，就一直在学校度过。尤其是1950年考进南京大学后，我就读的院系经1952年院系调整为南京工学院，1988年更名为东南大学，我的大半人生便与这所东南学府结下了不解之缘。从一个特定人物（我）的人生轨迹中，管中窥豹，可以看到一个特定时间（新中国成立以来半个多世纪）、特定空间（高等学校）中极小的一个侧面，也并非完全没有意义。

至于怎样写，那就是如实、素描、不修饰。但我自身经历和认识水平，决定了所写内容的局限与片面，加上写什么、不写什么，还有个选择。喜怒哀乐，褒贬好恶，也无法回避。不当之处，敬请指正。

目 录

序

自序

第一章　青少年时期（1931—1950）

值得自豪的家乡………………………………………………………… 2
追根溯源说章家………………………………………………………… 4
东横街故居旧事………………………………………………………… 6
"逃难"生涯…………………………………………………………… 10
初到上海滩……………………………………………………………… 12
第二故乡杨舍镇………………………………………………………… 14
杨舍小学念小学………………………………………………………… 16
梁丰中学读初中………………………………………………………… 19
南菁中学上高中………………………………………………………… 23
从"艺蕾"到"三五"………………………………………………… 28
难忘的"社青"生涯…………………………………………………… 32
入团，初恋，进大学…………………………………………………… 37

第二章　激情燃烧的岁月（1950—1957）

跨进了大学的门槛……………………………………………… 42
三大运动，考验立场…………………………………………… 48
思想改造，脱胎换骨…………………………………………… 51
院系调整，加入党组织………………………………………… 55
当上了人民教师………………………………………………… 59
学习苏联，走过一轮…………………………………………… 63
家庭，爱情，亲友情…………………………………………… 67
1956—1957 多事之秋…………………………………………… 70

第三章　在曲折的道路上前行（1957—1966）

从整风到"反右"……………………………………………… 74
南工党内一场路线斗争………………………………………… 78
"三面红旗，一个方针"……………………………………… 81
离开了党的队伍………………………………………………… 86
夏天里的春天…………………………………………………… 89
贯彻"高教 60 条"，半工半读………………………………… 92
有了一个家……………………………………………………… 96
山雨欲来风满楼………………………………………………… 100

第四章　"文革"十年的经历（1966—1976）

"文革"烈火映天红…………………………………………… 106
游泳中学习游泳………………………………………………… 109

关进了"牛棚" …………………………………………… 112
假案一桩 ……………………………………………… 115
走"五七"道路 ………………………………………… 119
教育革命，培养工农兵学员 …………………………… 123
"金切队"，胃切除 ……………………………………… 129
粉碎"四人帮"，重见天日光 …………………………… 134

第五章　第二个春天（1976—1986）

回到了党的队伍 ………………………………………… 138
拨乱反正，重建新秩序 ………………………………… 143
系副主任一年半 ………………………………………… 147
履职教务处，先抓三件大事 …………………………… 152
推行学分制，加强教学管理 …………………………… 156
文科建设，教育思想学习 ……………………………… 158
自我设计，告别教务处 ………………………………… 162

第六章　第二个专业（1986—1998）

进入高教研究角色 ……………………………………… 170
教育研究项目，教育学科建设 ………………………… 176
从协作组到高等工程教育研究会 ……………………… 180
告退高教所，返聘写校史 ……………………………… 186
以史为鉴，存史资治 …………………………………… 190
国事多多，家事也多多 ………………………………… 196

第七章　夕阳无限好（1991—2017）

我的退休生涯	204
我的"第三个专业"	209
探亲美利坚，见识西洋景	218
同住地球村，永远一家人	223
"2-2-1部队"，扎营大上海	227
亲情，友情，山水情（一）	232
亲情，友情，山水情（二）	242
我的文字情缘	251

第八章　最美是黄昏（2017—）

人生旅程终点站	256
过好每一天，走完人生路	261
反思人生	269
展望未来	273

结束语 …… 276

附　录 …… 277

后　记 …… 281

第一章 青少年时期
（1931-1950）

值得自豪的家乡

1931年5月8日（农历辛未年三月二十一日），我出生在江苏省江阴县（现为江阴市）东横街14号章姓之家，江阴就成了我的故乡。尽管我此生在江阴的岁月前后不过九年（抗战前六年和高中三年），不足我人生的十分之一，但一个人对自己的故乡，总有割舍不了的情结，何况江阴的确是个令人骄傲的城市。

说起江阴，它位于江苏省境内、长江下游南岸，北与靖江隔江相望，南接无锡，东连张家港，西邻常州，是富饶的江南鱼米之乡。且其历史悠久，春秋战国时期，曾是吴公子季札的封地，属延陵郡，后为楚春申君黄歇的采邑，故有"延陵古邑""春申旧封"之称。1700余年前，晋太康二年（281年），首置暨阳县。南朝梁绍泰元年（555年），建江阴郡，因地处大江之阴，故称江阴。

江阴滨江近海，江面最狭处仅1.25公里，是江海门户，锁航要塞，历史军事重镇，兵家必争之地。明中叶，于此修城垣以防倭。清光绪年间，在城区东北郊之黄山增修炮台，成为闻名天下的江阴要塞。1937年"八一三事变"后，中国军队在江面对日展开历时两个多月的海空之战，1949年，解放军百万雄师过大江，江阴是东线强渡之起点，发生地都在江阴，足见其地势之重要。

再者，江阴民风淳厚，民性刚强，富有反侵略的光荣传统。明嘉靖年间，江浙沿海常受倭寇袭扰，江阴县令钱錞举乡兵义勇重创之，令其不敢复窥。明末清初，清兵挥戈南下，江阴人民在阎应元领导下坚守孤城81天，抗击清兵24万，城破之日，无一人投降，乃有"忠义之邦"的美称。

另外，江阴文化源远流长，宋时即设贡院，元代始创书院。清光绪八年（1882年），江苏学政黄体学倡建南菁书院，民国后改为南菁中学，即我高中就读母校，迄今一百三十余年，桃李满天下。江阴钟灵毓秀，代有才人。如明代杰出地理学家、旅行家徐霞客，清末民初藏书家、校勘家缪荃孙，现代文学家、语言学家刘半农，民族音乐家刘天华，等等，不胜枚举。（参见《江苏省江阴市志》）

　　江阴土地富饶，物产丰富。有一种说法，说中国最好的地方是江浙，江苏最好的地方是苏（苏州）、锡（无锡）、常（常州），再缩小点范围便是澄（江阴）、锡、虞（常熟）。这样说来，江阴便是中国好中之好了，事实也是这样。新时期中国百强县，江阴名列前茅，还有张家港，也是由江阴和常熟各划地一部分组建的。如此等等，只要谈起江阴，家乡人无不引以为豪。

　　其他方面，江阴留给我深刻印象的还有古迹兴国塔，城中的中山公园，美食鲴鱼、鲥鱼、刀鱼和河豚，鳝面、马蹄酥、萝卜丝烧饼和粉盐豆……

　　总而言之，统而言之，江阴是我值得自豪的故乡。

追根溯源说章家

一直听说江阴有陈、章、沙、祝"四大家族",章姓是其中之一。确也如此,江阴章姓族人甚众,且多为"士绅"之家,有祠堂,有族长。我以往只知自己是三十四世,从何算起?祖宗是谁?则一概不知。1989年5月,族兄章寿朴(原上海市位育中学一级教师,时年八十)整理就"章氏笏山支部分家谱图表",赠我一份,乃悉江阴章氏以五代福建浦城的太傅公章仔钧为始。仔钧在官有仁政,妻杨氏,名儁,家住练湖,人称练夫人。关于练夫人,有一则故事,很有趣,幼时即听家人说过,此时方见记载如下:

仔钧屯戍浦城,会南唐将假道过,忽鼓噪攻垒。仔钧遣二校乞援于建安,二校失期当斩。夫人止之曰:"世方乱,奈何杀壮士?"仔钧悟,释不诛,二校遂奔南唐。仔钧卒,夫人居建州。城破,二校在行间,将屠城,使以白旗遣夫人,令植于门,且曰:"已戒士卒勿犯。"夫人反其旗,曰:"汝念旧德,愿全此城。必欲屠之,吾与众俱死,不独生也。"二校感其言,遂不复屠。

仔钧公有子十五人,孙六十八人,分居各省,后均蔚为巨族。宋南渡时,有讳建者始迁江阴,传十五世而分笏山、塔前两支,各建宗祠,各修谱牒。笏山支住城东,称东章;塔前支住西大街,称西章。这样说来,我家便是东章。寿朴兄所整理图表,从二十七世始。至我祖父章钟岳,字巩欧,为三十二世。父亲章经治,字敏农,为三十三世。及我,则为三十四世。

其实,从我祖父到父亲,已经不是嫡传了。祖父无子,仅生三女,为章丽瑛、章希治、章咏仙。乃自苏州族兄弟处将我父亲过继至江阴为嗣子。我对苏州的亲祖父一无所知,但知我父亲还有两个哥哥章世勤、章世勷,一个弟弟章定一和一个妹妹章佩英。另外,江阴祖父在嗣了父亲以后,又嗣进一子,年龄大于我父亲,名章崇治,字问雩。先嗣弟,后嗣兄,岂非怪事?盖事出有因。据说是因为祖父犯了"周案",逃往苏州,后经族侄、即职业为律师的章问雩相助,把官司"摆平"了,才回江阴,乃收为嗣子以答谢之。

江阴章氏支谱

所谓"周案",我青少年时期风闻一二,不知其详。至二十世纪八九十年代,各地修志,从一些资料上见到有关记述,才知道是关于周水平烈士的一桩公案。周水平(1894—1926),原名侃,号刚直,又名树平。清光绪二十年(1894年)生于江阴顾山周东庄,幼读私塾;1915年考入无锡省立第三师范;1918年秋,留学日本东京高等体育学校;1920年回国,先后在多所小学、中学和师范学校任教。1925年参加中国共产党,不久又加入国民党,在江阴开展革命活动,组织佃户合作自救会,发表演说,散发传单,号召农民减租减粮,引起地主豪绅震恐。是年11月,澄锡虞三县地主三十余人联名控告周水平是赤色分子。18日,周被江阴县署拘捕。1926年1月16日,军阀孙传芳密令斩决。17日晨,周水平于江阴市桥北塂慷慨就义,时年32岁。1927年,北伐军驱走孙传芳,2月,孙逖群任中共江阴县农会主席时,追捕周案38犯,查封其家产,焚毁其田契,农民拍手称快。周水平父亲也向省里、县里提出控告,请求依法惩处,为子伸冤,后经查实,判决主犯沙文明罚金3000元,从犯37人,各罚1000元,以抚恤家属,建造烈士墓碑,创办水平小学,以慰冤魂。此即周案始末*。

与前述情况联系起来看,我想祖父章鞏欧当是38人中之一员。虽然吾生也晚,没见得上。但祖上有此等事,虽不光彩,作为我对祖辈的了解,还应记述下来。

---

*沙州县政协文史资料研究委员会编《文史资料选辑》第二辑。

东横街故居旧事

再说东横街故居,我生于斯,是个"士绅人家",号称"菜根堂"。建筑是一座独门独户三进的院落,坐西面东,每进四开间,以北起第二间为中轴,从大门进来是门厅,上悬一匾,书有"紫气东来"四字,宅所乃有"紫来居"之称。门厅北边有一间,南边有两间,供出租用。两进之间是天井。第二进北面三开间是个大厅,南边留一个厢房。往后,中轴一间过道厅,将天井一分为二。第三进为两层楼房,除中轴一间为厅堂外,余俱为主卧,仍是北一南二。再后是一个院子,北边一排为"浴锅间"(当时当地洗澡是支一只大锅,烧了热水,全家人一个个按序洗)、厨房、柴草间和"下人"住处。

东横街 14 号故居

我生之时,祖父已去世,蒋氏、周氏两位祖母亦已不在,三位姑母均已出阁。上代还有位老姨太,叫朱德光,听说家境贫寒,19 岁就进门,年纪比我母亲还小几岁,是大、二两位姑母找来专门伺候祖父的,身世可怜。我们孩子都叫她好婆,父辈和年长的族兄姐则称之为姨太或萱姑娘。她住一楼北卧,我家父母和我三人,则住南卧两闾。楼上住伯父章问雪的姨娘和她的四个子女:我的堂姐寿申、堂兄寿榛和堂弟寿植、寿机,他们是我儿时的伙伴。伯父在西大街原有家室及子女:堂兄寿权、寿梧、寿榜,堂姐寿楠、寿杉。他很少到东横街来,大概在我两三岁的时候,他就去世了。

父亲章敏农

父亲章敏农的早期经历，我也不甚了了。他生于1895年，1913年毕业于江苏公立南菁学校（《南菁校友录》1997），曾就读于苏州东吴大学，未竟学业。1916年22岁，就被叫回来，与母亲陈以苂成婚。可直到13年后才生我姐。在做"百日"前一天，母亲因赶着做鞋太累，喂奶时睡着了，把我姐给闷死了。1931年37岁生我，取名章未。盖章氏三十四世取名均为"木"字排行，我出世晚，热门字给兄姐们用掉了，正好1931年为辛未年，"未"属木部，是以名之，另取字树堂。我父母同年，我们三人均肖羊，"三羊开泰"，应该是象征吉利的，可我父母好像从来就很合不来，很少有话讲。我在四五岁前，对父亲不太有印象，是否在外地干什么，也不清楚。1936年，我进辅延小学前后，他闲居在家，而且吸上了鸦片，直到1937年抗战前，他参加海军电雷学校时才把烟给戒了。

和祖父典型的小城封建地主不一样，外祖父陈默之当过京官，在"交涉司"衙门供职，曾经作为外交随员去过英国。告老还乡后，在家乡江阴布政坊巷置了所房产。母亲陈以苂幼年随外祖父在北京、天津住过，见过世面，读到高小（非同于如今的高小），有一定文化。嫁到章家后，不太

第一章 青少年时期（1931—1950）

母亲陈以苌

能适应，总有点格格不入。听说还闹过一次"家庭革命"，出走到苏州木渎蚕桑学校当舍监。去了半年多，又被找了回来。我从小由母亲的陪嫁丫头阿福带着，1936年进辅延小学，第一天，我要她在教室外等着，上课时不时从窗口往外看她在不在。一眼没见人，就哇的一声叫着直往外奔，成为趣话。1937年战火逼近江阴，母亲认她做干女儿，给找了个人家，嫁了出去，不再在我家，我大哭了一场，以后就再也没见过。

儿时旧事，毕竟因为太年幼，只能依稀记得一些零星片段。诸如母亲给我讲二十四孝、孟母三迁啦；牌局上别人问我好婆手中有什么牌，我就"红中、发财……"有啥说啥讲出来，结果引起一场哄笑与夸奖啦；房客徐小姐教我们唱《卖报歌》《慰劳歌》《大路歌》，以及"高粱叶子青又青，九月十八来了东洋兵——"啦；方先生在河里游泳，一个潜水不见了人影，我在岸上急得直哭啦；在厅堂玩"豁虎跳""排一字"啦；小兄弟打碎了我的玩具不倒翁，赔了我一把宝剑啦；在学校上台讲故事"司马光砸缸"啦；以及戴着父亲带回来的防毒面具，高兴得直乐啦……当然，最最值得自豪的是一年级两学期的考试成绩，都是第一名。

童年（一）
前排左起：表弟陈为承、章末，后排左起：姨母陈以荃、陈以芝、陈以全、母亲陈以苃

童年（二）

总之，我的童年，因是生在"城里"，又是富裕人家，养尊处优；在东横街小兄弟中，我是"正统"（父亲先嗣进，于斯长成、结婚、生子，伯父是特殊背景下嗣进，小兄弟是偏房所出）、独子，且天资聪颖，听大人话，懂规矩，有礼教，长辈对我倍加宠爱……由是，在我幼小的心灵中，产生了高人一等的优越感，这大概就是家庭给我童年打上的最早的烙印吧。好景不长，七七事变，打破了我美好宁静的生活。1937年农历十月，日本侵略军逼近江阴，我们不得不背井离乡，开始了"逃难"生涯。

"逃难"生涯

1937年"八一三事变",打响了淞沪会战,江阴长江要塞成为日寇攻击的重要目标,日本飞机轮番轰炸,我海军舰艇官兵浴血奋战,先后击毁、击伤敌机多架,并重创敌舰。直到农历十月,由于战事吃紧、局势危急,江阴城内老百姓按"大乱避乡"原则,纷纷向四乡避难。父亲当时已供职海军电雷学校,无法照顾家里,乃拜托大舅父陈以乾带母亲和我,还有好婆朱德光,一起离开江阴,先到西乡峭岐镇上暂避。峭岐有我舅父陈家的"仓房"(陈氏族人在当地所置公用房产,供一年两季下乡收田租时短期居住和存储所收租米稻用),母亲和我就住陈家仓房内。另外,我三姑夫吴月舫家在峭岐,好婆朱德光和二姑母章希治与她的三个子女一家则住三姑母家。算是临时有了个安置。

没过几天,十一月底,日寇进犯江阴,江防守军经激战后奉命撤离,父亲随军内撤。十二月初,江阴沦陷,城内遭到烧杀掠抢,族兄章星白、族侄章开世即被日寇杀害。峭岐离城18里,日寇随时可能过来。舅父雇了一条小船,载上他家三口——舅父母和为琦表姐、我家三口、我二姑母家四口,还有舅父的本家,我称呼为文通嫂嫂的一家孤儿寡母,外带一个瘫痪的老公公,计有五六口人,合起来四家十几个人,开始了"逃难"生涯。由于船上只有舅父和二姑母家大表哥张景苏是男子汉,其余均系老弱妇孺,一切行动听舅父指挥。白天行船,"鬼子"(老百姓对日本侵略军的称呼)到东,我们往西,夜间找个河湾栖息,一日三餐,全在船上烧来吃。这时,已经很难买到什么菜了,顿顿是青菜。可也奇怪,在船上,用木柴生火,炒的青菜特香,特好吃,至今记忆犹新。难受的是晚上不能躺下睡觉,瘫痪的老人占了船的一侧,大家只有和衣而坐。最受惊恐的一次是船行着行着,忽然听到前方有"突突"的汽艇声,那是迎面有"鬼子"兵来了,情况十分危急,掉头跑也跑不过汽艇。幸好不远处有条汊道,往前一拐弯,避开了鬼子兵,等汽艇过去了,我们再继续前进。就这样在河汊里和"鬼子"玩起了捉迷藏的"游戏"。有时"鬼子"离远了，就近上岸落个脚。记得先后在焦溪、新安住过，每次不过几天。后来，到了一处叫作小茅山的山坳里，比较偏僻，有一座不小的庙，先后已经住进了百把人。我们也就在这里要了两间屋，铺上稻草打通铺，住了下来，比起船上生涯，就像进了天堂。可恰恰就在这，第一次见到了日本"鬼子"兵。那是晴朗的一天，忽然，山上下来了一个鬼子兵和一个翻译，把庙里所有的人全都赶到大殿里，围坐一圈。然后，由翻译拿了"铜盆帽"，要大家把金戒子、金表和银元扔里边。这年月，人们谁还不把这些物品放严实，手头有啥就随便给一些。一转兜过来，帽子里满了，鬼子也就走了。临出庙门，叭的一枪，打死一只鸽子，完完全全的强盗行径。我是个孩子，一下见到这情景，当然害怕。可我不明白，为什么百把个人却怕着一个鬼子？主要是当时政府没把人民组织起来，人民缺乏觉醒，只有任人欺凌。在局势稍为缓和一些以后，我们又回到峭岐，在峭岐过了大年。

日军侵占了江阴后，毕竟不能一味靠烧杀来统治，且其兵力又少，要能站稳，只有收罗些人当汉奸，组织傀儡政府，为其效力。十二月下旬，江阴成立了"维持会"，不久又改为"自治委员会"，家在峭岐的陈祖培当委员长。陈祖培是舅父陈以乾族中的侄儿，他把舅父找去当了建设科长。过年前后，舅父一家回了江阴，母亲带着我依然留在峭岐。以后日子怎么过？我小孩子家什么也不懂，都由大人在安排。

那时，虽然在打仗，可邮件应该还是通的。可能是父亲托了在上海一家银行工作的小叔父章定一，1938年春，我们接到他的信，邀母亲和我去上海，由他来照顾我们生活。好婆和二姑母一家，则去苏州大姑母章丽瑛家，和大姑母一起过。至此，我们一家四口，便分开三处，各奔东西了。

第一章 青少年时期（1931—1950）

初到上海滩

母亲和我是从江阴乘江轮到上海的，晚间行船，没有看到江色。到了上海，由小姑母章佩英来接我们，帮我们在新闸路紫阳里的弄堂房子找了个亭子间，安顿了下来。半年多以前，在江阴老家，无忧无虑，世界多么美好。日本鬼子来了，背井离乡，逃了半年难，有家归不得。如今到了上海，虽有小叔父、小姑母照应，但他们都有工作，抽空过来看看。平时就母亲和我两个人过日子，母亲成了我唯一的亲人，我整天跟着她，寸步不离。由于新闸路地处英租界内，没有日本人，不用担惊受怕，也就这么过着吧。可我们住下不久，因为和房东家小姑娘吵了几句嘴，房东要我们搬家，只好另觅住处，就近搬到了武林里，仍是个亭子间落脚，算是相对稳定了。

上海是个大地方，花花世界。我们初来乍到，人生地不熟，不敢瞎跑。蜗居一间房，也兜不转身，出门就是弄堂。清早，粪车来了，一声吆喝"拎出来"！于是家家户户就挨个出来倒马桶。不时也有小贩叫卖冰棒和凉面的。最能吸引我的是弄堂口有个出租连环画的小书摊，我每天要去租几本回家看看。时间长了，混熟了，摊主中午回家吃饭，就叫我帮他看摊子，书就由我看个够。后来，我有机会买了本广益书局的绣像通俗小说《薛仁贵征东》，因才读了一年书，识字不多，只好连蒙带猜地看。

当年夏天，暑假过后，我插班进了弄堂里一所小学的二年级，继续学业，有学可上，也就不空了。有时也走出弄堂上大街，看看外部世界，可以看到一些"红头阿三"（英国人雇佣的印度巡捕），拿根警棍，神气活现的，觉得很稀奇。

另外，在上海，除了小叔父与小姑母外，我们也还是有几位亲戚的。一位是苏州老家的三伯父章世勤，带我看过大世界游乐场的哈哈镜和京剧《西游记》。另一位是大姨母陈以芷，是个"老小姐"，不到50岁，避乱到上海，我们参加了她的婚礼。事情是这样的，听母亲讲：她早年是许配给赵元任的，赵留洋后生变，退了婚姻，她就一直没嫁人。姨夫冯懋岑原是老邻居，供职上海，近年丧偶。大姨母来上海，同在异乡作客，结成连理，可以相互有个照应，姨母也有了个归宿，好事一桩。

没过两个月，父亲从湖南带信给我们，说电雷学校已解散，他要回来。嘱我们先去苏州大姑母处等他。我们便稍作收拾，大约在十一二月间，告别大上海，到了苏州，我又再一次辍了学。

大姑母章丽瑛是月城桥庄家，早年丧夫。独女慧表姐已出嫁江阴同乡祝定一，住上海。庄家在苏州有房子，鬼子侵占江阴后，大姑母就去了苏州，一人独处。年初，母亲和我去上海时，好婆和二姑母一家早就去了她那儿。如今，我们也过来了，好不热闹。大家在一起过了个农历年。只是父亲归来事，一直没音信。战乱期间，交通不便，信息不畅通，只有耐心等待。直到1939年六七月间，终于盼到父亲归来，我们全家四人得以团聚。于是告别苏州，回到江阴。但见东横街老家已被掳掠一空，连门窗地板都卸个精光，满目凄凉，惨不忍睹。一方面是老家已无法居住，一方面是父亲本意也不想在县城之内安家。他在东乡杨舍镇租了房子，全家去那里定居，算是相对地稳定了下来。但经过这番离乱，真是国破家亡，生活有了极大变化，对我幼小的心灵，有相当的影响，我变得不太任性，似乎更加懂事了些。

第二故乡杨舍镇

　　父亲选择到杨舍定居，不只是因为江阴老家毁了，不好住人。主要是城内驻有日军，住乡下离鬼子远一些好。另外，他不想给鬼子做事，如果不另谋生计的话，就只有靠田租过日子。而我家租田就在离杨舍不过七里地的苏墅桥附近，那里有章家仓房在，便于收租。后来，我从母亲那里得知：祖父原有田地 300 亩，身后分给伯父和我家各 80 亩，三个姑母各 30 亩，好婆养老 20 亩，余 30 亩资助族中贫寒子弟。其时，父亲手上有 80 亩，加好婆的 20 亩，一家生活来源，就依赖上这 100 亩的地租了。

　　杨舍是江阴东乡一个大镇，离城约 20 千米，水陆交通还算方便。我们租的是中街朱家墙门内蔡家的房子。记得当年我们去杨舍，是坐的"脚划船"，也叫"当当船"（打小锣揽客，是以名之），可容十来个人。两个船老大，有时摇橹，有时撑篙，有时还要背纤，早上发船，下午一两点钟也就到了。那天，船自东横河经谷渎港，抵杨舍，靠上吴家码头。河滩上有群妇女在洗衣服，看到船上下来几个"城里人"，用好奇的目光打量着我们，喊喊喳喳地议论着。我们穿过"城头"（土墩子）豁口，没几步就到了朱家墙门的后门。进得蔡家，安顿了下来。

　　房东蔡家是弟兄俩，老大蔡万春，开了爿蔡元章南货店，妻早亡，长子蔡龙生在无锡学生意，童养媳月姐料理家务，次子蔡润生、女儿蔡林珍在小学读书。老二蔡福春孤身一人在外边混，不住家里。我们租的是他家楼房西边的一间，好婆在楼房中间搭个铺。住久以后，彼此处得很好，好婆帮月姐做她全家和店里的饭菜，月姐帮我们家"上河滩"。月姐认好婆干妈，润生认我母亲干妈，他们都叫我弟弟。我们入住以后没两年，蔡万春就病死，龙生回来执掌店务，父亲帮他们改了名字，龙生叫念勋、润生叫念椿、林珍叫念慈。两家就像一家一样，现在很少见到有这样的房东、房客关系了。

当年的杨舍并不大，但颇热闹。一条街东西向，两侧有各色店铺。一条河南北向，叫谷渎港，横贯其间，上架一桥，名青龙桥。桥东为东街，桥西为中街，再往西为西街。东街尽头有所梁丰中学，与梁丰小学在一起。中街往西有钟鼓弄、典当弄、营房弄几条南北向的小弄堂，其北，便是三圣庵场和杨舍小学。1943年暑后9月，我插班进了杨舍小学（又叫范贤小学）三年级，继续中断了的学业。从朱家墙门后门出来，西行过三圣庵场，走不多远就可到杨小，很是方便。

　　1939年的杨舍还属乡镇，鬼子兵力不足，龟缩在城里，偶尔下乡兜一转，也耽不久，很快就回城。老百姓平日基本上还可以正常过日子。在杨舍，我们住了下来，而且前后一住就是十年。我的青少年时期，主要在此度过，杨舍成了我的第二故乡。新中国成立后，1962年改建制为沙州县。其后，又再组建成港口城市张家港，杨舍为其市政府所在地，这已经是后话了。

杨舍小学念小学

1939年暑后，我插班进杨舍小学三年级。由于"逃难"，辍学两年，如今没上二年级，跳了一级，实际蚀了一年。

说起杨舍小学，也是个老校，始建于清光绪三十年（1904年）。1937年杨舍沦陷后，学校停课，1938年复课。我1939年入学那时，校长是郭润庭。我们三年级的班主任是包元亮，兼教语文，还有算术老师陈清桂、体育和音乐老师王鸿章、历史老师郭达生……现在回忆起来，印象最深的要数包老师，他教学认真，板书方方正正，对我们的要求也十分严格。我们每周要写一篇作文，发作文本时，每出现一个错别字，便叫上去，要打一记手心。我可从没挨过，当然就成了他的得意门生。包老师家境清寒，是个有名的孝子，侍奉着老娘，没有成亲。当时，杨舍虽已沦陷，但日军只是偶尔下乡，当地先是有共产党新四军的活动，包老师也积极宣传抗日（同学郭宗海的回忆录中提到他被推举当过副镇长）。后来，江南新四军北撤。有一次，日军突然来杨舍把他逮到江阴，关了一阵子，又放了出来，之后他居然学会了日语。我在1956年回杨舍的时候，听说他在肃反中自杀了，不知会否与这段经历有关。但是，作为对我小学时期有深刻影响的启蒙老师，我还是十分怀念他的。到高年级，任课的老师还有赵复斋和俞世乾，也都是饱学之士。

杨小的教材，基本上还是用抗战前的，记得有一节语文课《最后的一课》，很是感人。音乐课唱的歌是老师选的，大概在三四年级，我们学了《义勇军进行曲》《毕业歌》《游击队员之歌》等不少抗日歌曲，以后则有《花好月圆》《天伦歌》等，至今仍能张口就唱。

杨小的同班同学有郑际泰、郭宗海、吴仁培，还有后来留级下来的蔡念椿和俞世荣，女同学郭之玉、缪丽芬（当时是没有来往的），我们这几位到后来，整整六七十年，一直保持着联系，几乎可说是奇迹。另外，同在杨舍定居的本家族中的侄儿章开运、侄孙女章蕴瑜，和我同为1931年

沙洲实验小学（原杨舍小学旧址），1984年摄

杨舍小学发小
上左：房东兼干兄蔡念椿
上中：郑际泰
上右：吴仁培
下左：郭宗海
下右：俞世荣

生，也在一个班上，亦是巧合。杨小4年，学习上，我一直是全班第一。只在1941年暑假，随母亲回江阴探望外祖母滞留未归，于江阴实验小学借读五上，那学期给范君玉拿了第一名。

  课外玩些什么，印象不太深。只是暑假最令人陶醉，早晚在城头上看鹞鹰捉鸟，十分有趣。那是一种家养的鸟，非常凶狠。放出去捉鸟前，主人给它戴上眼罩，蹲在自己胳膊上，站在高处瞭望。只有当主人看到鸟后，才给它摘去眼罩，放它出去，让它去捕猎对象。一般小鸟，一下便可逮住，遇到大鸟，则有一番恶战，煞是好看。逮到后一起下落，而后主人以及我们这些孩子便按下落方向奔过去寻找，鹞鹰则等着主人去把它捡回来，当然免不了会对它有一番犒赏。再有就是斗蟋蟀，一直要到白露三朝捉"将军"，达到高潮。平时，每天下午写完一页柳公权《玄秘塔》后，便去谷渎港游泳。那时水清，一般河港均可游泳。可惜我胆小，河道不宽，可以横渡，但我始终未能取得自由，到中流击水。到得晚上，洗澡以后，便拖上木屐，到青龙桥上"吹风凉"、三角街上听"小热昏"（当地民间卖梨膏糖时所作的一种说唱）。

  在杨舍，还有一个节日很热闹，就是农历二月十九，观音生日。三圣庵场要闹集市，四方八乡要来赶集，这时还要搭台演大戏（京剧）。我清楚地记得有一次是麒派的角，一连演了好几场麒派戏。另一次则是位女武生荆剑鹏，能从叠起来的三张桌子上一个筋斗翻下来，印象至深。至于美食，则数提炉饼和羊汤，令人难忘。提炉饼是用一只可提的倒置大锅，先在火上烤热后，再提过来覆盖在下面一只放饼的平底锅上，将饼两面烤得金黄，油吱吱直叫，以葱油的和白糖荠菜的最可口。羊汤则是整只羊放在一大锅内，煮个稀烂。打羊汤时，容器内放好调料，撒把葱花，滚烫地连肉带汤打上，一点不腥，其味美不可言，一冬天吃下来，比人参还补。

  在杨小这几年，没有什么太多的大事可以回忆，只是有一次，大概在新四军北撤前后，同班同学童德勋的哥哥童德载被国民党的"忠义救国军"杀害，班上比较震动。如今梁丰中学的校园内有他的烈士铜像。

  在杨小这几年，我作为一个"城里"人，来到"乡下"过日子，虽然一开始不太习惯，但入乡随俗，逐渐便也适应了，我身上少了点斯文，多了点野气，和完全的"城里"人不尽相同了。

  就这样，一转眼，到了1943年，我小学毕业，被保送进了梁丰中学。

梁丰中学读初中

在二十世纪三四十年代的旧中国,教育很不发达。一般小一点的乡镇,还没有中学。而在杨舍的梁丰中学,则在江阴说得上是县城外数一数二的好学校,其前身是始建于清光绪年间(1894)的梁丰书院,历史悠久。此时,已经初高中俱备。我进初中时尚属私立学校,校长张文贵。初一年级有两个班,班主任是算术老师王葆元,教得很好。但影响最大的还是国文课,老师是吴伯昂,以后郭圣与、郭镜涵老先生均教过。当年一进中学,就得读文言文,文章由老师自选,记得开蒙第一篇便是《邹忌讽齐王纳谏》,

梁丰中学(当年梁丰旧址),1984年摄

第二篇是《颜斶说齐王》，均是《战国策》上的。而且，整整三年，全是读的古文。初一除了国文，还有"读经"课，选读《孟子》。那时没有政治课，可就是这些语文课的潜移默化，让我在传统文化的熏陶下，形成了一些诸如"士贵耳！王者不贵""仁义而已矣，何必曰利""富贵不能淫，贫贱不能移，威武不能屈""先天下之忧而忧，后天下之乐而乐"等知识分子的清高思想、民主意识、重义轻利、传统的道德观和对社会的责任感……我至今仍然认为是弥足珍贵的。进了中学，我的成绩仍是全班第一，学校奖给我一本《古文观止》，一直保存到今天，已经七十余年了。再者，那时打下的文字功底，使我几十年后，在单位里居然还算得上是"一支笔"。实话实说，我的语文只是中学水平，大学以后没再学过，可见当年梁丰语文教学的成功。另外，我也很喜爱历史课，最敬仰孔夫子和孙中山。在当年身处沦陷区、当亡国奴的背景下，还特别崇敬岳飞、文天祥、戚继光、史可法等民族英雄。在课外，大量阅读了《三国》《水浒》等经典，从《东周列国志》到《清宫十三朝》，以及一些公案、武侠、言情小说。我赞同行仁政、讲侠义，做人要正直，还特佩服张良、诸葛亮、吴用、刘伯温等一些聪明睿智的人物。以上传统文化宣扬的忠孝、仁爱、信义、和平，对我的道德养成和为人处世有着深刻影响。解放后，在强调"阶级性"的年月里，一度对其作过否定。但在去"左"化以后，我认识到人类存在着共同的人性，道德有继承性。那是几千年历史积淀下来人与人相处应当遵循的行为准则，不应轻易否定，重又作了否定的否定。至于外语，则从初二上开始设课，我们还是学的英语。可由于在沦陷区，也不得不排上日语课。学生不想学，上课干什么的都有，老师只装没看见。考试作弊，对付过去就算。1945年，抗战胜利以后，英语继续学，日语就取消了。还有体育课，我爱上了篮球，

初中一年级第一名，获奖《古文观止》一册

虽说个子小，却也是班上的替补队员。对体育的爱好，也是此时打下的基础。

在梁丰，我又新交了一些小朋友，他们是童秉彝、沈玉成和郭元群，还有与蔡念椿较要好的六培伦（六姓很特别，据说是明方孝孺的后代，因逃避文字狱的株连，改方姓为六）、叶镜征，也就成了我的大朋友（年龄大、个子高）。我是独子，没兄弟，就特重朋友，一辈子如此。受斯时斯地封建意识影响，初二以前，班上男女生是不搭话的。进得初三，插班进来个女同学，叫孙印彤，郁家桥人，特开通、活跃，男同学起哄，把她选为班长，她居然真当回事干了起来，组织大家又是办壁报，又是演话剧，还带了全班去华墅远足，与龙砂中学赛篮球，回来时到她家包馄饨吃，班上男女同学开始有了交往，气氛也比较融洽，直到毕业分手。有几位如缪丽芬、高挹芳和郭之玉，后来还保持着联系。

初中时期，最大的事件，莫过于抗战胜利。杨舍虽说是在沦陷区，但日军难得下乡，新四军北撤后，杨舍有国民党的"忠义救国军"活动，与日军、"和平军"（汪伪军）基本上是你来我走、你走我来，很少照面，日子还算平静。抗战后期，老百姓中传递着盟军打胜仗的消息，盼望着抗战的最后胜利早日来到。终于等到1945年8月15日，日本无条件投降，中国人民重见天日，别提有多高兴了。我永远不会忘记杨舍庆祝抗战胜利提灯会的盛况，正好在那年，杨舍有个地方人士郭令明，他开了爿杨明电厂，此时发挥了作用。街道两边，灯火通明，游行队伍浩浩荡荡，有踩高跷的、扮戏文的、"吊肉香"的（手臂上用一排细钩吊上大锣，边走边敲，原来是菩萨出巡时的排场），最醒目的是队伍中有多面写有岳飞书法"还我河山"四个大字的大旗，气贯长虹，令人兴奋不已。

抗战期间，日本侵略者给中国人民带来了太多苦难，就我而言，原来的家毁了，寄居他乡，生活也大不如前，心灵上深受创伤。抗战胜利，着实欢喜了一阵，对未来充满着希望，可现实却远非想象那般美好。其时，沦陷区的人民一般都把蒋介石看成是抗战的领袖，对国民政府满怀期待。可没多少日子，天上飞下来的、地里钻出来的，有的发"劫收"财，有的横行乡里，政治未见清明，社会也不安定。而且，"储备票"（汪伪使用的货币）换法币，200∶1，老百姓又吃了大亏，物价依然见涨，人民生活未得改善。原来一腔热情，又冷了下来。

一年以后，1946年暑，我初中毕业，面临升学问题：升学还是就业？升学升哪个学校？当时，虽然我家家道衰落，父亲抽大烟又不做事，开销不够就卖掉几亩地，但有一条，打定主意不变的，就是要供我读书，一直读下去。既然如此，那梁丰虽好，毕竟在江阴最好的学校要数城里的南菁中学，我就选择了南菁，也考上了。于是告别梁丰，告别杨舍，回归故乡江阴，读上了高中，翻开了生活新的一页。

梁丰中学初中毕业证书

梁丰中学初中部第18届毕业生摄影
前排左2女生舍监郭宛琴、语文老师吴伯昂（中大校友）夫人；左3算术老师王葆元；左6校长张文贵（亦良）；3排左1章未。诸多同学联系至耄耋之年

南菁中学上高中

南菁中学前身是创建于光绪八年（1882年）的南菁书院，为大江南北一时人文之渊薮。抗战胜利后，校名为江苏公立南菁中学。我考进去的时候，高一三个班，学生按入学成绩分班，1，4，7，名为甲班；2，5，8，名为乙班；3，6，9，名为丙班。那年前三名是黄纪诚、我和钱雪蕾，我第2名，分在了乙班。蔡念椿（润生）和我一起进了南菁。我们由母亲陪同到江阴，就住布政坊巷4号我舅家，她给我们照料生活。这儿离南菁很近，我们走读，出门东行到中街，左拐不远就到。

江苏省南菁高级中学

在舅家，外祖母近80岁，还健在。大舅父陈以乾因在汪伪县政府当过建设科长、财政科长，抗战胜利后携眷外逃，他的房子空着。第二进外祖母卧室的里屋，母亲就住了进去，我和蔡念椿住里厢房。第三进主卧，则住进了大姨母陈以芷和大姨夫冯懋岑（时任春申中学国文老师）。小舅父陈以巽已故，小舅母带我几个表弟妹住北门她娘家的日子多，她这边的房子，留几间，租出去几间，她过些日子回来看看。我在南菁读了三年，在舅家也就整整住了三年。

抗战胜利后募捐之重光楼，就读于斯

一个学校要办好，校长很重要，时任校长李天民是个很有事业心的人。1947年，他促成南菁改为省立，并通过募捐，在被日军炸毁教室的瓦砾堆上盖起了重光楼。他广延名师，有邑内著名的三吴（吴菊辰、吴新萃、吴月舫），还有朱章、张震亚、何吉人、廖慕禹、李成蹊、田涛、李赓序等，就是体育老师沈邦杰、童重光，也很有水平。他提出的"三立、三做（立己、立人、立国家，做人、做事、做学问）"校训，也是至理名言，深入我辈青年学子的心。他主张德、智、体全面发展，学校内还经常举行运动会和各种比赛。运动会不分高、初中，按身高、体重指数分组，我进高一当年，开秋季运动会，我因个儿小、体重轻，分在丁组，以两项第一、一项第二，积十三分，"欺压"初中小弟弟，得了该组冠军，捧了个银盾回家。

过了一学期，高一下，同学们处熟了，我应陈光第之邀，参加了个文艺社团"芙华社"（"无话"谐音，寓"处当今之世，无话可说"之意），办了个油印刊物《读书之友》，自己出钱，自己写稿、刻蜡纸、印刷。参加的人员有甲班的尤湘泉、曹昌五、俞定安，乙班的陈光第、我和高不弃，丙班的祝诚、马顺增等。那一阵，一放学就往高不弃家忙，直到天黑才回家。

我写过几篇稿子，现在手头保留两篇：其一为小说《学费》，写的是开学了，学生小平没学费交，父亲告贷无门，卖了田给筹措的故事；其二为《端午来鸿》，假托一名内战前线的士兵，在端午前夕给朋友写的一封信，倾吐抗战胜利后还要被迫打内战的痛苦心情，反映了我当时的思想状态。热了一年，太累人，就不大想搞了。还有个原因，就是到高二上，我功课掉了下来，原来班上第一，那学期被女同学尹美华"抢"走了，我得了个第二。当时，上海市地政局局长、江阴老乡祝平，在南菁设有奖学金，每班一、二、三名可分别获得相当于一学期学费的全额、一半和三分之一的奖金。从第一掉到第二，意味着自己得交一半学费，要家里来负担，我可得记取教训，在功课上多下点工夫，把第一给"夺"回来。就这样，1947年暑后，我便终止了"芙华社"的活动。不过，这一年搞刊物的经历，初弄笔墨，学会了刻蜡纸和油印技术，还交了朋友，收获也不小。

也在高一下，蔡念劬因病过早去世，蔡念椿要回去把蔡元章这个老字号南货店撑起来，20岁的他只得辍学回家。同年，进无锡辅仁中学读高中的沈玉成，因患伤寒退学，回杨舍续读梁丰，到1948年春，便转学到南菁，和我同在高二乙班，也吃住在我家。我们本来就是好朋友，能在一起做伴，共同学习，当然乐意。在学习上，他文科特强，我则比较全面。我们兴趣爱好也相近，都喜欢打篮球，在班上组织了南光篮球队（B队）。课外活动，我们又是吹口琴、拉二胡，又是下围棋。我大姨夫冯懋岑是二胡与围棋的绝对高手，玉成学得用心，得益亦大。

就读南菁时所摄小影：左1947，右1949

高中三年，正是第三次国内革命战争时期，我们生活在国统区，眼看政府腐败，社会黑暗，内战不已，物价飞涨，民不聊生，对国民党有所不满，对共产党又缺乏了解。看不到国家前途、个人出路，怀着消极失望的情绪，采取逃避现实的态度，清高自许，不问政治，思想处在比较落后的状态。可说不问政治，其实不可能真的漠不关心，街上《展望》《观察》等"长面孔""方面孔"的杂志，还是要买来看的。对总统选举、战况发展、和平谈判以及沈崇事件、"四一"惨案等，也是关注着的。1948年，在历史老师李赓序的赞助下，陈光第、曹昌五等将《读书之友》改为时事、政治性刊物，报道、评论时政和学校生活，取名《时与空》，先是壁报形式，后改油印刊物。我没参加具体工作，应邀写过一篇笔谈《南菁需要变》，大意是南菁空气太沉闷，有点脱离社会，需要变。可怎样变？我也说不出什么名堂来。

时至1949年春，我们已是高三下了。新的学期开学，班上走了王介儒、程守常等几个同学，大家心知肚明，到"那边"去了。所谓"那边"，就是江北，解放军已经陈兵百万，只要和谈一破裂，便立即渡江。学校也成立了"应变委员会"，《时与空》报道着战况，评说着时事。军事教员吴广文说：共产党打过来，你们跟我走！（双关语，当时不解其意，后来才知道他是地下党）。"山雨欲来风满楼"，当时，我的态度是国民党不行了，共产党不了解，真要过来，换换空气也好。

如果说我初中时期碰上的大事是抗战胜利，那么我高中时期碰上的大事便是江阴解放。4月20日，南京国民政府拒绝在和平协定上签字，毛泽东、朱德发布了"向全国进军"的命令，百万大军从西起湖口东至江阴的千里江面横渡长江天堑。4月21日中午，听到一阵炮声，接着又沉寂了下来，学校是上不成课了。当晚，响了一夜激烈的炮声。22日，一些住读同学怕打起来，想出城回乡，可四门紧闭，国民党军队把着不给进出。沈玉成家在杨舍，他当然也想走，我准备与他一起走，但走不掉，便只能留下来。23日晨，清早出门，观察动静，奇迹出现了：国民党军队跑了个精光，江阴城内已全是解放军了，街上贴着安民告示，一些机关门口还站着岗。城内秩序很快恢复，城门大开，可以自由进出。我怀着好奇，兜了个圈子回家，心想这是怎么回事，没开打就变了个天？后来才知道是要塞起义了，江阴一下子就解放了。

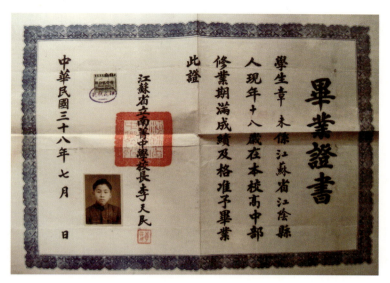

南菁中学高中毕业证书

  江阴是解放了，可是国民党还继续派飞机来骚扰，炸黄山炮台。玉成与我决定先回杨舍去几天再说，母亲要陪外祖母，就留下不走。24日，我们从早上走到下午一点钟，才到杨舍。四十多里地，还是第一次走这么远的路。那时，杨舍镇上的国民党政权也没人了，共产党还没来，是个真空地带，就像什么也没发生似的。

  在杨舍，过了一个多星期，学校通知恢复上课了，玉成与我又挨了几天，才重回江阴。学校没多大变化，班上同学却又走了陈光第、张守恬等好几个，是响应号召参军南下的。以我当时觉悟，就是人在学校，也是不会走的，总想读完高中再说。这时，已是5月份了，学校要把未上完的课程上完，还要补些新的时政知识。我也有增进对共产党了解的要求，到书店买了毛泽东的《新民主主义论》和《中国革命与中国共产党》两本小册子看看。"中国向何处去？"开卷第一句话就把我吸引住了，这正是我要求解的问题，越看下去，越觉得讲得对，讲得好，看到了中国的出路，中国的前途，开始对共产党有了信心。很快，就到学期结束，匆匆地作了毕业考试，拿到了毕业证书，完成了在南菁的高中学业，我与玉成告别了南菁，又回到了杨舍。可我们又向何处去呢？我们的前途又如何呢？

第一章　青少年时期（1931—1950）

从"艺蕾"到"三五"

1949年，不平常的1949！这一年：4月，江阴解放；7月，高中毕业；继而在10月，新中国成立。国家天翻地覆，对我个人而言，也是人生关键的一年。就在这一年，还有件对我有深远影响的事，就是成立艺蕾剧社及随后的一系列活动，这得从头说起。

1946年，我从梁丰初中毕业，去了江阴南菁。班上不少同学，也离开梁丰，报考外地高中。但是寒、暑假期，家在杨舍的同学，均要回杨度假，聚在一起玩，开学再分手。1948年秋，在苏州中学的郭宗海，分别给时在南京中大附中的郑际泰、江阴南菁的我和沈玉成，以及仍在梁丰的童秉彝、郭元群和俞世荣等发信，倡议寒假组织个文艺社团，搞歌舞话剧演出，一方面联络友谊，一方面也提倡正当娱乐活动，让假期过得更有意义些。这一倡议得到大家赞同，当年寒假回到杨舍，就在郭元群家碰头，具体着手筹备。首先商定成立剧社，取名"艺蕾"，意指艺术之蓓蕾。由15人担任筹备委员，除上述7人外，还有苏中的吴仁培、苏女师的缪丽芬和高揖芳、上海陆行中学的叶镜征，后来进梁丰高中的同班同学顾有成、低班同学范君玉、张国芳和沈学诚。再分头邀约一些在文艺方面有才华或有爱好的同学为社员。经费则由筹备委员各出一斗米，再向社会募捐，以及社员按月交社费来解决。还讨论了剧社组织，如设社长、副社长、研究委员（定剧目）、演出委员、秘书、会计、总务等。决定借杨舍小学教室作为活动场地。就这么定了下来，行动起来。其后，在商借教室过程中，遇上了麻烦，杨小姓张的教务主任说："现在正值'戡乱'时期，不能随便活动，借教室要经夏校长同意才行。"夏校长叫夏一之，女性，是当时杨舍镇的镇长，兼杨舍小学校长。于是我们一行便转到镇政府去找夏，说明来意，她倒爽快，一口答应，并开玩笑地说："要演老太婆，我来一个。"解决了活动场地，准备就绪。1949年1月18日，便在杨舍小学正式召开大会，宣告艺蕾剧社成立，出席社员30余人，推选童秉彝为社长，范君玉为副社长，顾有成为秘书。顾年纪比我们大些,有些社会阅历,事先他建议为了方便我们活动,请夏当名誉会长,并出席成立大会。那天她来了,说了两句祝贺的话,便去耶稣堂看救火演习去了。艺蕾剧社本无政治背景,就是与夏有了这点儿"搭界",成为二十年后在"文化大革命"中被打成"反革命外围组织"的"因头"之一,这是当年始料不及的。

剧社成立了,就开始排练节目,准备演出。我因当年去峭岐三姑母家过年,没参加,春节后回杨,看了第一次公演。那是1949年的2月5日、6日,演了两场。节目有话剧:包蕾的《火烛小心》、朱雷的《同胞姐妹》;舞蹈:《黑人舞》《农作舞》《青春舞》《小矮人舞》等;歌唱:《收获》《古怪歌》等。每张票收"演出材料费"金圆券20元,合白米三合。首次演出,即获好评。因为在杨舍这个镇子上,除了来些评弹、锡剧、京剧外,还从未有过如此规模像样的文艺演出,反映挺热烈。但也招到地方上一些封建势力的反对,说什么男男女女拉手跳舞,不像话,有的家长不让自己的子女参加"艺蕾"活动。不久,学校开学,大家便又分手,各奔东西,剧社活动停了下来,只留下一个任务:由顾有成负责编印《民歌选》。

4月,江阴、杨舍解放,可顾有成却在解放前"失踪"了,解放后再出现,已经参加了革命,在江阴晨阳区工作。原本由他编印的《民歌选》,因无暇顾及,乃专程来城,把这事转交给沈玉成和我来完成。我们自己刻蜡纸、搞油印,还请曹昌五帮忙设计了封面。5月完工,共计32首,其中不少

艺蕾剧社编印的《民歌选》和《艺蕾生活》

是迄今一直还在传唱的名段,这本《民歌选》,我也一直保存着。

7月,我们这一届高中毕业。时值新旧交替,除了郑际泰在南京一解放就参军外,俞世荣等个别同学考了大学。大伙儿多没怎么想马上升学,一方面似乎大局未稳(国民党还先后来轰炸上海杨树浦和戚墅堰的电厂),一方面也出于经济、身体,以及准备不够等原因。于是,又都回到了杨舍,聚在一起,借梁丰中学的抡俊堂活动,忙着准备"艺蕾"的第二次公演了。第二次公演于7月16、17日演出,计有话剧:陈白尘的《结婚进行曲》选场、翻译剧本《为祖国飞行》;舞蹈:《新疆舞》《天山之歌》《别让它遭灾害》等;歌曲:《解放军进行曲》《解放颂》《打得好》等。我参加"艺蕾",原先的目标不在歌舞演剧方面,只想锻炼工作能力,为以后走向社会做准备,可这回也跟着参加了齐唱并跳了两段舞。这个暑假,我们还配合政府中心任务,如生产救灾、推销胜利折实公债、解放台湾等写标语、画宣传画,贴到街头作宣传。在社内还由沈玉成和我负责编印《艺蕾生活》,以反映剧社和社员动态。现在回忆起来,这些活动在当时当地,应该说还是比较"进步"的。

一暑易过,时至9月,学校开学,上学的上了学,如俞世荣去南京上了金陵大学。工作的也已工作了,如苏女师的缪丽芬、高挹芳毕业后,给办了个学习班,分配了工作,当小学老师,如今报到上岗便是。留下我们六七个高中毕业生,下一步日子怎么过?我,我该怎么办?

"三五"田园成员
左起:沈玉成、章未、郭元群、童秉彝

解放了，我家原来是依靠地租为生活来源的，当年实行二五减租，今后要土改，生活会有问题。父亲看到这，首先把鸦片给戒了，约在七八月间就回江阴与母亲一起住舅家，再想办法怎么过日子。随后，好婆去峭岐三姑母家，帮忙料理家务，生活由三姑夫吴月舫负担。我前些日子，独自住蔡念椿家，搞演出，稀里糊涂，现在是该认真面对的时候了。说实在，十几、二十岁的小青年，也出不了什么好主意。起初，沈玉成与我、童秉彝、郭元群几个平日比较接近的，想合起来开个文具店，也算"自力更生"。沈玉成父亲品璋先生不赞成，他是杨舍首富，玉成只是因为身体不好，今年在家耽一年，明年是肯定要上大学的。他建议我们几个，一起住他家一个花园兼菜园的院子里去，一边复习功课，学习新知识；一边生产劳动（种菜等），适应新时代。同时，生活自理，锻炼能力，明年一起考大学。长者发话了，我们没意见，就这么着。当年9月，便住了进去，算是有了个着落。因为我们是民国三十五年（新中国成立前用的是旧历）梁丰初中毕业同学，又是三五个人，于是取名为"三五小组"，园名"三五田园"，过起了带有浪漫主义色彩的田园生活。在这里，整整耽了一年，直到1950年考上南京大学，终于从小圈子走向了大时代。

难忘的"社青"生涯

我们这几个青年小伙在"三五田园"的这一年，一不在学校读书，二没有单位工作。其社会身份过去叫失学青年，后来叫社会青年，都不怎么好听。可我们这一年的"社青"生涯，却是十分丰富多彩，弥足珍贵，永志不忘。

先从田园说起。沈玉成家住在青龙桥东的北弄内，前店后宅，前面是他家开的大生祥绸布庄，后面住了他一家人。在其东北向几百米，有一条河，叫作画舫泾，我们的"三五田园"这座院落就在画舫泾旁。共有两进，前进有沈家亲戚住用，后进有一间厅屋、两间住房、一间客厅，再后就是个花园兼菜园，且可晒布用。厅屋放了张乒乓桌，可以打乒乓活动。住房我们住一间，晒布的长工泉根住一间（他解放后取大名郁克俭，在共产党培养下，成长为杨舍镇镇长，1980年代在江阴县农机局局长任上退休，和我们是很好的朋友）。客厅读书用，如今成为我们温课迎考的场所。我们几个人最初的想法是要"生产劳动、自力更生"，吃饭各家拿米出来，吃菜田里自己种，再想法挣点零花钱开销其他用途。曾经向品璋先生欠了箱煤油，打着"校友服务团"的名义，到梁丰去零售给学生晚自修煤油灯用。也曾向童秉彝哥哥秉权、秉纲的同学任云峰处进了两大坛"味精白"酱油，在杨舍推销（曾就读中央大学化学系，辍学回常熟，生产合成酱油做买卖）。但个把两个月下来挣不到多少钱，就不想干了。另外，品璋先生也不希望我们太分心，影响复习功课，后来便停了下来，一心复习功课。我们的生活一开始，各家拿点米过来，不久就全由沈府供应柴米。为了培养劳动观点，我们自己做饭，蔬菜从田里挑，中午、晚上两顿，玉成家送个荤菜来。我们也自己轮班"倒马桶"，不过，还有点爱面子，总是赶在天亮以前先倒掉，以免被人看见难为情。我们每天作息是这样安排的：上、下午复习功课五六个小时，中午午睡，傍晚农事，晚过民主生活，开展批评与自我批评。我们的文体生活也很丰富，有《文汇报》《中国青年》《科学画报》等报章杂志看，有大量京剧唱片听，还可以打桥牌、下围棋、打乒乓……在当年那样一个大变革的年代里，我们躲在如此一个"世外桃源"里，闭门读书、闭门改造，现在看来，似乎有点匪夷所思，可当初恰恰就是这么过来的。

在这期间，我们也迎来了1949年10月1日中华人民共和国成立这样的大事。我们"社青"没参加什么活动，仅仅从报纸上知道，我们的国旗为五星红旗，一颗大星是共产党，四颗小星是工人阶级、农民阶级、小资产阶级和民族资产阶级，还有就是今后按公元纪年。单纯从增进知识这一层面，平平静静地进入了新中国。过了些日子，田园一度发生危机，先是童秉彝因要挑起家庭生活的担子，去长寿小学当教师，离开了我们。另外，无锡苏南公学招生，我也转过念头，想去应考。沈玉成生气了，认为违背了当初一年后同考大学的约定。苏南公学是一所短期的干部培训学校，出来后在地方上当干部，我也不是太甘心，既然玉成不同意，那就作罢，定下心来准备考大学，走最平坦的道路。

说是"世外桃源"，毕竟不在世外，几个青年人，一不上学，二不做事，聚在一个院子里，究竟在干什么？一天，派出所所长朱义勇拄了根拐杖（他腿部受过伤），来到"三五田园"，东翻翻，西看看，和我们闲聊聊。我们心想，大概对我们有了怀疑，这也没什么，你来看了不就结了。另外，"艺蕾"陆续有些社员参加了新民主主义青年团，范君玉还当上了梁丰中学团支部书记，要求"艺蕾"能积极参加社会活动，我们几个主要骨干看样子不动不行了。加上我们自身，关了两个来月，也有些静极思动。经商定，1949年11月，"艺蕾"开大会改组，推范君玉为社长，修改社章，明确宗旨为"发展艺术活动，服务人民大众"，镇长赵少英等也与会讲了话。此后，剧社活动就较频繁，如参加区政府秋征评功晚会、冬防宣传、担任农民夜校上课、参加工商联筹备会的成立、出席长泾区小学文艺会演当评判、庆祝1950年元旦演出，和应邀去郁家桥做演出……我们都积极参与了，开始从小圈子走向了社会。年轻人很难自控，一旦动了起来，上了劲，就收不住了，温课的事，被撂到了一边。

时至1950年1月18日，"艺蕾"一周年，决定要搞场纪念演出，但因准备不及，延至2月1日，作第三次公演。演出节目有话剧：华东新闻学院首演的《魔城末日记》，歌剧：《兄妹开荒》；舞蹈：《大秧歌》《西藏舞》等。歌剧要配音乐，叶镜征人熟，请了杨明电厂厂长郭令明、医生叶元同和教师郭应宜帮忙,剧社聘请他们当了"音乐指导"。随着这些活动开展,"艺蕾"陆续发展了一些社员,主要仍是梁丰学生,也有少量店员,达五十余人。而且因为与地方上的交往多了,工商界还给捐了幕布和布景板,对于关心"艺蕾"、支持"艺蕾"的人士,剧社聘了些"社友"。

纪念一周年演出以后,我们又立即投入春节演出《白毛女》的排练。因为江南一解放,三野文工团就在各城市先后演出《白毛女》,我们看过演出的,均留下太深的印象,竭力推荐"艺蕾"于1950年春节能演出此剧。时间紧了些,但大家积极性高。为了方便配音乐,索性就到郭令明家去,夜以继日,连续排练,在全社通力合作下,终于如期演出。演员阵容是:郭宗海饰杨白劳、张惠翠饰喜儿、我饰大春、江洵帆饰王大婶、吴仁培饰赵大叔、童秉彝饰黄世仁、郭元群饰穆仁智、童秉慈饰黄母……音乐由郭令明等几位担任。布景请照相馆的冯伯英绘制,虽然简单,却也逼真。服装、道具开了清单,大家想法借。这次演出水平较高,在杨舍取得轰动效应,对社员的鼓舞极大。有人提出,何不趁热打铁,到附近集镇演上几场。经商定,争取区政府支持,以赈灾义演名义出去,卖了票,扣除开支,悉数归公。获准后,一行三十余人,雇了只船,先后去刘市头、华墅、祝塘演了五场。售票得17石米,但开销掉13石,余4石,交不出去。再到江阴演了两场,县城不买你账,收支相抵,4石搭了进去,还亏了2石。

《白毛女》演出入场券与说明书

艺蕾剧社《白毛女》演出纪念

《白毛女》演出后部分成员合影
左1、11、12为音乐指导叶元同、郭令明、郭应宜；左起：4章未、5童秉彝、6沈玉成、7郭元群、8江洵帆、9郭宗海、10张惠翠、13吴仁培、15金玉良、16张国芳

无奈等到农历二月十九，杨舍集场，就地再演两场，挣得 8 石米，悉数交给政府了断。所亏 2 石，由社员金玉良垫着。金是店员，为人仗义，后参加政府工作，在江阴民政科任上病故，这 2 石米就成了他对"艺蕾"的贡献。随着《白毛女》的演出，"艺蕾"活动达到了高潮。接着，纪念"五一""五四"，庆祝南京、上海解放一周年，均参与了宣传演出，上街打腰鼓等一系列活动，红红火火，好一阵闹腾。并启动了改编马健翎的《穷人恨》，把秦腔改成歌剧，打算排演。

　　但此时已是 1950 年的 5 月份了，离高考不远。品璋先生眼看我们在杨舍几个月来一直没好好复习功课，收不住心，这样下去可不行，便决意把玉成送到无锡去，一心一意温课迎考。他关照我和元群继续留在"三五田园"，照常生活，到时候还是一起出去应考。我们自己也知道不能再"野"下去了，抓紧最后个把月，冲刺一下，争取考上大学。就这样，玉成走了，我和元群停下了艺蕾的活动，闭门读书。直到 7 月，告别了田园，由玉成姐夫，也是元群的堂兄郭元申带我们一起去南京赶考，也都如愿以偿，迈进了高校殿堂。一年的"社青生涯"就此结束。

　　这一年，虽说只是几十年人生中的一年，但对我而言，是从中学生到社会青年、寻找出路，到终于有机会得以升学的一年，十分不寻常。再说，这一年，我还加入了新民主主义青年团，有了一段初恋的罗曼史，还真是不寻常。

入团，初恋，进大学

先说入团的事。杨舍解放，随着新政权的建立，工、青、妇等群众组织也相继成立。大约在1949年暑前后，梁丰中学建团之初，范君玉任支部书记，也有多位"艺蕾"社员参加。我们几个"社青"，虽不在梁丰就读，但也可说是学生身份。何况还是梁丰校友、"艺蕾"骨干，当在发展视线之中。约在1949年11月，有一天，范君玉来"三五"征询我们意见，是否有意入团。我们说要考虑一下，当场未予敲定。按说，中国新民主主义青年团是先进青年的群众组织，是中国共产党的助手与后备军，参加团组织就意味着自愿接受共产主义的理念，献身革命，是一桩严肃的大事，可我们当时哪有这样觉悟。经商量，我们一方面认为要求进步应当入团，一方面也考虑到团员的"身份"对考大学可能会有帮助，于是决定参加，给了肯定的答复。接着就给我们填了表，分别由范君玉、张国芳、施锦佩做沈玉成、郭元群和我的介绍人，介绍我们入团。12月19日批准，候补期为半年，就是这么简单。半年中一共有过两次团的活动。一次是除螟，到稻田里去，对着阳光看，稻叶背后有黑影的就是螟虫的卵块，把它摘掉。另外，带个网兜，抓捕会飞的螟虫。再有一次是到耶稣堂开大会，由县团委组织部部长来做报告，宣布对1950年3月9日杨舍发生的打税务局事件中犯有错误的店员支部书记苏龙元和一名打锣聚众的团员处分。半年以后，我们便如期转了正。虽然，那时我们的觉悟和青年团的工作就这么个水平，但我们毕竟是个青年团员了，入团成为我们进步新的起点。

再说初恋吧。我这个人，受传统教育影响较深，小城镇的环境里，封建意识也较浓，整个中小学期间，没和女同学说过几句话，更没想到要谈什么恋爱。在此"社青"期间，居然有了初恋这样的事发生，完全与"艺蕾"有关。初恋对象名萧茵（真名隐）。那是1949年4月23日，我从江阴回杨舍。过了几天，便是"5·1"劳动节，梁丰中学开庆祝会，表演节目，我去看了。有两个节目印象很深，一个是齐唱《我们工人有力量》，很有气魄。另一个则是有位小姑娘独唱的新疆民歌《山下情歌》，"可爱的一朵玫瑰花"，声音特好听。当时没太在意。到7月份，"艺蕾"第二次公演，排演节目，派我跳两个舞：《别让它遭灾害》和《苗家谣》。因为我个子小，与她做对子。才知道她叫萧茵，是梁丰初三学生，"艺蕾"新社员。在以后一些公演的《兄妹开荒》等剧目中，它总是我们俩合作。接触多了，感情上渐渐地产生了微妙的变化，有意无意地相互接近。几天不在一起，就盼着见面。我喜欢她清纯、聪明、有才华，虽说学习不最用功，也有点小性子，但我说话她肯听。开始，我思想上是有斗争的，自己年纪还轻，学业未成，更未自立，谈恋爱还太早，想把住一条线，只交朋友，不往前迈。可还是禁不住感情的冲击，我想：我应该相信自己终能自立，不能因为眼下的处境而不让自己享有爱情。大约到1950年的三四月间，我向她表达了对她的看法、期望和爱。她完全接受，也表达了对我的感情，她喜欢我待人诚恳、朴实无华和对工作的认真负责。我们从暗恋进入半公开的状态，"艺蕾"同人心知肚明，有时还善意地开开玩笑。爱是爱上了，今后怎么办？我是原来就准备考大学的，她那年也正好初中即将毕业。我鼓励她也能继续升学，尽我们的努力，争取考到同一个地方去，她表示同意。接着就是积极温课迎考，希望能够如愿以偿。当年夏，我考进了南京大学。她和郭应爱（她最要好的同学，郭令明的侄女、郭应宜的妹妹）报考了南京助产学校，郭应爱考上了，可她却落了榜。9月开学，我去南京，她先耽在杨舍，我们只得暂时分手，仅凭鱼雁相通，把希望寄托在明天。

最后，对我个人而言，这一年最重大的事件，当然要数高考、升学、进大学，它决定我今后的人生走向。按说我家当时的经济状况是无力负担我读书的，但不读书又能干什么呢？何况高考是我们几个一年前的共同约定。而且，听说有困难可以申请助学金，那么考了再说。至于考哪所学校？就想拣好的考。解放前，全国著名大学北有北大、清华，南有中大（解放后更名国立南京大学）、交大，考虑到离家要近，当然首选南方。由于沈玉成姐夫郭元申在南京工作，玉成报考南大，元群和我也就一起考了南大。考什么专业？虽然我各科平均发展，但更喜文史，胜于理化。不过，读工较读文，以后更好找工作。我三姑夫吴月舫（南菁中学老师）说："机械是工业基础，哪里都用得上，你就考机械吧。"一句话就让我报考了机械，居然也考上了，从此就结上了缘。

那年的高考，分两次作统考。先是东北、华东区统考，接着华北区统考。当时每次只给填报一个志愿，我考了华东区南大机械系，玉成考物理系，元群考教育系。考下来我自己觉得没有充分把握，就又再考了华北区南开化学系，因为较为冷门，好考些，想保个底。考试期间，我们住南大丁家桥校区，考场在四牌楼本部，每天坐小火车到文昌桥来回。晚间睡的是双层铁床，臭虫（又叫南京虫）特多，咬得人难以入睡。我还稍有感冒，当时童秉彝二哥秉纲才从南大机械系毕业，尚未离校，陪我去校医室看了医生拿了药（童被分配去哈尔滨工业大学跟苏联专家读研究生，工力学，今工程院院士）。高考结束，我们几个同回无锡玉成家，等待报纸发榜。结果皆大欢喜，我们全被录取。当年南大机械系录取51名新生，我考了第10名。南开化学系也以第2名被录取，只是天津毕竟远了些，就不考虑了。大功告成，同回杨舍，各自准备开学报到，踏上新的征程。

第二章 激情燃烧的岁月（1950—1957）

跨进了大学的门槛

1950年9月,学校开学,我终于一步跨进了南京大学的门槛,那里是一个完全崭新的天地。南京是著名的六朝古都,解放前也是国民政府首都所在地。南大的前身是中央大学,解放后改名为国立南京大学,我们报到注册后,就领到一个校徽,直径32毫米,别在身上挺神气的。真是地方大、学校大,连校徽也大。当时南大是国内著名大学,设有文、法、师、理、工、农、医七个学院。农、医学院在丁家桥分部,其余在四牌楼本部。全校学生总共3000人不到,工学院有机械、电机、土木、建筑、化工、水利和航空七个系。机械系是大系,有100来人。

南大四牌楼校区的大门是向南开的,进门一条大道直通大礼堂,是南大标志性建筑,十分宏伟。教学大楼有文学院、法学院、工学院、南高院、致知堂和生物馆等楼房,还有西平院是平房。另外还有图书馆与体育馆,也是很有特色的民国建筑。校区西北隅有座精巧的小屋,以梅庵命名,是

国立南京大学校门

国立南京大学校徽

大礼堂

图书馆

为纪念学校创始人两江师范学堂监督李瑞清而筑。在其前面有一棵一千多年前的六朝松，迄今依然傲然挺立着，也是南大一景。我们学生宿舍则在校东的文昌桥，有7栋二层楼房的宿舍，分别以一舍、二舍……命名，我入学时住进了二舍。

当时南大的校长是潘菽，教务长张江树。我读的工学院院长是钱钟韩，也是机械系教授，讲一口无锡话。机械系系主任胡乾善，是留英的哲学博

体育馆

六朝松

实习工厂（现东大校史馆）

文昌桥学生宿舍（1-7舍）现已翻修，留6舍保持旧貌

士，留一撮日本胡子，挺精神，但人特和气。系里还有石志清、范从振等教授，潘新陆、高良润、舒光冀等副教授，师资力量十分雄厚。我们一年级，主要上数、理、化基础课。数学上微积分，用的英文原版教材。化学由刚从国外归来的许孝同老师执教，自编《工程化学》讲义，她用英语讲课。还有制图和体育课。政治主要听时政报告、讲社会发展史。英语只要高考在70分以上就可免修，我就给免掉了。上的课虽然不算多，但大学教法不同于以往中、小学那样，由老师包下来，让你当堂消化。需在课前课后，自己多花点力气，预习、复习。我一下子不太适应，虽然入学的成绩是班上第6名（前面另有4名未来南大报到），但期考成绩不能令人满意，只有以后再努力。

其时，解放才一年多，学校政治气氛较浓。有党组织，但党员不太多。高校才一个党委，南大是总支，工学院是支部。机械系高年级有五六个党员，全是地下党（解放初期建党工作还没开展）。傅启夏脱产当南大专职团委书记，陈定武任工学院团总支书记，他还给我们团员上团课。潘良栋则被选上了南大学生会主席。那时学生会是竞选的，竞选人要做演讲，自我介绍，谈"施政纲领"，由学生代表大会投票选举。在我们机械系，团支部书记是高道福，还不是党员。一年级只有个团小组，近10名团员，团小组长是伍复兴。当时政治活动多，团组织要求团员在班上发挥积极作用，我是团员，一方面客观上有政治氛围的影响，另一方面主观上也开始有自觉的要求，我在班上于事能积极响应号召，起带头作用，被推选为学生代表，参加相应的一些活动。

在学校的行政工作方面，行政人员并不多，就教务处、总务处等几个机构。文昌桥宿舍区许多事项都是学生自己干的，连伙食也是各系轮流办，还要比谁办得好。

在生活方面，那时家庭已不再能依靠收地租作为生活来源了，父亲没工作，身体又不好，本身要靠亲戚（三姑夫吴月舫、小叔父章定一、母亲的干女儿薛任）接济。我读书则全仗国家培养，由于当年大、中、小学全归政府办，不收学费。家庭有困难还可申请助学金，每月8元，解决伙食费，基本生活有了保障。对此，我深怀感激之情，下定决心要好好学习、努力工作，来报答人民。日常开支，小叔父章定一给我寄了一笔零花钱，我省着用，平时基本上不花什么钱。教材只买过一本 Calculus，其余课程则全凭记笔记与看参考书。除了必要的文具外，只是理个发，买块肥皂洗洗衣服。实在难得次把次花五分钱看场电影，或者买一包五香花生米解解馋。

刚进大学，与新同学有个熟悉过程，除了参加系里、班上和团支部、团小组的活动外，与杨舍几个"发小"沈玉成、郭元群相处的时间还是比较多的，何况还有"艺蕾"的事在手上。这一年，我们梁丰初中1946届的同学，差不多都离开了杨舍，除了我们仨，俞世荣是1949年就进了南京金陵大学农学系，郭宗海则与我们同年进了南大农经系，郑际泰一解放就在中大附中参了军，时在大校场飞机场。而童秉彝、吴仁培、叶镜征和六培伦则先后到了上海。"艺蕾"的主要骨干都去了外地，为了适应这一情况，1950年暑假，我们高考回杨后，开了个会，成立一个旅外委员会，负责出《艺蕾通讯》，联络外地社员；收集剧本，以备寒假演出。我们南京几个人，隔周要碰次头，办"艺蕾"的事。很快就到了寒假，大家又回到了杨舍。当时，抗美援朝已经开始，我们商定排演王啸平的话剧《永生的人们》，把原剧中的背景抗日改为抗美，在内容上做了些调整，以适应形势，但效果仍远逊于去年的《白毛女》。另外，农村也即将土改，还应邀到双墩乡演了场《白毛女》，台下群情激愤，高喊："打倒黄世仁！"颇为感人。寒假后返校，一方面功课重，一方面政治运动多，深感"艺蕾"的活动对我们已经成了负担，不能老抱着小圈子不放，决心摆脱。正好杨舍镇政府俱乐部有意将"艺蕾"与当地另一"杨舍剧团"合并，直接领导，我们当然同意，顺水推舟，做了社员工作，促成此事。1951年4月，正

机械系一年级团小组
前排左1章未、左2伍复兴（团小组长，1951年7月参干离校）

梁丰同学—艺蕾同人—南大同学
前排左起：沈玉成（物理系）、郭元群（教育系）、郭宗海（农经系）
后排左起：俞世荣（农艺系）、章未（机械系）

式合并为杨舍文艺服务团，在当地继续发挥着文艺宣传作用。我们则借机脱身，全身心投入大时代。我们搞"艺蕾"，前后不过两年半，但影响是深远的，在地方上，做了些进步文化工作，对个人而言，交了朋友，锻炼了工作能力，从小圈子走向了大时代，几十年后还一起受难，刻骨铭心，终生难忘。

至于萧茵。自1950年秋后，原在家乡西港小学工作的郭应宜到了南京，去孝陵卫小学任教。她便去西港小学接了手，暂时有了份活，干起来再说。当年寒假，我们都回杨舍，小聚了一阵，开学后则又各自回到了自己的学校。1951年春，忽然有一天，张国芳陪了她和另外三个女同学江洵帆、徐琴吾和俞安昭来了南大。她们是去河南新乡报考豫北助产学校的，路过南京，见上一面，告个别。事情来得太突然，我一点思想准备都没有。但是那年月，大家均在找出路，有机会就得抓住，虽然远在河南，可不去又怎样呢？我只有鼓励她去了好好学习和生活。当晚，我和玉成、元群一起送她们，先坐马车去下关，再轮渡过江到浦口，眼看火车开走，不免黯然神伤。孰料这次离别后，居然再未相见，成了"永别"，这是后话。

这一年，还有件事，就是沈玉成读了半年物理系，感到不对口味，下决心改专业，第二学期就不再上课了，在宿舍里复习高中课程，准备重考。1951年夏，他报考北京大学中文系被录取，便离开了南京，离开了我们，只身北上，从此完全改变了他这一生的命运。

三大运动，考验立场

新中国成立之初，万象更新，政治运动也接二连三，光是这一年，我们就碰上了三大运动：抗美援朝、镇压反革命和土地改革。

先是抗美援朝。1950年9月我进南大时，朝鲜战争已经开打。接着美军仁川登陆，战火烧到了鸭绿江边，新中国面临外来侵略的威胁，毛泽东组织中国人民志愿军，跨过鸭绿江，抗美援朝，保家卫国。南大自11月中旬至12月初，停课三周搞运动，批判亲美、崇美、恐美思想，进行爱国主义、国际主义教育。1951年初，政府在大、中学生中号召参干、参军，南大学生热烈响应，纷纷报名。最后，全校有157名同学被批准参加军事干校，我们班上有陈贤伟、顾扬华两名。这次考验，我失败了。我想报名，但是放不下家庭，考虑到父母年老体弱，只我一个独子，虽然我现在读书也帮不了家，可以后家庭这副担子要靠我挑起来，我走了，家怎么办？终于没有勇气站出来。此后，总觉得愧疚。平时表现积极，当祖国需要你的时候，却畏缩了，那怎么成！我暗下决心，要求自己少说多做，踏实进步，迎接下一次的考验。当年7月7日，第二次参干报名，我由于有了准备，站了出来，当王保龙（三年级同学，党员干部）代表组织给我挂上红花，说我们是祖国的好儿女时，我感动得掉了泪。我自觉惭愧，因为仅仅是献出了一颗决心。这次班上只批准了伍复兴一人，我虽未被批准，但思想上打了一次胜仗，初步解决了个人利益与祖国利益位置怎么摆的问题，进步的步子可以迈得更加轻快了。

也是在1951年初，抗美援朝稍后不久，国内又开展了镇压反革命运动，重点打击土匪、特务、恶霸、反动会道门头子和反动党团骨干分子……要求有问题的人到政府登记。南大也组织学习文件、提高认识，开展检举揭发活动。我审视了自己周围的亲友，我知道舅父陈以乾任过汪伪江阴县建设科长、财政科长，四姨夫李守真任过鄱阳县训练所主任。我可以说清楚有这样的社会关系，但我不知道他们具体干了些什么，不能没有依据就把他们当反革命给检举揭发。

当时，舅父陈以乾住南京游府西街。他自1945年抗战胜利后外逃，在南京学校里找上了工作。我1949年一到南京，便去看了他，时在大行宫小学任总务处长。他一家六口：舅父母二人，琦表姐和姐夫许振强二人，大概是参加了华东军政大学一类的学校，他们穿的是军装，有两个孩子，男孩叫卓然，女孩叫美丽，日子过得还可以。我约过两个月去看他们一回。这次我去，舅父主动和我说上了。他说："当年，我在江阴做事，明里给日本人干，暗里和游击队、新四军均有联系。我曾策划兵舰开往江北，因故未成，有人可为我作证。这次本来不需去登记的，但我担了那些个职务，还是去登记了，听候处理吧。"我不知是真是假，将信将疑，既然已经登记了，也就是了。又过了些日子，再到他家去，舅母告诉我说舅父已经被逮了进去，后来被判了三年。而四姨夫李守真则听说原来还是江西省政协委员，他乡下老家有人揭发说他家里藏着两支枪，农民上城把他揪回去给枪毙了。在我面前，又第一次碰上了社会关系与阶级关系怎么摆的问题，一方面按社会关系是舅父、是姨夫，是亲戚；另一方面按阶级关系，则是被关、被杀的镇压对象，怎么摆？当然应该首先相信政府，站在人民的立场来面对这样的现实，思想上有所震动，感情上没起多大波动。

再说土地改革。1950年冬，南京郊区开展土改运动，南大一些文科系和农经系的部分师生被批准直接去参加这一运动。翌年9月，又有文、法两院四百余名师生组织去安徽太和等地投入土改。我们则是面上学习，提高认识。这场运动，直接与自己家庭有关，思想活动要多一些。我接受"耕者有其田""不劳动者不得食"的理念，认为应该把地交给政府，还给农民。可我同时又认为，剥削地租是当时制度造成的，不能全由地主承担责任，地主有恶霸地主、劣迹地主、守法地主和开明地主之分，如果只是收取地租，没有别的罪恶，则不需开斗争会。我把父亲列入守法地主，要求他主动把地交出去，内心希望他不被斗争。后接到父亲来信，说已将地契交与政府，自己还在帮着写土地证，每天还能给他开点工钱；东横街房产被没收，在大巷内另外分给他一间住房、半间厅屋和一间厨房。在这场运动中，我在认识上、行动上是正面接受的，但在感情上则担心着家庭的处境，害怕挨斗，没有划清界限，到思想改造时作了检查。

  在开展三大运动的同时，青年团还组织了系统的团课学习，提高了认识，增强了团的观念，我要求自己能更自觉地革命，更好地发挥团员的作用。

  在20世纪60年代的"文化大革命"中，有句话叫作"灵魂深处闹革命"，其实，在50年代初，对我这样剥削阶级家庭出身的知识青年来说，三大运动已经触及灵魂了。在个人利益与祖国利益、人民利益发生矛盾时，何者为先？在社会关系与阶级关系不相兼容时，如何面对？均有个"立场问题"，均要你做出抉择，均会引起激烈的"思想斗争"。失败了，陷入深深的痛苦之中；胜利了，放下"包袱"，轻装前进。这就是"灵魂深处闹革命"了，有些人用的贬义词，叫作"洗脑"。我曾经总结出促使自己思想转变的原因有三：一是目睹新旧社会的对比——感性认识；二是党团组织的教育，包括一些学习——理性认识；三就是政治运动的锻炼——斗争实践。当年，我们就是这样走过来的，三大运动，考验立场，只是个开始。

思想改造，脱胎换骨

一年易过，转眼已是1951年暑假，我们班被派去玄武门派出所参加徐家大塘的户口核对工作，我被通知留下来参加南京高校党委举办的积极分子暑期学习班，就没有去。这次学习班是在建党30周年时举办的，为期一个月，系统学习党的历史。目的很明确，即通过学习，增进对党的光荣、伟大、正确的认识，增进对共产主义理想的认识，提高觉悟，坚定信念，更加坚定地投身革命。参加对象顾名思义是团员中的积极分子。我们南大是一个班，工学院是一个大组，二三十人，组长是土木系的王民栋，是带我们学习的唯一一个党员同志。机械系主要是二年级同学，有冯骏良、符启需和丁衡高等六七人，一年级就我一个。还有电机系的严学高、建筑系的韩惠宗等同学。学习的方式是听大报告、自学、讨论，后阶段还要对照检查，开展批评与自我批评。学习材料选用胡乔木的《中国共产党的三十年》和另一本论述毛泽东思想的小册子。这次学习是我有生以来第一次集中、系统地学习革命历史和革命理论。一方面看到今天的新中国是多少先烈抛头颅、洒热血换来的，一方面看到没有剥削、没有压迫，各尽所能、各取所需，物质文化生活高度发展的共产主义理想是多么美好，激励着自己下定决心继承烈士遗志，为建设新中国，实现共产主义理想而奋斗。如果说我在入团时还不知革命为何物，这时却真正自觉地产生了革命的要求。在学习中，我还清理了自己的思想。挖掘出我思想意识上的主要毛病是"自尊心与虚荣心相结合的个人英雄主义、剥削阶级的名位权威观念"，从小自命不凡，总想出人头地，高人一等，它支配着自己情绪的高涨与低落，行动的积极与消极，均以其是否得到满足而转移，从而为进一步改造思想明确了方向。这次学习，对我今后走什么样的道路，做什么样的人，起了决定性的作用，影响深远。

一年来，在大环境的影响下，我向往进步，向往革命，但自知要真正

中共市委高校党委积极分子暑期学习班第一大组工学院全体学员合影
中排左 6 章未，后排左 7 冯骏良（机械系团支委）

成为一个革命者，像一些先烈那样，像志愿军那样，像保尔·柯察金、马特洛索夫和卓娅那样，谈何容易，必须在日常学习、工作、生活中严格要求，艰苦磨炼，要随时准备接受各种考验。对我而言，还必须首先解决好如何对待地主家庭的问题。"土改"中我平稳地过去了，但在认识上和感情上还是很难按照敌我关系来划清界限。1951 年下，《中国青年》开展了郑辉人问题的讨论，以及团内对潘德源丧失立场的处理，均对自己敲起了警钟，应当认真对待。

1952 年 1 月，又是一场轰轰烈烈的"反贪污、反浪费、反对官僚主义"的三反运动开始了，我参加了一阵"打老虎（对贪污分子的别称）"的活动。在学生中则主要是组织"批判资产阶级思想"学习。我批判了对地主家庭的温情：一是父母对我有"养育之恩"，不对，是人民把我养大的；二是父母把我看作"掌上明珠"，一直爱护备至，是的，但其本质上是把子女看作私有财产，"养儿防老"还是为了他们自己。得到的结论是这种感情必须摒弃，必须用阶级观点来看待地主家庭，站在人民立场与之划清界限。这实际上就是只承认有阶级性，而否定了人性的存在。

紧接着"三反运动"的便是知识分子的思想改造运动。这学期，系里团支部改选，三年级同学桂承斌任书记，冯骏良和我们二年级同学张国柱任宣委，我和一年级同学刘泉清（党员）任组委。思想改造，系里成立小组，四年级林旷雄任组长，每个年级一名干事，分别为桂承彬、我和刘泉清。由于在团的工作和思想改造工作中，与刘常在一起，谈得也多，得到他不少帮助。

南大思想改造运动从1952年3月22日开始，在3700余名师生员工中全面展开。这次运动的目的是要帮助知识分子在政治上划清敌我界限，在思想上肃清资本主义和封建、买办思想的影响，树立为人民服务的新的世界观。运动分三个阶段：第一阶段，学习文件，交代家庭关系、社会关系、组织关系；第二阶段，采取批评与自我批评的方法，进行个人检查；第三阶段，做思想总结。对我而言，有以前一些运动和学习的基础，这次重点是要解决好家庭关系问题。在运动中，参观了土改展览会，看到地主对农民残酷剥削与压迫的种种罪恶。联系自己家庭，想到父亲一辈子好逸恶劳，抽烟打牌，依靠收地租过寄生生活；想到家中也雇有两个"收租伙计"，帮忙催租逼债；想到章家仓房也曾来过警察，下乡吓唬农民；想到父亲土改后，曾有过就业机会，可他仍不思通过自己劳动来谋生，仍然依赖亲戚接济……这些加深了我对家庭剥削阶级本性的认识和憎恶，坚定了彻底决裂的决心。我给家里写了封信，明确表明了自己的立场，和他们划清界限，要求他们作为剥削阶级的地主分子，只有认清以往剥削罪恶，接受政府的监督，老老实实劳动改造，争取回到人民队伍中来，才是唯一的出路。此后，父亲就不再来信，母亲则表示了对新社会禁鸦片和婚姻法的赞同，并称她接了些手工活，做一些力所能及的劳动。通过这次与家庭的决裂，基本上解决了阶级立场问题。今天看来，还是过于简单化了些。但在非此即彼的年代里，二十出头的小年轻，哪能那么成熟？思想改造，自我感觉似乎是脱胎换骨，实现了一次"量变到质变"的"飞跃"，从此可以放下"包袱"，轻装前进了。

整个运动期间，上午上课，下午、晚上全部搞运动，我们担任一些社会工作的，当晚还要汇总情况、研究工作，基本上是每天要搞到十一二点钟才上床，完全没有时间复习功课，当然也就不能学好。学期末，思想改造结束，学校集中安排两个星期，搞"温课运动"。每门课花几天时间，教师、同学集中到教室里，系统复习，互帮互学，最后考试就这么对付了下来。我别的课还可以，就是《电工学》可真的没学下来，考试是通过了，但我一直引以为憾。

学期结束，由于国家急需建设人才，三年级同学也提前一年，跟四年级同学一起毕业，下了个"双胞胎"，我们二年级同学一下成为老大哥。当年暑假，全国高校进行院系调整，南大工学院在四牌楼原址组建南京工学院。由此，南大机械系也就成了南工机械系，我也就成为南工机械系三年级的学生了。这又是一次新的起点。

院系调整,加入党组织

为了适应建设事业的发展,我国于1952年夏天,进行了一次较大规模的院系调整,仿效苏联重点发展了一批与国家工业化密切相关的专门院校。南京的院系调整,以南京大学为中心,与金陵大学合并、调整,再并入外地一些学校的系科,成立了以下一些大学和学院:原南京大学四牌楼本部组建南京工学院,原金陵大学鼓楼原址组建主要为文理法学科的新的南京大学,原金陵女子大学宁海路原址组建南京师范学院,原南京大学丁家桥分部组建南京农学院,原南大工学院的水利系和航空系分别组建华东水利学院和华东航空学院,南大、金大等农学院的森林系组建南京林学院。

院系调整,在四牌楼原中大旧址组建成立南京工学院

各级院系组织均要做相应调整，以便开展工作。那年月，学校党政机关人员很少，党员也不多，许多工作是由团委和学生会出面张罗的，此时，根据院系调整工作需要，南大团委分设了若干临时团总支，学生会也相应成立了分会。经组织上决定，南京工学院团总支书记由化工系陈秀清担任，我任组委，电机系叶学骞任宣委，工学院学生会主席由建筑系韩惠宗担任。我们要负责做好并入学校同学和当年入学新同学的接待工作，接受转进的团组织关系，还要做好方方面面的团结工作。一直忙到开学后，学校各级党政机关正式成立，接手工作为止。

　　1952年10月，南工首任院长兼党委书记汪海粟上任，全面主持工作，钱钟韩任副院长兼教务长，学校成立党委、团委，各系成立党支部、团总支。南工首届团委有三名专职干部，郑定锋、钱轶英和尹法声，还有陈秀英、朱家果、孙祖述、吴成一、徐丽生和我几个学生干部。郑任书记，陈任副书记，钱、我、徐为组委，尹、朱、吴为宣委。汪海粟原系苏南区党委宣传部部长、秘书长，兼苏南新闻专科学校校长，来南工时，带了一批原新专的青年干部到校搞政工，主要在系里任党支部书记兼政治辅导员。朱斐即机械系的第一任党支部书记兼政治辅导员，还有一名政治辅导员谢忱任团总支书记，我兼副书记。这时的机械系是由南京大学和江南大学两校合并而成，加上当年入学大批新生，学生人数骤增。我们三年级，原来南大40余人，并入江大20余人，一下就是60余人。青年团员南大入学时才近10名，两年来发展了好几名，江大再并过来几名，到此时也有20上下了，成立一个团支部，陈如欣任书记。

出席南京市首届团代会代表证

从 1949 年到 1952 年，三年来，我国的民主改革和国民经济调整恢复，已基本告一段落，开始转入以经济建设为中心的阶段。学校也一样，南工成立后，健全了各级组织机构，各项工作有序开展，学生中原来一直运动不断，社会活动、社会工作太多、太重，此时，学校主动为学生释负，要求转向以学习为中心。1952 年 10 月，国内又搞了个中苏友好月活动，向苏联老大哥全面学习。在学校内则继院系调整之后，从专业设置、修订教学计划、设置教研组到开新课、搞教学改革，均以苏联为蓝本来学习。为了掌握学习苏联的工具，还在师生中组织了突击学习俄语。我们三年级在入学时是没分专业的，而且也已经决定要提前一年毕业，全部功课便要在这最后一年内赶完。正好学习苏联，搞"六时一贯制"，每天上午六节课，一周三十六节课，也就赶了下来。总计上了石志清、林世裕的"机械零件"，霍少成的"公差及技术测量"、潘新陆的"金工及工具机"、钱定华的"铸工"、高良润的"金相学与热处理"等课，还搞了个冲床设计，做了机工实习，到上海、戚墅堰参观了一些工厂。与此同时，学校还整顿了教学秩序。每天早上要出早操，上午四节课下来，每人供应一个馒头、一碗豆浆，再上两节。下午一小时午睡，一小时锻炼，其余时间用来复习功课。到晚上九点半，宿舍暗一下灯，发出"准备睡觉"的信号，十时熄灯，保持绝对安静，这帮我们养成了有规律的生活习惯。1953 年初，毛泽东号召青年要"身体好、学习好、工作好"，党中央发出了"学习是中国青年更加特别突出的任务"的指示，这都成为我们青年学生学习的强大动力，我们当时学习的目的性很明确，叫"为人民学习"，考试叫"向人民汇报"，毕业分配了，叫"站出来，让祖国挑选"。我作为团干部，社会工作多了些，但学习不能落后，合理支配和利用时间，狠抓了一把，学习也就上去了，还得到了表扬。

1952 年 10 月，高校在思想改造、院系调整的基础上，开展了整党、建党学习，吸收我参加。通过学习，我加深了对党的性质、任务、指导思想、"八项标准"以及对共产主义理想的认识。对照自己，几年来，在新旧社会对比、党团组织教育、政治运动的锻炼下，我提高了认识与觉悟，看到了新中国来之不易，美好理想还需后人继续努力。而我在旧社会，依靠家庭剥削生活，是人民养大了我，今天还培养我读了大学，懂得了革命的道理，明白一个人为什么活着和应该怎样去活，给了我第二次生命。于是，我终于喊出了"生命是党给我的，我把生命献给党"，向党组织提出了入党申请。我也检查了在决心为共产主义事业奋斗方面还存在的问题，一是党伟大、

南工机械系第一个学生党小组
前排左2章未、左3吴成一,后排左1祝纪鄂,左2徐丽生
章、吴、徐为南工团委委员,祝为机械系党小组组长

光荣、正确,"入党光荣"。没错,但也反映了夹杂着把党员看作一种荣誉、地位的个人动机。二是共产主义美好,自己虽然政治热情和自我要求较高,但缺乏阶级斗争、生产斗争实践,长期艰苦斗争的思想准备不够,还需努力锻炼。经过朱斐和潘良栋的介绍,支部大会通过,经党委批准,1953年2月8日,我被吸收为中国共产党候补党员,一年后如期转正。

当上了人民教师

时至 1953 年 7 月，我们这一届学完了规定的课程，提前一年毕业。那时，毕业生实行国家统一分配。学校成立了专门组织，安排两个星期学习，而后公布方案，每个学科有多少毕业生，就给多少个岗位，一个萝卜一个坑。由学生自报志愿，组织综合平衡，最后敲定。机械系的工作，就由谢忱和我负责。两个星期的学习，主要是打通思想，做到自觉服从分配。这一届的方案总的说来比较好，因为第一个五年计划开始，苏联援建 156 个项目，急需工业建设人才，尤其需要培养人才的人才——高校教师。我们将有三分之二以上去高校，其余除几家保密厂外，就是一机部的大厂。我自己是当事人，又要掌握分配，不好自己派自己。我向朱斐表态："我无条件服从分配，你先把我定下来，我才好工作。"朱斐说："你就留下来吧。"就这么一句话，定了我终生，我当上了人民教师，一当就是一辈子。当时，同学们普遍希望去工厂，轰轰烈烈干一番，去不了，高校也可以。地区方面，东北远一些，但都是保密厂，分配去的都是党的积极分子，没有话说。总的做到了在工作和地区志愿上，能照顾的就照顾，大体摆平。不说皆大欢喜吧，多数同学均能愉快走上工作岗位，没有哪个不服从的。我们这一届，说起来还是院系调整后的南京工学院首届毕业生，有特殊的意义，院长汪海粟设宴欢送我们，还请我们看了场京剧。去北方的同学，定下日子，集中到下关中山码头，在《共青团员之歌》的广播声中，唱着"再见吧妈妈"，过江北去，踏上征途，气氛很是热烈。几十年后，1993 年、2003 年、2008 年，我们毕业 40 周年、50 周年、55 周年，班上多次校友聚会，都得到积极响应，同学们北自齐齐哈尔，南自香港、广州，西自重庆，乃至美国、加拿大，均从千里之外返校重聚，同学情深，可见一斑。

同学走光后也就开学了，从学校到工作岗位，是人生一大转折。系里报到后，还有一次分配，确定具体干什么。我们留校十人，按课程分到教研组：陈兆平、谢树人、袁亮搞"机械制图"，蒋崇德"金工"，黄惟一"力

南京工学院毕业证书

南京工学院机械系首届毕业师生合影
前排左 1 朱斐（党总支书记），左 5~10 为高良润、潘新陆、胡乾善、石志清、范从振、夏彦儒教授，胡任机械系系主任

1953 届留校任教 10 人，去华东航空学院 7 人，于玄武湖合影
前排左 1 郑伟中、左 3 万德钧、左 6 颜景平、左 7 章未，后排左 1 黄惟一、左 2 谢树人、左 6 沈林生、左 7 陈兆平为留校教师

学"，沈林生"机械原理"，颜景平"机械零件"，还有郑伟中、万德钧和我，分别搞三门专业课。郑分在机械制造教研组跟霍少成教授搞"机械制造工艺"，万和我分在机床教研组，万跟潘新陆教授搞"金属切削机床"，我跟黄仁搞"金属切削原理及刀具"。当年苏联强调专业教育，专业分得细，专业课也讲得深、讲得细，这三门均是新课，我们都要从头学起。

黄仁不简单，他早我一年从上海同济大学毕业。在同济他学的是德语，分配来南工后突击学习了俄语，搞到两本苏联教材，便一边翻译，一边编成讲义，把课开了出来。1953年春，他已经给金工专修科上完了"金属切削原理"，这学期则上"金属切削刀具"，同时还要给上海工商交通专科学校并过来的金工专修科春季班上"金属切削原理"，任务很重。我则随班听课，同时担任两门课的辅导课，每周各一小时，另外还要安排答疑。天哪！虽说和学生见面时间不多，我先前可没学过这课呀！一边上课，掉头就要给他们辅导答疑，实实不敢怠慢。唯有硬着头皮，加倍努力，早作准备，充分消化，而后再去面对，总算逐步进入了角色，对付了下来。在此同时，我还负责筹建金属切削实验室，准备实验的开出。

在社会工作方面，我继续担任团委委员，同时兼了校刊"人民南工"编辑，编有关报道学生方面的一个版面。在那激情燃烧的岁月里，充满了对理想的憧憬，新的生活、新的环境、新的任务，吸引着自己去努力忘我地工作。当年秋，机械系工会组织去栖霞山迎新郊游，一是欢迎我们新教师，二是祝贺黄仁新婚，汪海粟院长也参与了这次活动，还在栖霞寺内与老教师下了围棋，可见当年领导与基层的关系很随和，不像如今一派官气。栖霞归来，我写了一副对联以咏志："古寺迎新人，从此后抚桃育李共努力；理想成现实，三年来积砖备瓦为今朝！"

1954年春，黄仁因不堪教学与生活重负（他夫妇二人要负担全家九口人的生活，其妻弟还有精神病），患神经官能症，需住院进行睡眠疗法。课怎么办？不能停，那只有我顶上。那时，正好上到拉刀等复杂刀具，我还从未见过，硬着头皮啃书本，每晚到十二点、一点，自己消化了，第二天上讲堂，也就顶了下来。两个多星期后，黄仁出院，他和我商量，当年秋季，本科、专科一起来，还是他讲我辅导，不好对付。他有意自己把这学期剩下的课一个人挑下来，放我出去，到工厂边实习、边备课，暑后回来，他上本科，我上专科，我一口答应。经与哈尔滨第一工具厂联系，并由舒光冀教授修书一封，给他中央大学的老同学、该厂总工程师楼希翱，介绍我去作三个半月的实习。获同意后，我便收拾行装，于5月启程。

此次北上,"任重道远"。"任重"不只是暑后开课任务重,行装也重。哈尔滨5月份还需冬装,8月则是盛夏,我要把一年四季的衣被全带着。加上备课需要,教科书、参考书以及《工具技术》的刊物,外加俄文辞典、俄文书,整整装了一箱子。两件行李48公斤,从南京到天津,再转车哈尔滨,肩扛一件,手拎一件,可真够呛。至于"道远",则单人独行几千里,有生以来还是第一次,三天三夜,尽赏铁道沿线祖国辽阔大地的风光。到达目的地,教育科报了到,安排在南岗职工宿舍区住下,每天往返道外厂里去上班。我先拜见楼总,请他指点,订了个实习计划:两个月设计科见习刀具设计;一个月工艺科,与车间现场结合,熟悉刀具制造过程;半个月检验科,了解刀具相关技术条件的检测方法与设备。接着便全身心投入这难得的实习。哈尔滨挺有意思,早上四点多便天亮,晚上八九点才天黑,我八小时下来,晚餐后回宿舍,还可以看上三四个小时书。实习中有问题,虚心向技术人员和工人师傅请教。他们多数不是大学文化,但有实践经验,是"能者",而自己在这领域,是个地地道道的小学生。设计科有位蒲德煜,也是1953年同届毕业生,来自重庆大学,一年下来业务很熟悉了,我向他请教较多。再有问题,隔一段时间,集中请楼总答疑。备课中的问题,则到哈尔滨工业大学向陶乾老师请教,陶是广州中山大学1950年毕业,到哈工大攻读由苏联专家授课的首届研究生。童秉纲、陈鼎昌则是南大机械系1950年毕业去哈工大的,与他是同一届。陶专业搞金属切削,编写了我国第一本《金属切削原理》教材,我是通过陈鼎昌介绍找到他的。陶为人热情,不吝赐教,只是后来不幸在"文革"中受到冲击,自杀身亡。

　　这三个半月,我是如饥似渴地吸收着养料,在本门业务方面,从理论到实际,打下了一个很好的基础。8月中回校,再做些准备,新的一个学期开学,便正式走上讲台,给金工专修科开出"金属切削原理及刀具"的课来。作为专业教师能上讲台独立开课,是成长的一个标志。这一年,我胜利地迈出了一大步。

学习苏联，走过一轮

我国高校从院系调整开始，就全面学习苏联。在人才培养方面，一改新中国成立前通才教育的模式，实行专才教育。一个学科，分若干专业，按专业制订教学计划，规定设置多少门课程，每门课程多少学时。除了课堂教学外，还有实验、实习、课程设计、毕业设计等实践环节，均有严格的规定，作为实施时的依据。学制则从我国的实际出发，机械制造专业本科是四年制，金工专修科是二年制。同一门课程，内容要求不同，学时不同。在专业教研组内，还按课程设置教学小组。1954年秋，我们"金属切削原理与刀具"这门课已有4位教师，便成立了刀具组，由黄仁负责。1954—1955学年，黄仁上本科的课，我和从北京工学院转来的赵芝眉上专科的课，还有随上海交专并入的教师李高敬搞实验室。与此同时，我们这门课，也陆续地开出了全部实验。

根据安排，1955年暑，金工专修科甲、乙两个班，在毕业前有6周的毕业实习，由我负责与另外几个老师带领甲班去南京机床厂进行。前4周分组轮流到各车间了解热加工、大件、轴套、齿轮、装配的工艺过程，后2周分到工艺科各个组去，在师傅的指导下编制工艺规程，作为"个人任务"来完成。

1955—1956学年，还是由我和赵芝眉上专科的课。这时，金工专修科已有8个小班，每班30人。我们各上4个小班合起来的120人的大班，不敢怠慢，唯有努力认真去做好。同样，这届金专，在毕业前也有6周的毕业实习，教研组分配我、赵芝眉和李高敬带30名学生去哈尔滨第一工具厂进行。和上一届不同的是1955届没做毕业设计，1956届还要回校做6周毕业设计。我们这30人的设计题目属刀具类，是虚拟的《年产××件××刀具的车间设计》，每个学生按不同的刀具，从设计到编制工艺规程、设计工艺装备到车间设计。要求完成规定的图纸和说明书，工作量不小。学生都是夜以继日地赶，有时还得搞通宵。我们教师往往得陪着。

机床教研组春游中山陵
左起1、5、6、7、8为机床教学小组黄惟一、潘新陆（教研组主任）、翁家昌、万德钧、温文源；2、3、4、9为刀具教学小组黄仁、李高敬、章未、赵芝眉

党委委员、机械系总支书记、教师支部书记朱斐

因为这是初次毕业设计，我们自己在学生时期没做过，虽说此前经过试做，可掉过头来就要指导多个学生，确非易事。可我们几个年轻人是初生牛犊不怕虎，硬是挺过来了。

这一年，对机制专业本科，还做了刀具的课程设计。尤其值得一提的是我们分工合作，编印了十本《刀具课程设计和毕业设计参考资料》，在兄弟学校中广泛交流，有较大的影响。另外，我们还编出了成套教学文件。筹建的金属切削实验室和刀具陈列柜也初具规模。

至1956年暑，1952年院系调整入学的本科专业学生，学完4年毕业。学校各教研组学习苏联的各个教学环节，都走过了一轮。我们刀具教学小组也一样，在这过程中得到了成长，成为一名基本上可说是合格的人民教师。总结三年来的经验，我把它叫作"在战斗中成长"。

毕业三年，完成了各项教学任务，业务上得到了提高。同时，我还一直兼任了一定的社会工作和行政工作。1954年秋，我哈尔滨归来，为了让我集中精力开好课，组织上没让我担任别的什么事。1955年，原教师团支部书记孙一源去苏联学习，就由我接任。主要组织学习了刘少奇的《共产党员的修养》、吴运铎的《把一切献给党》；组织了订红专规划，向科学进军；还组织了一些适合青年特点的文体活动……1956年担任教师党支部组织委员，搞组织建设工作，正值学校党委要求在知识分子中积极发展党员的时期，我先后介绍了潘新陆、黄仁、黄惟一、

1955年被南京工学院评为青年社会主义建设积极分子

1956年被南京市教育局评为先进教育工作者

1956年获青年团江苏省委通报表扬

沈林生、刘超和於峨峰入党（刘、於是工人）。在筹建切削实验室方面，我去哈尔滨后，李高敬接手，做了大量工作，学校投资，从苏联、捷克、波兰展览会上进了多台机床。1955年秋我被正式任命为实验室主任，主要任务是保证有关课程的实验开出，相应地建立一套规章制度和组织好人员的培训，此时实验室固定资产已近百万，实验员和工人也有六七人了。

  这几年，我初上工作岗位，满怀激情，做到了忘我劳动，做了一定的工作，实践了入党时的誓言，党组织给我作了肯定。1956年1月，经学校推荐，被评为南京市先进教育工作者；在校内被评为青年社会主义建设积极分子；接着，在省青年知识分子代表会议上，得到团省委通报表扬；5月，在省高等学校和科研机关党员干部会议上又得到大会表扬。各种荣誉接踵而至，我自己觉得做得还很不够，只将荣誉看作继续前进的鞭策。

家庭，爱情，亲友情

从思想改造到入党，再到毕业留校当教师，我顺风扬帆，一往直前，这期间，也还有一些个人问题要面对，要处理。

首先仍是家庭问题，可以从阶级关系划清界限，但社会关系客观存在，不容回避。1953年，我大学毕业，其时父母已经是靠六十的人了，而且父亲长年体弱多病，做不了什么事，母亲搞点手工活，也难挣几个钱。前几年，他们的生活基本上是由亲戚接济，现在，我有了经济收入，不应再由他人负担了。在向组织反映、征得同意后，每月寄他们15元钱，第一个月另外再加15元作谋生启动资金。我要求他们通过自己做些力所能及的劳动，加上我每月15元补贴，过上最低生活，好好改造，争取早日摘帽，回到人民队伍里来。按当时的生活水平，我在食堂的包伙不过一个月8元钱，应该是可以的了。但后来父亲病重，他们没告诉我。到1955年暑，我在南京机床厂带金工甲实习的时候，忽然接到电报，说是父亲病故。那时，五十来人一个队在厂里实习，我总负责，还具体分工指导一个小组，实在难以分身，汇了100元回去，由三姑夫吴月舫和堂兄章寿权帮母亲把后事办了。现在回头看，我在家庭问题的处理上，基本上还是从实际出发的，但是失之简单、生硬，缺少了具体的沟通与有针对性的帮助，没能做得更细一些、更好一些，有所缺憾。1956年，母亲来信说政府给她摘了地主的帽子，这当然是件值得高兴的好事。1957年秋，她来南京看了我。1958年春节，我回江阴，把她接了来。那时我住集体宿舍，学校先在文昌桥教职工宿舍北舍给我分一间房，让她住下。随后，又把我调整到板桥新村46号楼上，两小间17平方米，让我和母亲住一起。从此，我又重新开始过上了家庭生活。

同样，我在家庭问题处理上欠当的毛病，也在恋爱问题处理上反映了出来。自从萧茵1951年去新乡以后，我们一直鱼雁相通，一般是半个月一封信，维系着彼此的感情。接着，思想改造，许多问题要重新认识，恋

1957 年接母亲陈以茭来南京定居

爱问题上，也得作番检点。我肯定了我们的感情是真挚和诚恳的，但是没有建立在政治基础上，需要进一步巩固，对她的进步，便要求得迫切了些。我否定了"小资产阶级情调"，信中不再用"亲爱的"一类字眼，可又不知怎样表达"无产阶级感情"。正值这时，她又在班上闹了点事，因为对某个老师教学有意见，便与一些同学相约不去听课，受到了学校记过处分，处在苦闷中。此时，最希望得到的是我的安慰和帮助，可我却"板着面孔"训了一通。这使她产生了自卑心理，认为处处不如我，不配和我相爱，我却木然不觉。最忙的时候，信也写得少了。我还为两情之久、君子之交而自傲，却不知她在感情上承受着怎样的煎熬。在我毕业前夕，她已先我毕业，给我一封信，问我对毕业分配的想法，希望勤写些信。我却说什么"海阔凭鱼跃，天高任鸟飞"，哪里需要就上哪。没有谈到我们俩该有怎样的考虑。信嘛，有话则勤写些，无话也不需多写。这下可"证实"了她的想法，她对我完全失望了，从 1953 年 11 月起，我就再也没接到她的信。我开始觉得有问题了，一封封去信，均石沉大海。1954 年 5 月我去哈尔滨实习，决定返回时拐个弯去河南看她。这时她急了，给我一信，说明了实情。原来她在痛苦中接受了她一位同学的感情，并且已经在 1954 年春节结了婚。

那时，我已在哈尔滨了，信是朱斐转过来的。信中还说："我知道你会很痛苦的，但你不知道当初我的痛苦绝不在你今日之下。"终生憾事，已经铸成，她希望今后能以"兄妹"相处。看到信，我呆住了，怎么会是这样呢？止不住眼泪直流，一幅幅当年的情景犹在眼前，而如今梦一般地成为过去，这能怨谁呢？我冷静地作了反思，不能怪她对我的爱情不坚贞。也许我一开始就没平等待人，自己在高处，"关怀"她的成长，方式简单、生硬。批掉了小资产阶级感情，又没有新的感情输出。她说我冷得像块石头，对我产生了猜疑、错觉和绝望，所以有此变化。主要责任在我，只是她不该不把她的想法对我说出来，酿成了苦酒两个人喝。我谅解她，检讨了我的过失以减轻她的愧疚，但为免得以后感情上的纠缠，拒绝了"兄妹"相处。后来她又有信来，精神有些恍惚，还是忘不了当年"花前月下"的情景，我劝她尽快放开，珍惜当前的家庭生活，以后也就不再联系。事情过去了，可初恋的感情是最纯朴的，最刻骨铭心的，是我自己没处理好，用句不恰当的政治术语说，当初我是犯了"左派幼稚病"，以后引以为戒。

　　从1950年进南大，到1956年，三年学生，三年教师，一直在学校内学习、工作，搞政治运动，与外部世界很少来往。除1950年寒假回过一次杨舍外，也从没再回过家乡。除与同在南京的老乡、发小郭元群（先后在南京师范学院任中文系总支书记、南师团委书记）、郑际泰（时任南空工程部秘书）、郭宗海、俞世荣（均为南京农学院教师）和郭应宜、郭应爱姐妹保持联系外，没有其他亲友来往。我与旧我告别以后，新我变得怎样？自己看不清。在处理家庭、恋爱问题上，我开始有些意识到是否有些过了？1956年暑假，沈玉成自北大南返，路过南京，我们几个莫逆之交小聚了两天。他回北京后，给我来信，说我一副"党员面孔"，近乎是原则的化身，干巴巴，"非礼弗言，非礼弗动"，已达自然境地，给我很大震动。我认识到，应该讲政治，但不能唯政治；应该讲阶级性，但不等于不要人情味，值得自己注意。是年10月，我去上海参加上海工具厂技术改造，抽空看望了二姑母章希治、三姨母陈以芝和老同学童秉彝。寒假回江阴，看望了母亲和三姑夫吴月舫。又到杨舍，看望了梁丰老校长张亦良、老师王葆元和有兄弟情谊的老朋友蔡念椿……大家多年不见，分外高兴，我深感亲友之情的温暖，增添了浓浓的生活气息与人情味。

1956—1957 多事之秋

回顾往事，感到 1956—1957 这年月特别不寻常，不仅国际、国内出了很多大事，我们南工也不例外，我个人也被卷入，人生道路上来了个大转折。

首先，在国际上，新中国成立以来，中苏结成了友好同盟，世界上形成了社会主义和资本主义两大阵营。中国在苏联老大哥帮助下，发展很快。大有东风压倒西风之势。可就在 1956 年 2 月，苏共召开了二十大，赫鲁晓夫做了个秘密报告，谈了斯大林问题，大会通过了关于克服斯大林个人崇拜后果的决定，批判斯大林的错误。一开始，我们党中央是表态支持的。我们普通党员不明就里，感到很惊讶。随后，还有波兰和匈牙利事件发生。6 月，波兰波兹南市工人罢工，发生流血冲突；10 月，匈牙利布达佩斯发生大规模群众性动乱。国际共产主义运动怎么啦？茫然！

在国内，我国 1953 年实施第一个五年计划，1954 年提出建设社会主义总路线，至 1956 年，五年计划提前两年完成，形势大好。就在这年春节过后，我先到北京一机部开介绍信，再去哈尔滨工具厂，联系暑前同学毕业实习事务。一路上全是敲锣打鼓放鞭炮，初不知为何，原来是庆祝公私合营报喜。接着，全社会掀起了一个社会主义改造新高潮。过不久，便宣布胜利完成，我国已经进入了社会主义。一方面高兴，一方面也觉得这就叫社会主义？那也来得太容易了。

9 月，中国共产党召开第八次代表大会，明确宣布革命的暴风雨时期已经过去，主要的斗争任务是发展社会生产力。在此前后，毛泽东提出了正确处理人民内部矛盾的理论，并在 11 月八届二中全会上宣布明年开展整风运动。从 1957 年整风到反右，随之而来的"大跃进"等一系列运动，无不以阶级斗争为纲，这一大转折，不仅夭折了八大路线，也给国家和人民带来了重大损失。

回头来看我们南工。在苏共二十大之后，1956 年 4 月，江苏省在白下路召开高等学校和科研机关党员干部会议，总结工作，领导整风，也强调了批判个人迷信。在这次会上，南工院长汪海粟做了检查，主要是工作中个人与党的位置摆得不当的问题。党的领导干部在党员群众中公开检查，我还是第一次经历，起初不知道怎么一回事，其后逐渐有了些了解。缘由是1952年汪来南工任院长兼党委书记后，行政上如院办、教务、科研部门干部用了李时庸、管致中、简耀光等原中大的地下党员，党务、政工干部用了苏南新专一起过来的汪克之、朱斐、陈东、陈康等同志，工作开展很顺畅。而且当时学习苏联，学校的领导体制是校长负责制，汪又一身二任，党政工作一把抓，也是很自然的。学校工作很有成绩，汪也有很高的威信。但从1955年春，学校调入了几位老资格的"工农"领导干部，没多久便对学校的许多工作看不顺眼，认为汪搞"行政路线"，不要党委集体领导；搞个人崇拜，违反民主集中制；抬高知识分子，排挤工农干部，存在右倾机会主义，等等。他们多次向省委反映汪的问题，1956年2至4月，省委派员来南工，在梅庵开了13次会议，讨论南工领导问题，汪的检查即在此背景下做出的。可在这问题上，一些部门和基层组织持不同看法，认为光是汪做了检查，南工办学方针上的分歧并未解决，以后工作何去何从？不好办，我也心存困惑。8月，南工召开首次党员大会，总结工作，选举产生新党委。就在这个会上，党委委员聂建文跳上台去，声嘶力竭、上纲上线地指责汪的不是，令人感到惊讶，意识到党委内部不太平。果然，在1957年整风"反右"的形势下，南工党内一场激烈的斗争就不可避免地发生了。

至于学校教学改革等日常工作，则自1956年夏，学校走完学习苏联全过程后，提出了下一步工作重点为培养师资和开展科研。由于学校从1955年起，本科专业学制改为5年，停招专科。我们专业课暑后教学任务不重，由组织上安排赵芝眉去哈尔滨工具厂，我和李高敬去上海工具厂，跟苏联专家学习，参加两个厂的技术改造。其实，到厂以后，才知道并非直接跟专家，厂里有个专家办公室，负责将专家意图转达给厂方，厂方组织力量，贯彻落实。上海工具厂技改的要求是产品定型，扩大产量，更新工艺，改建车间。我与李高敬被安排在工艺科，和厂方技术人员一起搞工艺文件。这是厂方的强项，我们的弱项，正好边干边学。另外，专家讲课，我们可以一起去听。工厂的作息制度与学校不一样，上午上班，中午一小时连午餐带休息，下午四点半很早就下班，接着便用晚餐，回宿舍。我把在学校里多年养成的午睡和锻炼的习惯全给丢了。但晚上足足有四个小时可以看书，我趁此把课程中难点"齿轮刀具"的有关专著系统地啃了啃，

工具研究所苏联专家来南工检查课题工作合影
左1崔永懋、左4赵芝眉、左8尤里科夫、左9章未

业务上又进一步得到提高。

　　也就在此期间，一机部新成立的工具研究所，到上海交通大学开课题协调会，列出了若干课题，找各校分工承担。我们都参加了，南工承担了几个项目。黄仁的课题是"加工表面质量的研究"，我与赵芝眉的课题是"修缘插齿刀和剃前插齿刀设计的研究"。这也就成为我们带1957届真刀真枪做毕业设计的题目。我带崔永懋做修缘插齿刀，赵带诸锡祺做剃前插齿刀。他们就在上海工具厂实习。时至1957年3、4月间，我们在上工结束毕业实习，师生一起回校搞毕业设计。崔是该班尖子，最后，除提出了报告外，还提供给协作单位上海工具厂一套标准图纸。可那时整风反右已经开始了，以后没人管这事，课题也就不了了之。在上工前后半年多，我又一次有机会向实际学习，收获不小。我此生深感高校教师、学生到实际中去的重要性，尤其是工、农、医等技术学科，反观如今教育，日益脱离实际，实实堪虑。

　　回校以后，学校开始整风，全校主要精力放在搞运动上，从此一发不可收拾。自1957年整风、"反右"开始，我们国家经历了曲折的发展，南工也一样。在我个人的人生道路上，也来了个大起伏，影响深远。

第三章 在曲折的道路上前行
（1957—1966）

从整风到"反右"

人生从来就没有笔直的道路，总会遇到一些曲折与起伏。我从1950年一步跨进大学殿堂、1953年入党、当教师以来，一路满怀激情，高歌猛进，努力尽责尽职，搞好学习与工作，可谓一帆风顺，认为这就是为人民服务，为社会主义服务，就是革命。可我把"革命"看得太简单了，不知道"革命道路多艰险"，从1957年整风运动开始，我经历了人生道路上一次极大的转折。

1957年4月，我从上海回校以后，继续结合手上的课题"修缘插齿刀设计的研究"，指导毕业设计。另外，在机械系教师党支部担任青年委员工作。其时，机械系青年教师中已有三个团支部，要想做好工作，发挥好党的助手与后备军作用，有很多工作要做。

4月27日，党中央正式发布《关于整风运动的指示》，宣布全党进行一次普遍深入的反官僚主义、反宗派主义、反主观主义的整风运动，以提高思想、改进作风，适应社会主义建设需要。首先从县团级以上的党组织开始，南工当属首批整风单位。在此之前，江苏省委派杨德和来南工，以党委书记身份工作，显然是为了加强对整风的领导。南工的整风是这样开展的，先是学习毛泽东《关于正确处理人民内部矛盾的问题》的讲话，院、系二级分别成立在党委、党总支领导下的，由党、政、工、团、民主党派五条线负责人组成的中心组，先走一步，再由工会出面，在群众中组织学习。5月16日、17日，南工党委先后在党内外教职员工中召开大会，部署整风计划，号召揭露矛盾，批评领导，拉开了南工整风运动的序幕。

按照部署，机械系按教授与讲师组、助教组和职工组分别召开座谈会，进行鸣放。我参加助教组，在几次座谈、鸣放会上的意见，概括起来有这几条：党委领导机构臃肿，官僚主义作风严重，不称职者有之；党有宗派主义，以党代政严重；各群众组织如工会、青年团未充分发挥作用；对青年教师培养关心不够；要能边整边改，保证条条意见有着落……其间，虽然有些意见尖锐些，也曾有人提出改选中心组领导整风，但出发点都是为了帮助党搞好整风。我对整风抱很大期望，我想，通过整风，一方面党组织可以去掉"三大主义"，一方面个人可以得到一次锻炼。但是期望过切，鸣放后一下看不到党委整改的决心与行动，且也多少知道一些党委内部有矛盾，我对党委信心不足。我说："我对整好风是有信心的，但这信心是寄托在中央的决心和群众的推动上的"，即要"上下夹攻、内外夹攻"（当时上边就是这样号召鸣放的），施加压力促进才行，反映了一定的急躁情绪。

　　正当学校整风按部就班开展之际，5月底，形势发生骤变，报纸上的大鸣大放，北京高校的信息南下，相形之下，南工"落后于形势"。6月1日，电力系江宇等同学贴出了第一张大字报《我们要鸣放》，接着数以千计的大字报一下贴满了校园和宿舍，出现了群众性的自发鸣放高潮。学生会开辟了民主论坛，每晚在学生宿舍开讲，大鸣大放大辩论。这时校、系领导都到学生中去了，我们系朱斐、陈定武、范赓伸三名党委委员也下去了，把教师这边给搁了下来。我们也去现场看看大字报，感到一方面多数批评、建议是正确的和有益的，一方面也有一些片面的、偏激的和错误的意见，还出现个别谩骂和哄闹现象，热则热矣，一片乱哄哄。我认为群众运动，在所难免，但这时急需党组织加强领导和积极引导，可看不到党委有何有力措施，发展下去会怎样？不免有些担忧。正好，有一次在校东门口碰上陈定武（党委委员、机械系教师支部副书记），我说："党委怎么搞的？软弱无力。"陈说："汪院长有顾虑，杨书记刚来，有的党委矛头所向，有的党委不起作用……"我说："那应该先把党委内部矛盾解决好，不然，怎么领导运动？"陈说："你不了解，有时搞不好，跳进黄河也洗不清。"我想得简单，说："这些同志当年抛头颅、洒热血都走了过来，党内还有什么问题不好说的？"陈直摇头。我更是忧心忡忡。

　　随后，在西平院系里，教师团支部书记戴枝荣碰上我，问我怎么办，在当前情况下团员怎样发挥作用，可否开团支部会。我找到朱斐，问他怎么办。朱说："和大家一样鸣放，团支部会可以开，你们研究。"我与支部宣委张思在和三位团支部书记戴枝荣、桑正中、邱成悌研究后，6月4日晚，在55楼借了个教室召开了团支部鸣放大会，会后，由我整理，集中了几条意见写成大字报，第二天贴了出去。大字报主要有以下内容：要求党委克服瘫痪状态，加强对运动的领导；对群众意见较多的问题（如补助金等）表态；《人民南工》要更多刊登鸣放意见；有的单位有压制群众现象,要打破顾虑,积极鸣放;以及要坚持不停课、不上街、动口不动手和不把矛头针对教师等。

关于党支部怎么办的问题,在成贤街食堂,与朱斐、陈定武遇在一起(当时他们党委委员都在学生中忙着),朱还是这个意见,支部会可以开,你们研究。我说:"我们对党委知之不多,已经开了几次会,再要鸣放怕谈不起来,你们要回来参加,介绍介绍情况。"朱忽然想起说:"李时庸(党委委员、院办主任秘书)在机关一支部有个发言,对学校情况有所分析,倒是可以拿来读读。"陈定武多了个心眼说:"这样行不行?"朱说:"这篇文章四平八稳的,不会有什么问题的。"就这么定了下来。6月6日,由组委叶琪根与我们几个支委和小组长作了研究,决定于7日晚,在西平院系会议室召开党支部大会,继续鸣放,对党委提意见。因叶次日要出差,这个会由我主持,三位党委委员朱斐、陈定武、范赓伸回来与会。会上先是读了遍李时庸的发言稿,接着让大家谈,可也许我们毕竟身处基层,对李稿涉及的领导层情况有距离,谈不出什么。大家谈得多的反而是担心如今这么个乱糟糟的局面怎生了得,该怎么办?帮党委出主意。最后集中起来三条,即:建议党委成立整风领导小组,加强对运动的领导,矛头所指党委不宜参加;建议就鸣放意见理出几个如治校问题、墙沟问题、运动遗留问题等组织辩论;建议党委就下阶段运动作出部署。推我写成书面意见,以林世裕、范赓伸和我为代表,第二天一早送交给汪海粟院长。6月8日晨8时,我们三人去兰园汪宅,汪应对学生直到深夜才上床,这时还是接见了我们,我们说清来意后,汪说:"你们提的这几点,党委均在考虑,今天下午就要开大会,作出部署。"我们的任务完成了,即行告退。当日《人民日报》发表了社论《这是为什么?》,运动立马转入了反右派斗争,这样的发展是谁也始料不及的。

事后,这个大转折的真相才逐渐清楚。原来毛泽东提出正确处理人民内部矛盾的问题,以及随后开展的党内整风,其初衷确实是想用扩大民主生活、扩大批评与自我批评的办法去化解人民内部矛盾,比较顺利地巩固我们的新制度,建设我们的新国家。然而,随着整风鸣放形势的发展,毛泽东根据其对形势的估计,5月15日以《事情正在起变化》为题,写成一信,发给党内高级干部传阅,认为"共产党内和社会上的知识分子中,均有极少数资产阶级右派分子在最近一个时期,向共产党的领导和社会主义制度发动了猖狂进攻。"随即中央就部署了反右派斗争。而我们基层,鸣放才开始，现在又来一个急转弯，一时不易接受，可通过学习，统一思想，那就按上边的部署立即转向反右。

暑假前在学生中反，暑假后在教职员工中反，并在学生中"补课"。我们教师中党员均被分下去抓运动，我在学生中到机制52、53班，在教师中在助教二组负责，在对"重点对象"作了批判，以及本人对错误言论有了认识后，一个右派也没定。暑后学校安排"补课"，总支新任副书记刘鹤义去53班补划了一名右派，反右运动初战告一段落。

这期间，我也初步清理了一下自己的问题，认为自己是积极响应号召、投入运动的，只是对政策精神掌握不够，有急躁情绪，对党委轻易失去信心，在两类矛盾交叉时，阶级嗅觉不灵，只看到内部矛盾，右倾麻痹，未能挺身捍卫党的利益，今后应当吸取教训。

南工党内一场路线斗争

1957年9月23日，新学期开始上课，机械系增补潘新陆为系副主任，任我为系秘书。

10月，运动转向党内，南工党委领导先作为时两周的"休整"，一开始就把李时庸5月24日机关一支部鸣放会上所作的发言《对本院矛盾的初步分析》抛了出来，进行辩论，同时成立调查组，调查党委几位委员的"有关问题"，基层党支部则同步组织讨论李文。党委在对李文的辩论中，意见很不一致。李文辩论不久，便被认定为"毒草"，李被定为右派。接着矛头便转向朱斐，问题是这样提出的：李时庸的文章，朱斐为什么要拿到机械系去读？读后起了有利于党的领导、党的团结，还是不利于党的领导、党的团结的作用？让大家讨论、揭发和批判。"休整"的结果，朱斐也成了反党右派，机械系教师支部6月7日的那次鸣放会便成了反党黑会。我意识到问题的严重性，我不回避我的责任，我向新任总支书记刘润生表态说："我要检查。"但我不懂得当时的斗争重点不在我们下面，刘说："你的问题先放下，你要投入斗争，在斗争中提高了觉悟，你才能看清自己的问题。"果然，到12月16日，南工党内斗争用党委书记杨德和的说法是"全面地、深入地开展了党内两条道路的斗争"，关起门来用大鸣、大放、大字报、大辩论的方法，揭露包括院长汪海粟在内的8名党委常委和委员的"反党言行"。直至1958年2月27日，在各自作了检查，"基本上承认了错误"后，于2月底召开了中共南工第二次党员大会。会上由党委书记杨德和作了《党内斗争总结报告》，改选了党委，原党委委员19人去了11人，各总支中被认为是汪的"亲信"者，一概撤换，四去其三，南工党内斗争告一段落。6月，江苏省委对汪定性为"严重右倾机会主义性质的错误"，给予留党察看两年的处分，不久即调离南工。汪海粟作为南工领导，运动中首当其冲，听取方方面面的意见，应对各种变化的局面还来不及，自己谈不上鸣放，却成了党内反右被整的一号人物，若不是调查发现他的历史过得硬，则难免不被戴上右派帽子，这简直令人难以置信。其实，这场斗争的实质是两条办学路线的斗争，是梅庵 13 次会议和白下路会议的继续，对方趁着反右的有利形势，采取了"中层开刀，上挂下连"的策略，目的就是要把汪扳倒，终于如愿以偿。1957 年 11 月，汪已不再担任党委书记，1958 年 9 月，院长亦去职。反右中南工党内这场斗争深深地影响了南工的发展，这桩公案，直到二十年后的 1979 年，始得彻底平反。

时至 1958 年 3 月，南工的整风进入"双反、交心"阶段。"双反"指反浪费、反保守，"交心"则作为资产阶级知识分子端正政治立场、自觉自我改造的运动，要求把自己的真实思想向党、向人民摊开，说出来，得到帮助，有了改进，就向党、向人民更靠拢了。我也列了几十条，向党交心。作为重点帮助对象，党委副书记宫明光亲临总支，召开总支扩大会，让我交心，主要是运动中的问题。如前所述，当时自己确是积极投入运动的，一心想帮助党委整好风，只是看到党委领导不力（不知道是"阳谋"），心里着急，在右派向党进攻的时候，不是挺身而出反击，反而继续组织鸣放，矛头针对党委，向党委施加压力。我承认，客观上对右派反党起了"推波助澜"的作用，犯了立场错误。这样的认识显然与组织上的口径对不起来。刘润生说："你主观上帮助党整风，客观上反了党，主客观不统一，你怎么说得通？这样的态度不行，态度好可以不划右派，再不转变，怎样的后果你清楚！"当天未通过，第二天继续。这一夜，是我思想斗争最剧烈的一夜。说实话，从我 1951 年暑期学习班、1952 年思想改造到 1953 年入党以来，我真是完完全全"此心许属共产党"，怎么可能反党呢？但是问题明摆着，你承认反党，态度好，不划右派；不承认反党，态度不好，就划右派，就是这样的逻辑。可真要我找出主观上就是想反党也实在难。我反复思考，我想：汪海粟也好、朱斐也好，都是我最尊敬、最信得过的领导，如今，他们或是反党，或是右派，怎样来解释？只能说是路线错了、立场错了。我几年来，一直追随他们，执行他们的路线，那我也错了。由此来检查我运动中的表现，我理出了一个能够把动机、效果统一起来的说法。结论是："我出身地主家庭、受的是资产阶级教育，由于放松了思想改造，组织上入了党，思想上没入党，长期追随汪海粟、朱斐路线，在党委内部划圈子，信奉一部分人，对另一部分人有看法，当汪海粟受到批判后，为汪抱不平，整风鸣放中，向党委施加压力，希望解决党委内部的矛盾，把风整好，怎样才算整好风呢？按照我的期望，那就是我所信奉的在台上，我认为不行的下台来，实际上就是要按照我自己的面貌来改造党，也就是说从动机到效果，都是反党的，我犯的是右派性质的错误。"其实，在运动中，我根本没有这么想过，我也不可能有这么大能量，而是上纲上线理出来这样一条"黑线"，只有如此，才能自圆其说。而且，真要这么定下来，我也准备接受，汪、朱这样的老革命落如此下场，我又有什么可说的？第二天，再作检查，一下也就通过了。4月，安排我在大礼堂向全院交心，那次一共有五六个人上台交心。老教师有吴大榕副院长，电机专家，是1956年新发展的预备党员；青年教师我是一个，原本是青年社会主义建设积极分子、先进教育工作者。能交心交到如此"深度"，有代表性。接着就在全校普遍开展交心。与此同时，还举办了兴无灭资展览会、红专大辩论……作为政治思想大革命的继续。到6月下旬，运动便转向贯彻总路线、全面"大跃进"了。

"三面红旗，一个方针"

1958年5月，党中央提出了"鼓足干劲，力争上游，多快好省地建设社会主义"的总路线，随后又发动了"大跃进"和人民公社运动。同年8月，又宣布1958年要生产1070万吨钢，比上年翻一番。总路线、"大跃进"和人民公社，以后即被称为"三面红旗"。在文教战线，1957年，毛泽东提出"我们的教育方针，应该使受教育者在德育、智育、体育几方面都得到发展，成为有社会主义觉悟的有文化的劳动者"。1958年中央发布的《关于教育工作的指示》提出："党的教育工作方针是教育为无产阶级政治服务，教育与生产劳动相结合。"在此背景下，学校的工作即围绕这三面红旗、一个方针开展了勤工俭学、大办工厂、大炼钢铁、大搞科研、教育革命等运动。

我在4月份交心后不久，勤工俭学开始，机械系安排实习工厂生产C618D车床，学生分批间周进厂参加生产劳动，教师担任技术工作，我也被安排去干了一阵子。在"大跃进"的形势下，当年不放暑假，大办工厂，大炼钢铁，实行"六进六出"，即晨6时上班，晚6时下班，搞突击时，更是废寝忘食，夜以继日。暑后，学校决定，将机械系原先的实验室和实习工厂改为量具厂、机床厂、锻热厂、铸造厂，原生产处所属修配厂改为叶片厂（后改"卫星厂"，生产鼓风机），加上大炼钢铁搞了些小高炉、小转炉成立的炼铁厂、炼钢厂，以及由动力系修配车间成立的电机厂，总共8个厂，合并成立了机械总厂，由机械系总支书记刘润生挂帅领导，派原总务长王克刚任厂长，调我去当了秘书。工厂都要自定任务，生产一定产品。在那"大跃进"的年代里，加班加点干通宵是常事，学校每晚11时供应一餐"小夜饭"，尽管疲惫不堪，还得咬着牙挺着干。材料缺乏，到处想办法。单说大炼钢铁，搞不到原料，便将铁床、安全楼梯甚至大门等成品，切割后充数。我实在想不通，我的铁床就是没拿出去。而且土法上马，各显神通，不仅虚报产量，更是谈不上质量，没炼出多少合格的成品，造成了大量浪费。在大办工厂、大炼钢铁的同时，还兴起了大搞科研运动的热潮，全校教师、学生解放思想，破除迷信，搞"七一""八一""十一"献礼，展览……表面上轰轰烈烈，实际上没出多少真正的成果，还响当当地叫作"算政治账，不算经济账"，想起来实在不堪回首。

　　在大炼钢铁的基础上，1958年11月，学校决定成立冶金系，在机械系从当年入学的机制专业中抽调两个班，改学冶金专修科。刘润生调过去任冶金系总支书记（聂建文接任机械系总支书记），并抽了包括原机械系系主任舒光冀教授（此时已"靠边"）在内的十余名教职员工过去，苏华钦任系主任，我当秘书，汪乃钰任教研组主任。当时，学生才入学，主要学基础课。我们只要准备专业课便成。炼钢学、炼铁学课程有原铸工教师转过来教学，我搞机制的，转而准备轧钢课程，要改行，不怎么乐意，可作为政治任务，党叫去哪就去哪，没还价，而且，一边实践，一边看些书，也不难掌握。我体会到大学一是打基础，二是学方法，转专业没什么了不起。当年年前，冶金系主要在校西原农机实验室建了两只1.5立方米的小高炉和10只0.1吨、0.2吨的小转炉，我分工搞水、风、电，像模像样地炼起

冶金系、冶金教研组合影
前排左1舒光冀教授，后排左1章未（系秘书）、左8汪乃钰（教研组主任）

冶金系、冶金教研组办公楼（今进香河 33 号）

了钢。接着，春节前后，决定上平炉，乃由在哈尔滨工业大学跟苏联专家学习过工业炉的苏华钦设计了一只 5 吨平炉，大伙儿便忙着跑材料，把炉子盖了起来，定期点火试炼。南京原来没有冶金企业，现在大炼钢铁，成立了个南京钢铁厂，招了一个班学生，委托我们培养，这时还派了 30 个工人师傅，作为劳动力来参与平炉炼钢，以期从实践中来掌握炼钢技术。这次，还是"书记挂帅"，刘润生任总指挥。开始，一切很顺利，化成钢水后，取样化验，成分合格。我分工炉前，就等着出钢，可等着等着，情况发生了变化——只见炉内钢水颜色渐渐暗下来，温度渐渐低下去。刘润生一看不妙，当机立断，下令赶快从炉子里把钢水舀出来，还没来得及掏空，钢水冻结，在炉腔内结了个大钢饼。等温度降下来以后，我们把它切成两块，拖了出来。分析原因是炉底没夯实，钢水钻到底里，把镁砂掀了起来，搅在一起，温度当然上不去了，就这样，试炼失败。这次试炼，我们均是三天三夜没睡觉，也就是这一次，我靠香烟提神，从此一抽就是 41 年，直到新世纪 2000 年才把烟给戒掉。事后，大家讨论，做了总结，再跑材料，准备修了炉子再干。可形势又有了变化，"小、土、群"搞不下去了，上边说要相对集中，南京就搞个南钢，其他一概下马。我们党委副书记林浩

炼钢厂、炼钢车间

5 吨平炉厂房

然亲临冶金系，动员我们下马，我们当然没有二话。就这样一折腾，大炼钢铁，光是南工平炉这一项，先花 18 万，修炉再花 5 万，总共 23 万。当时米价每斤 0.11 元，23 万元可买大米约 1000 吨，要多少农民血汗？浪费惊人。全国"大跃进"就没法说了，三年下来，国民经济走向崩溃边缘，也是必然的结果。

从 1958 年 11 月开始，学校还开展了学习党的教育方针，鸣放辩论，进行教改。对党的教育方针，我们作为青年教师是不可能有意见的，但对当时的一些做法，我是有看法的，我认为：知识分子劳动化，劳动人民知识化，这是方向，培养"劳动者"，应从广义上来理解，学校还是应该教学、科研、生产劳动三结合。像当时那样，成天搞劳动、打擂台、赛指标、比跃进，打乱学校的正常秩序，搞什么"边干边学，干就是学"，把教学撂一边，教师没时间备课，学生不复习、不做实验、不实习，考试走过场，科研急功近利，忙献礼等，就是不对头。不是叫鸣放吗？要放就得说实话，我写了两张大字报：《咏机械一系三不结合》《一阵风》。紧接着，马上开始大辩论，我就被作为"拔白旗"的典型，在全系（此时已是冶金系了）大会上对我批判，并在教工中，连续开小会批。我始犹不服，据理力争，可愈是争辩，对我的火力就愈猛，帽子就愈大。我只得承认自己狂妄自大，自以为是，不记取整风中教训，依然不顾影响，贴大字报，起了否定成绩、否定领导的作用，犯了新的错误，总算有了个收场。自此，我就靠边了，党的活动也不通知我参加了。

离开了党的队伍

　　1959年1月21日，冶金系教工党支部开会，作为整风第四阶段——组织处理、讨论我的问题，机械一二系也派人参加。除了对我的错误（包括我思想改造、入党和"交心"运动中交代的思想），进行分析批判外，认为我立场顽固，给过机会，仍不思悔改，不能再留在党内，决议开除出党。事已至此，我无话可说，说也没用。当年我自愿入党，今天又走到这一步，路是自己走出来的，自食其果，我以理智控制了感情，面对现实，又真诚、又违心、充满矛盾地接受了这一决议。我要考虑的是多年来一直生活在党内，今天离开了党的队伍，以后我的路要怎么走？我苦苦地思索着。

　　入党以来，我严格自我要求，全身心投入工作、学习，把这看成是建设祖国、为人民服务的实际行动，是为党的事业而奋斗。我做出成绩，也得到承认，早几年，一帆风顺。可我毕竟太幼稚，对复杂的"阶级斗争"缺乏思想准备，老是看不清、跟不上，犯"右"的毛病。对党内的"道路斗争""路线斗争"更是从未经历过。这回好，碰上了，而且摔了个大跟头。归根结底是自己的"立场"没改造好，那么，就别自以为是了，认认真真学习，老老实实做人，"夹起尾巴"，少说多做。至于开除了党籍，还干不干革命了？我想：我当年是为革命而入党的，不是为入党而"革命"的，如果不是党员就不革命，岂非自己否定了当年入党的动机？我还是应该像原来那样，该怎样要求就怎样要求自己。何况我有个想法，我认为政治上犯错误虽然分量重，但是是认识、立场问题，不像经济上、生活上犯错误是道德、品质问题，没什么见不得人，应该抬起头来，继续前进。我有一种潜意识，相信以后总有一天，我会重新回到党的队伍中来。

　　由于形势变化，南工领导决定冶金系只办这一届冶专，送走毕业生后就停办，部分原机制的教师先行调回。1959年暑，我在上海第三钢铁厂带完学生实习后，即回机械系机床刀具教研组，组织上要我担任刀具教学小组组长，继续发挥我的作用，我当然接受。过去，我担任了较多的行政工作和社会工作，今后我应该在业务上更多地花力气和做贡献。

1958年全面"大跃进"，出现了不少问题，中央开了一系列会议，对以高指标、瞎指挥、浮夸风、共产风为特征的"左"倾错误开始有所纠正，并决定于1959年7月在庐山召开政治局扩大会议，总结经验，统一思想。会议前半是纠"左"的，但很快就转向，在会上和会后开展了大张旗鼓的反右倾运动，接着在全国又出现了鼓干劲、持续跃进的局面。

1959年底，全国开展了以机械化、半机械化、自动化、半自动化为中心的技术革新和技术革命运动。时值1960届学生即将要做毕业设计，机制专业240名学生分赴工厂，结合实际搞大兵团作战，正好"消化"掉。1960年初，我原先带5个学生去哈尔滨工具研究所，做两家合作的课题："小模数摆线齿轮滚刀"和"自动化生产用刀具"。此时，原上海工具厂老总朱广颐、哈一工老总楼希翱已分别调任工具所正、副总工程师，对我的工作均很支持。但设计还未完全结束，我又被调回南京，参加工艺装备厂轴承生产自动线工作，直到学生毕业。

在离开党的日子里，我感到在克尽厥职方面没有变，但缺乏了当年那样的激情满怀，以及遇事无须我出头，我只要跟上前进的步伐即可，这种精神面貌，与我所处境地，应该是相称的。1960年，学校办了次职称晋升，相当一部分1956年毕业的助教也升了讲师，我却榜上无名。这可以理解，在政治条件作为首要标准的情况下，我才受处分一年多，当然轮不上。从1959—1961年，我担任了本门课的各个教学环节，还上了两届夜大学和一届"中干班"的课。成人教育有其自身特点，文化水平参差不齐，困难多，要花更大力气作个别辅导，但他们有实践经验，能从实际出发思考问题，有时对教师会有启发作用。"中干班"则是省里抽调原抗战时期、解放战争时期参加革命的、有高中文化水平的现任县处级干部，脱产学习三年，为企业培养厂长、老总而专门办的班。这样的班让我去上课，也体现了组织上对我的信任，我为他们专门编了讲义，竭尽心力，搞好教学。

主要由于"大跃进"、人民公社和反右倾的错误，加上当时的自然灾害，我国国民经济从1959年起，即出现了严重困难，持续三年。一些地方，饿死了不少人，物资全面紧缺。江苏算最好，干部定量只减少一斤，每月还有27斤粮、2两肉吃，食堂里则只有"飞机包菜"和酱油汤。学校还办了个牧场，到那里去劳动的许多人得了浮肿。中央看到了问题，做出了必要的政策调整。1961年1月对国民经济提出了"调整、充实、巩固、提高"八字方针。接着，教育部也制定了《直属高等学校暂行工作条例》

（简称"高教60条"），事实上在纠错，我对此，由衷叫好。在此期间，南工还根据中央通知，从1961年11月开始，对1958年以来，在"教育大革命"和反右倾斗争中，受到批判和处分的教师、干部和学生，进行甄别。这时，南工领导已有变动，1959年12月即由中央决定，刘雪初任党委书记兼院长，杨德和任副职，机械系总支书记亦已是陈云清了。组织上在对我的问题做了调研有了定论后，由陈云清找我谈话。她说："你在教改鸣放中所提意见，绝大部分是正确的，当事人自己界限不清，同时对你存有整风中犯错误的印象，拿出来对你批判是批错了，应予纠正，希望解释清楚以后，别再介意。至于党籍问题，则是根据你在整风中所犯错误做出的决定，与教改鸣放无关，不在此次甄别之列。"既然组织上主动澄清是非，为我"解铃"，我没意见。可我也有个想法：在开除我党籍时，不是说给过机会，我"不思悔改"，所以不能留在党内。如今，我教改鸣放没错，那就不是"不思悔改"，岂非应该可以留在党内了吗？可我知道既然组织上已有言在先，整风中问题不在此次甄别之列，扯上这，又把问题复杂化了，不到时机，不说也罢。此次甄别，我心灵上得到一定宽慰。接着，在1962年初，大概是作为落实政策的措施吧，给我升了讲师，并再次调我到系里担任秘书工作。此时，舒光冀已恢复了机械系系主任工作。潘新陆任副主任，分管教学。苏华钦、虞鸿祉、汝元功三位副主任分管科研、学生与行政。我主要协助舒和潘的工作，原教学小组长工作由汤铭权担任。

夏天里的春天

1962年，我虚32岁，初恋受挫，整风中又受了党纪处分，虽然已过而立之年，依然单身。先后有几位好心人为我牵线搭桥，可一方面，我政治上不是个什么"员"，经济上也没家底，一介书生，"筹码"搭勿够（方言，不够）；另一方面，我又自视不低，鄙视世俗，要求志趣相投，宁缺毋滥。因此，凡有为我介绍者，首先就把实情相告，"姜太公钓鱼，愿者上钩"。几年来，也接触了几位被介绍对象，皆因彼此对不上号而未有进展。

6月的一天，忽然收到三姨母陈以芝的信，还夹了一张"女同志"（当时的习惯称呼）的照片，原来是为我介绍对象的。三姨母自姨夫顾开轩在1950年去世后，一直带着表弟顾文钧、表妹顾文玫寓居上海，她在静安区中心医院病史室工作。说来也巧，我在1958年与母亲的一张合摄照，她不放家里，压在办公室玻璃台板下面，被同室工作的同事范芳辉看到了。正好其侄女范元明从甘肃回沪上探亲，姑母有意帮侄女物色对象。一个三姨母、一个二姑母，两个人一扯就对上了。三姨母信上简单介绍了些元明的情况：1936年生，籍贯宁波，家在上海，共青团员，1960年清华大学土木系给排水专业毕业，分配去甘肃永昌河西堡第八冶金安装工程公司工作。祖父范禾安是老中医，在上海。父亲范锦辉早年去香港，在一家公司当职员，前两年母亲姜秀瑛带了小弟弟也去了香港。元明兄弟姐妹五人，她最大，还有个大弟弟在厦门当工人，上海还有一个妹妹15岁、一个弟弟13岁，在读小学，由祖父母、叔伯姑母等照顾。元明工作后，每年回来探亲一次，如有意，可去上海见面。

从照片上得到的 first impression（第一印象）是挺清纯。我主要考虑两个问题：一是我政治上有过一番曲折，对方持何态度？二是甘肃、江苏相距数千里，从确定关系到申请调转，需假以时日，是否有思想准备？得到明确答复后，我再成行。经三姨母咨询后告我：前一个问题对方有类似遭遇，反修时曾因说了句"和平共处有什么不好？"就让她这个团支部书记靠了边,她能理解;后一个问题有思想准备。既然如此,那就见面。可当时是在学期内,我每周6节课,带4名学生学毕业设计,还有行政工作,只有星期五夜车去,星期六请一天假,星期日夜车回,充分利用两天时间沟通情况,再定下一步怎么说。

6月16日晨,抵上海,先去静安区中心医院,见了三姨母和二姑母。由于元明家就在南京西路96弄4号,华侨饭店隔壁弄堂内,离医院只需几分钟的路程,就由三姨母陪了我,二姑母回家叫元明,约定人民公园会面,完成了引见任务,她们便回医院上班,下面的戏就由我们自己唱了。由于时间太紧,不容拐弯抹角,只能有话就说。第一天开诚布公,交换情况,我尽可能详尽地从各方面让元明了解自己,她也一样。第二天就要在此基础上有个初步态度,是否有进一步联系和发展感情的愿望。这似乎太"高速"了一点,但实实在在,有意就往前走,"没有感觉"就此止步。就我而言,自问还能识人,一天接触下来,我感到元明身上有一些很可贵的气质:首先,她生在上海、长在上海,但在她身上,全无上海小姐的娇气,她朴实无华,落落大方。以她的处境,应该分到上海,方便照顾家庭,可她却服从分配,远去大西北。山沟里搞建设,本来就艰苦,何况是在三年困难时期的甘肃,住的干打垒,吃的黑豆面(马料),人都有点浮肿了,此次南返,家里意见就别去了,可她不同意,实属不易。她既重国家利益,也爱家庭弟妹,工作后,每月给上海弟妹寄20元,补助生活。在择偶方面,她不求名利地位,不讲经济收入,要求为人诚恳,有真才实学,对我的曲折历程,表示理解,寄以信任……所有这些均使我认定,她有灵魂,有眼光,不同凡俗,合我志趣,是真能知己者。一方面有两位长者的前期沟通,一方面我们有着类似的遭遇,更主要的则是志趣相投,居然一拍即合,彼此态度明朗,继续往前走,发展关系,进展出乎意料地顺利。元明告诉我,她们在搞的项目——金川有色金属公司,中央要上,地方不想上,目前处于半停顿待工状态,她可以续假一月,等我暑假,多聚些日子再回去。这就太好了,我就此告别。三姨母问我如何?我深表感谢,答曰:不虚此行。当晚赶回了南京。

这个月,我们鱼雁相通,增进了了解与感情。她跟她香港爸妈说了,爸妈尊重她自己的意见。我则表示:虽说两情若是久长时,并不在朝朝暮暮,但真要确定了关系,我当积极争取她能早日南调。7月15日,学校一放假,我立即乘轮赴沪再聚,三姨母为我提供了住宿条件。我们安排的作息计划是:大热天,不往外跑。每天上午在家,处理些各人的事务;下午午休后

1962年在上海与元明见面

我去她家，或方方面面畅谈，或和"大弟"（其实是二弟，她家已是这么叫惯了）思浩、妹妹元芳玩玩棋牌，或一起动手搞搞吃的；晚上家中坐坐、公园里走走，或者看场电影，而后我再告别，回三姨母家住处。元芳妹特能干，母亲去港后，这几年，她又要读书，又要和大弟两个人过日子，毕竟还是个孩子家，实在不容易。为了接待我，她留了块咸肉，给我做咸肉煮黄豆吃，那时困难时期才喘过气来，得此美食，终生不忘。这些天，我好像在过着恬静和谐的"家庭生活"，得到异样的满足。经过这阵子相处，我们可说是完全从相知到相许了，我送元明一个鸡心链，作为定情之物，一起到光艺照相馆拍了照。按照三姨母的说法，就算是订了婚了。

转眼元明假期将满，8月8日，她乘车返甘肃，我同车送至无锡，与她告别，下车宿一晚，第二天去峭岐看望好婆与三姑夫、母。相聚24天，是夏天里的春天，是我此生最美好的日子。我认定元明是我理想中的良伴，完全称心如意，正是千里姻缘一线牵，唯恨相逢之太迟耳。几十年后，我悟出了个道理，看似"偶然"，其实有着"必然"寓于其中，我叫作"左"为媒，不是我们有着类似的经历，我们不会因祸得福而结合。感谢三姨母与二姑母，感谢老天。

贯彻"高教60条",半工半读

"八字方针"和"高教60条"《教育部直属高等学校暂行工作条例（草案）》的提出,使学校工作明显出现了转机。刘雪初原系北京工学院党委书记,有较高的马列主义理论水平和领导能力,1960年3月,他来南工上任,做个报告就把大家征服了。在贯彻"高教60条"时,他首先统一思想,以教学为主,积极提高教学质量是学校一切工作的中心,接着就狠抓教学秩序整顿,认真进行"三材"建设。所谓"三材",指人才（师资队伍等）、教材和器材（实验室等）。在师资队伍建设方面要求青年教师过五关,即:外文、基础理论、基本技能、教学能力和科研能力,每一关均要考核,并提出了"南工不是铁饭碗"的警告,要求"五年见高低"。由于目标明确,措施有力,所以效果明显。虽然一些教师感到有压力,但几十年后谈及此事,大家还是觉得对个人成长有好处。我1953年毕业后,头三四年狠抓了把业务,成长较快,从整风、反右到"大跃进",打了几年混仗,无大长进,如今,虽说也有个秘书的职务在身,但较之以往,担子轻得多,有足够的精力搞业务。我除了担任讲课、实验、课程设计、毕业设计等各教学环节外,和赵芝眉合编了《金属切削刀具》与少学时《金属切削原理及刀具》讲义,继续进行齿轮刀具的研究,并于1962、1963年校庆科研报告会上分别提交了《修缘插齿刀》和《小模数摆线齿轮滚刀的设计》两篇报告。从1962年到"文革"前,是我相对集中搞业务的第二个三四年。惜乎好景不长,一到"文革",又是一切都乱了套。

1962年5月,教育部针对学生学习负担过重、学习效果不佳的状况,提出教学工作中,要贯彻"少而精"的原则。刘雪初提出了"三抓""三步""五带动"的做法,取得明显效果。"三抓"指抓调查研究、内容精选和环节配合。"三步"指从各门课入手,研究教学大纲、内容和方法为第一步;精简教学内容,减少课堂学时,对大纲作必要修订为第二步;按照专业培养目标要求,进行"三基"（基本理论、基本知识、基本技能）

串连配套，修订教学计划为第三步，个别专业试点。他亲自在电厂热能装置专业蹲点抓典型，其作风之深入，令人钦佩。"五带动"就是带动前述外文等五个方面。这期间，我在系里的工作主要就是协助系主任贯彻"少而精"。

尽管这一时期，国内在经济工作和政治关系上做了一定调整，但指导思想上的"左"倾错误并未得到彻底纠正。毛泽东在1962年9月八届十中全会上，再一次敲响了"千万不要忘记阶级斗争"的警钟。接着就在农村和少数城市基层开展了社会主义教育运动（又称"四清"）。随着中苏两党的公开论争，"反修、防修"被提上日程。在文艺界和学术界，又开展了意识形态领域方面过火的政治批判。在对待教育问题上，1964年2月毛泽东在春节座谈会上讲话，7月与其侄子毛远新的谈话，两次均谈到了教育要改革，学制课程、教学方法、考试方法都要改，阶级斗争是主课……刘少奇也多次谈到半工半读，认为两种劳动制度、两种教育制度是消灭三大差别、防止资本主义复辟的大事。我国历来就有把领袖的讲话当成"重要指示"的习惯，是"重要指示"，当然要贯彻。但有了前几年的经验教训，高教部提出贯彻时要本着"思想积极、行动稳妥"和"未立不破"的精神，这就使得在具体实践时较为有序，未引起大的波动。当然，到了"文革"，也就必然要挨批了。

南工的教改是这样部署的：面上贯彻"少而精"为"小改"，各系抓一个专业作局部改革为"中改"，学校以电厂热能装置专业为试点作"大改"，"五路出兵"进行改革探索。这五路是：半工半读、面上教改、毕业设计（真刀真枪）、小型试改（部分专业试点改革）和劳动教改（部分教师参加生产斗争，边劳动调研，边提教改方案）。

经学校确定机械系机械制造工艺、设备及自动化专业三年级抽一个班（21623班）试点半工半读，从全院各有关课程的教研组抽调教师十六七人，成立半工半读工作组，全力以赴，具体组织实践。院里由副院长吴大榕负责，系里由副系主任虞鸿祉任组长，我与肖克俊任秘书，我分管教学，肖分管生产劳动。诸锡祺、张韧光任辅导员，分管学生思想政治工作。生产劳动基地选定为南京汽车制造厂。领导谈妥、订了协议后，我们工作组的教师便于1964年11月进厂，先定点跟工人师傅劳动一个月，再提出方案，经工厂认定后实施。由于半工半读是大动作，学校特别谨慎，选定三年级作试点，是因为基本上已经学完了基础课和部分技术基础课，半工半读，结合实际学专业课，较有把握，摸索经验后再看低年级怎么搞好。我们的

半工半读"五路出兵"第一路学生上讲台
前排左2章未（秘书，分工抓教学）、左3虞鸿祉（组长）

跟班劳动，教师先行，肖克俊（秘书，分工抓劳动）

方案是这样的，30名学生分两组，间周轮换学习与劳动，劳动固定工作地，跟定师傅。这样虽然教师要上两遍课，但可以确保学习与劳动的均衡、工作地劳动力的均衡，如此安排，是较为合适的。另外，有生产现场的有利条件，无论是对教学内容、教学方法的理论联系实际和生动活泼地进行思想政治工作，均有裨益。1965年春，学生进厂，一直到"文革"撤回来"停课闹革命"。一年半的实践，开始是肯定的，教育部黄辛白副部长、刘一凡处长来座谈调研，我们参加试点的师生和厂方，都有好

半工半读试点班毕业33年返校聚会师生合影
前排左3章未、左4万耀祖、左5冯国华、左6诸锡祺

的评价，"文革"初期亦然。可刘少奇被"炮打"成头号走资派后，"两种劳动制度、两种教育制度"就成为他对抗毛主席的罪状之一，半工半读亦被否定。三十余年后，2001年5月，21623试点班同学返校团聚，谈起当年搞半工半读还是很有感情的，说毕业后一进工厂，工作就能拿起来，比全日制的同学要强。今天，我的认识是参加劳动，接触实际，对学习应用技术学科的专业课是有好处的，但对学习基础课和技术基础课，则没有直接的联系；对全面发展、了解社会是有好处的，但参加多少时间？怎样参加？有个"度"的问题；是否半工半读，根据具体培养目标（不是总体培养目标"劳动者"）而定，半工半读可以是一种教育制度，但不能代替全日制教育制度，更不应也不能发展成为唯一的教育制度。试点半工半读，毕竟花了我整整一年半的精力，今天应该有我自己的看法。

有了一个家

这几年，工作上是从贯彻"高教60条"到搞半工半读，生活中则是为"成家"而努力。自从与元明明确关系后，我即向总支汇报，希望能照顾关系，争取调来南京，但我也知道，还没结婚，是很难要求组织上立马为我办理的。一年过去，1963年7月，元明南归，我们商定，她先到南京，办了结婚登记，请我的老同学和教研组同志来家坐坐，吃两颗糖，就算结婚了，一切从简。所谓新房，也就是拼凑了几十张"购物券"，买了一张大床，铺上两床新被，老同学和教研组送了两张板凳、一个痰盂，加上原有学校借给的一桌、一椅、一书架，就把10平方米的斗室挤满了。南京的"婚礼"是象征性的，也是够"革命化"的。接着，元明赶回上海，等我放了假，到沪上再按照她上辈的安排，正式举行婚礼。元明家是个大家族，元明是二房老大，对她的婚事，家中比较看重。祖父范禾安多子女，除元明爸爸范锦辉、妈妈姜秀瑛带了小弟思泽远在香港不能出席外，不计杭州的小姑母和天津的两位叔叔，上海还有大伯父范联辉家，三叔父范若瑛家，二姑母范芳辉家，以及继祖母所生的四位叔叔与姑母。至于第三代，则元明厦门的大弟弟思忠要回来，上海还有妹妹元芳、二弟思浩，堂兄弟姐妹、表兄弟姐妹更是一大把。加上上两代还有一些长辈。趁此机会，就由爸爸出资，祖父主持，大伯父操办，正儿八经地大家聚上一聚，热闹一番，也是范门一次盛举。盖爸爸去港多年，先在一家点心店当收银员，后在一家内衣公司当职员，再后搞股票经纪人，近年自己也做一些，经济状况开始好转，女儿婚事，办得像样一些，他脸上也光彩。这不是什么原则问题，元明尊重她爸妈意见，我也"入乡随俗"，到了上海就算"招赘"给了范家，听凭摆布。8月初，我到上海，仍住三姨母处，先拍了几张结婚照，定下来7日为正日。那天，在国际饭店办了6桌酒水（此时国民经济已有好转，供应已有改善），范家亲朋好友基本到齐，还有元明称为太先生的林平甫老人，他是爸爸在钱庄学生意时拜的先生。我这男方，就是

在上海婚宴上摄影

回南京与母亲合影

三姨母一家三口和为静表妹夫妇俩出面当代表。婚宴后送到长江饭店6楼"新房"内，再祝贺一番就散。房费每天6元，住了两天，我回三姨母处，元明就回自己家。我们再给上海的长辈一家家送了糖去，表示答谢，尽到礼数，就离沪去峭岐，看望好婆和三姑父母，皆大欢喜。而后回南京自己的家，一家三口过了几天小日子，陪元明玩了金陵名胜，最后，还得黯然告别，送她北上。不管怎么说，我终于有了一个家，但暂时还得两地分居。这在我们说来，是有思想准备的，现在结了婚，我更可以敦请组织上把元明调转这事提到日程上来办了。

　　由于学校虽有土木系，但没给排水专业，元明进不了南工，要到市里找对口单位，增加了难度，调转事暂无眉目。元明于1964年春节前，再请探亲假南返。因爸妈不放心元芳妹和思浩弟，有意把他们也接去香港，元明想再看看他们。另外，我们有个想法，如果能早日调回南京，也可把弟妹留下，接到南京来过，但这只是一厢情愿。元明假满，又回金川。这次南返，元明怀上了，可我们均不知道。5月的一天，忽接元明来信，告诉我说是小产了，在医院住了15天。原来她到工地，钻到一个80厘米直径、50米长的下水管道中去，检查接缝施工质量。爬了一半，顿感腰酸难忍，

第三章　在曲折的道路上前行（1957—1966）

此时进也 25 米、退也 25 米，无奈咬紧牙关，匍匐前进，爬出管道口，回宿舍休息。次日上厕所，一下掉下一块肉来，到医院一看，说是小产了，而且还是个男孩，留着作了标本，元明随即住院。她怕我着急，没马上告诉我，此时我知道，则已成过去。我手上工作忙，除发信慰问，叮嘱她自己保重外，暂时也不急着去。约 6 月，接二姑母来信说，弟妹去港事，已由大伯父办妥手续，即将启程。元明远在甘肃，且才小产不久，不宜再长途跋涉赶回来，我就请了两天假，去沪上送行。那天，在月台上，眼看他们俩被交给"列车员叔叔"带去广州，思浩弟一声哭叫，撕心裂肺，送行人无不动容落泪。我自责无力把他们留下。

  8 月暑假，本来要安排我带实习的，组织上照顾，免了，让我去金川探亲。先从南京到兰州，再换去乌鲁木齐方向车，三天三夜抵河西堡（位于武威、张掖之间）。到站后，再乘汽车到单位。由于年初元明已用了探亲假，这次是自费，好在年纪轻，也就坐铺算了，还不太累。到得金川，八冶已经有了一幢大楼，职工吃饭、睡觉、上班均在这幢楼里，较之前两年住干打垒，已是天壤之别了。吃也大有改善，能够吃上"扒肉"了。那是把整盘猪肉煮上一大锅，打菜时扒块下来，连肉带汤打给你，有如我儿时吃的羊汤一样，味道很鲜美。原来困难时期过去，金川决定上马，作为我国有色金属开采的重点项目，重点保证，生活条件好多了，我也能多少放下心来。元明原与一位资料员小许住一起，我去后，小许让了出去。住房与办公室在同一楼层，几天下来，我与元明清华的同学也混熟了。白天，元明上班，我看看书，也没地方走。只有一次，我走到二里开外，去看一座地主的炮楼，黄泥巴搭的四合院，拐角上高出一间哨所，既可瞭望，也可开炮，是以名之。晚上我们就在房间聊聊家常，谈谈南调事宜，也看过一次露天电影。一转眼，十天易过，我完成了慰问使命，就回南京，说起来到过了大西北，与锦绣江南简直无法相比。

  虽说"两情若是久长时，又岂在朝朝暮暮"，可两地相思，毕竟是苦事。至 1965 年，金川的基建已经快收尾了，八冶的人陆续外调，元明眼看同学先后调离，一次次为他们送别，回屋就是痛哭一场。感谢陈云清，她确实把我这事放在心上。事有凑巧，江苏省冶金局要组建一个基建工程队，编制 181 人，需要进人。元明单位八冶就是冶金系统，可以放人。而陈云清恰恰就是从冶金部组织部调来南工的。她得此信息，去函部里一沟通，即获同意。5 月的一天，一纸调令到八冶，人事部门就告知元明，准调南京。

可怜她喜出望外，第一天接通知，立即交代工作，收拾行装，第三天就赶快溜，连户口也没转，后来请人代办了寄过来，可见其情之切。我也很意外，接她电报后，几乎不敢相信是真的。浦口接站回家，稍事安置，即去工程队报到，直到办完手续，才算放下心来。一家三口，终于团圆，我算有了个完整的家。我对陈云清，永远铭感在心，一个人做了好事，是不会被忘记的。

山雨欲来风满楼

贯彻"八字方针"以来，政治环境也稍宽松。南工在1953—1957年间，在教师、学生中均有京剧社团组织，反右后就停了摆。1962年1月，在党委支持下，工会出面，又恢复了起来，全名为"南京工学院工会业余京剧团"。由图书馆馆长洪流任团务委员会主任委员，著名画家李汝骅（剑晨）任团长，郑秋白、丁梁（传经）任副团长。机械系傅乐同记得我曾在一次元旦联欢会上唱过《霸王别姬》，邀我参加。我一来自幼即有此爱好；二来此时身上工作担子不重，有时间；三来也可有些活动、交往，排遣排遣，就同意加入。京剧团发展有四十余人，每星期天在校友会堂活动一次，请甘律之、姜芝光两位行家来指导和排戏，团员每人提出剧目，平时唱好、排好，要演出时只需挑几个折子，即可组合一场，这个做法很成功。从成立到1964年7月，两年半时间里，就先后演出了11场、21个剧目。除了在校内演出外，还去省政协、医学院和省党校作过演出。演员俱是团员不说，文武场除鼓师外，也均是本校教职工，可见当年剧团实力，非同一般。对京剧，我虽从小耳濡目染，在"三五田园"也跟着唱片瞎哼哼，可从未正儿八经学过。这回有机会上上规矩，我选定学唱青衣，买了几张梅兰芳的唱片，一段段跟着学。至于演出，我自己不提什么剧目，跟别人配。从《单刀会》中的船夫到《醉打山门》中的小和尚，小生配过《黄金台》中的田法章和《黄鹤楼》中的刘封，几位老先生均乐意我跟他们配戏。1963年11月，夏彦儒教授演《打渔杀家》，他的萧恩，我的萧桂英；1964年1月，李汝骅教授演《三击掌》，他的王允，我的王宝钏。这可是正宗的青衣戏，演出成功，拍了几张剧照，保留至今，留下了当年美好青春的形象。

南京工学院工会业余京剧团团长李汝骅（剑晨）教授

副团长郑秋白、丁梁（传经）

1963年，章未在《打渔杀家》中饰萧桂英　　1964年，章未在《三击掌》中饰王宝钏

第三章　在曲折的道路上前行（1957—1966）

然而好景不长，八届十中全会以来，毛泽东就一直强调阶级斗争为纲，反修防修，不仅在农村和城市开展"四清运动"，同时在文化领域也开展了大批判，这几年，从文学艺术界的小说、戏剧与电影，到哲学界、经济学界和史学界，均有代表作品和典型人物作靶子，被点名、公开批判。1964年6月，文化部在北京举行了全国京剧现代戏观摩演出大会，演出了《革命自有后来人》《芦荡火种》等37个剧目，展示了现代戏创作和表演的成果，还提出了传统剧、新编历史剧、现代剧三并举的方针，这本来是繁荣文艺的好事。可就在这个会上，江青出面讲话了："如今舞台上，都是帝王将相、才子佳人，是封建主义的一套，是资产阶级的一套"，一棍子打死。从此，各地只好想方设法排演现代戏了，南工也不例外。可这样一来，苦了我们，我们团本来就缺女同志。演现代戏，不好男扮女装演旦角，就很难排戏了。一度，好不容易找来两位新手，由王守泰教授与省戏校薛传纲老师联系了，去他们那儿学《活捉罗根元》（昆曲现代戏）。五个角色，分别由戏校胡锦芳等5名学员，一对一教我们5个团员。王管唱腔，我记下舞台调度和有关旦角的身段，回校帮着排练，后来又因故而夭折。到7月1日，在纪念党的生日晚会上，请戏校黄凯良学员与我团基建处习松阳合作，出了个现代戏《拾玉米》，与话剧团、合唱团同台演出后，便再也活动不起来了，直到"文革"挨批判。

这期间，在学校内，阶级斗争的弦也慢慢地开始绷紧起来。1964年10月，全院学习《人民日报》《红旗》杂志编辑部发表的文章：《关于赫鲁晓夫的假共产主义及其在世界历史上的教训——九评苏共中央的公开信》，简称《九评》。学校联系校内"阶级斗争"实际，推出了几个典型，供群众分析批判，而后要求每人做思想检查，"过家庭关"。我对不停顿地搞运动实在不适应，而且自己认为我家庭关早就过了，要检查，口袋里拿出来就是。这时，我的自我要求是，政治上努力跟上，业务上胜任愉快，生活上知足常乐。按"革命化"的要求，这显然是不够的。可就我其时所处的政治地位来看，能够做到，也就很不错了。

1965年1月，中央发表《农村社会主义教育运动中目前提出的一些问题》（简称《二十三条》），指出运动的重点是整"党内走资本主义道路的当权派"，这又是新的信号。2月，又发出了高校学生参加"四清"的通知。南工先后几批师生，分赴农村，投入阶级斗争。我因在汽车厂搞半工半读，可以不去。可元明刚调回来，向省冶金局基建工程队报到上班后，不久队里就搞"四清"，她初来乍到，一切生疏，首先是熟悉工作，

1966年2月得子章晖，满月照

熟悉环境，开会时带双耳朵听听，倒也不烦神。

　　元明在工程队搞的是本行，给排水就她一个技术员，工作挺忙。开始，工程在南京钢铁厂，要过江去，一个星期一来回。8月的一天，元明在去南钢的车上，感到不适，折回来上医院一查，是又怀上了，有先兆流产症状，要打黄体酮保胎。爷爷得悉，开了一张中药保胎方寄来，计当归、生白芍、川芎、炒冬术、淡黄芩各三钱，有孕即可服，每月五帖。药很平常，但很有效，元明服用后，终于保住了。以后也介绍他人用过，同样有效，因以志之。1966年2月9日，晚餐后元明忽感腹痛难忍，急送鼓楼医院，说是即将分娩，马上进产房。我在走廊内等待，直到10日凌晨6时左右，孩子顺产，是个男娃。虽说早产一个月，也有6斤，母子平安，谢天谢地。是年我已36岁，喜得麟儿，满心喜欢，取主席诗"芙蓉国里尽朝晖"句中之"晖"字命名。元明在医院住了一天，就接回家，请了个黄妈妈帮着照顾。产假56天期满，此时，工程队已开到句容钼铜矿搞施工，元明要去句容上班，小孩吃奶怎么办？经商定带去句容，租农家一间屋子住下。白天元明上班，找到邻居一名叫小桃子的小姑娘帮着抱抱，晚上就自己带，苦是苦了点，可孩子吃母奶最好，只好这么办。出生56天，章晖就上山下乡，可真够"革命"的了。

　　5月24日，元明休息，带小晖回家。晚饭后我们就在卧室内聊家常。我住房的卧室在二楼，西边开窗，窗外是邻家的天井，他们在天井里靠我这边外墙，搭了个楼梯，上楼往西一拐，便与他家二楼对外开的房门直接相通，以便进出，但也可一步跨上我的窗台。这本是违章建筑，且直接影响我家安全，可那时治安好，人际关系也宽厚，大家均不以为意。我的"新房"于兹，元明坐月子也于兹。此时，忽然窗外窜起一团火光。我推窗一看，一个口子冒着火的汽油瓶，从对门滚到了楼梯上。邻居女儿拿水一泼，反而有些火苗浮在水上漫了开来。楼梯是木结构，芦席顶，情况危急。我条件反射，从窗口跳了过去，捡起瓶子就往天井里扔。还没着地，一声巨响，瓶子就在半空中炸了开来，没有助燃物，火也就灭了。可就在我捡瓶、扔瓶的那一瞬间，我手上被瓶口吹过来的火苗烫了，到鼓楼医院处理，从手指到肘子，轻二度烧伤，约半个月才结痂、脱痂。所谓"条件反射"，是恰好不久前我在看电影时，从正片前的科教片中看到了防空宣传介绍的知识，有印象。这时，不容思索，就直觉地采取了上述行动，免了一场祸殃，也真是巧。至于事故的起因，则是邻居周振东惹的祸，他用汽油浇煤炉上引火，把瓶口给烧着了，就往外扔。事后，他给我写了封感谢信，居委会还送来苹果，以示慰问，这不重要。我最庆幸的是没烧起来，那就上上大吉。这场小火没烧起来，可史无前例的"文化大革命"一场大火，也就是这个月在全国烧了起来，而且一烧就是十年。

第四章 "文革"十年的经历
（1966—1976）

"文革"烈火映天红

说起"文化大革命",其实早在1965年11月批判新编历史剧《海瑞罢官》,1966年4月批判"三家村"时已经奏响了序曲。到1966年中共中央政治局召开扩大会议,批判彭真、罗瑞卿、陆定一、杨尚昆,通过《中国共产党中央委员会通知》(即《五一六通知》),正式号令天下,才标志着"文化大革命"进入了全面发动阶段。自此,我们的国家进入了一个大动乱的年代,整整十年。

这场运动,来势凶猛,南工党委自己也心中无数,一方面按照上面部署,组织学习与批判,一方面成立了宣传组和材料组,做些准备工作。5月31日,《人民日报》发表社论《横扫一切牛鬼蛇神》;6月2日,紧接着发表《欢呼北大的一张大字报》,"文革"烈火在南工燃起。大字报铺天盖地,高音喇叭、擂战锣鼓响彻校园。党委本来还想控制局面,推了几个头面人物出来,号召"党指向哪里,打到哪里",并在党内强调"南工不是北大""要分清延安和西安"……可随即,这把火很快就烧到党委自己。局面一片混乱,党委难以正常工作,学校被迫停课闹革命。从1957年整风"反右"以来,我往往处于"运动对象"地位,一有运动,就要先掂掂会否搞到自己。"文革"一来,我就反思这几年有无问题?屈指一数,一是教改中执行了上边的方针政策;二是京剧团演了几出传统老戏(不是坏戏);三是元明调转问题一时未解决,有些情绪;四是没有政治挂帅,政治业务位置没摆好,均算不了什么。既然自己可以放心,那么参加运动,"既作对象求'四得'(党委号召每个人要在运动中得到教育、得到锻炼、得到改造、得到提高),也当动力添一分"便是。可我毕竟有整风"反右"中的教训,要求自己谨慎从事,不犯错误。

6月12日,江苏省委抛出了南京大学所谓"匡亚明反革命事件",15日工作队进驻南大。22日,由胡翠华、戴夫任正、副队长的工作队进驻南工,领导运动。在全院组织专题鸣放,基层也由系、组各自确定对象,大揭大批。8月8日，八届十一中全会通过了《中共中央关于无产阶级文化大革命的决定》（即"十六条"），进一步推动"文化大革命"，一斗、二批、三改。在八届十一中全会上刘少奇检讨了派工作队的错误，各地陆续撤出工作队，南工工作队亦于8月下旬撤出。尔后，系、组基层即民主选举"文革"领导小组，我们机械制造教研组（211教研组）选出了何健康等7位同志为小组成员，基本上均是出身较好的，有的本人就是工人或曾是工人。在产生组长时，支部有位"左"先生很想坐这把"交椅"，由于我提出由群众直接选举的方式得到通过，结果何被选为组长，他没当上，对我怀恨在心，几次三番要整我，此是后话。

  这几个月运动，我除了认真学习、一般参加揭批外，更多地观察与思考，套用教改的一句话，叫"思想积极，行动稳妥"。我觉得这次运动不同往常，运动重点是"党内走资本主义道路的当权派"，总的精神是要发动群众，自下而上揭发批判，因此，在这方面要放手。但在不曾定性的情况下，不应随便给人戴上"走资派""反革命修正主义分子"等帽子，不应随便揪斗，戴高帽子、挂牌子、搞"喷气式"，皆不可取。可"革命不是请客吃饭""矫枉必须过正"……我也就不好说什么了。在此期间，我自问一言一行，尽可能以文件与社论为依据，不曾逾越"规矩"，也没人贴过我大字报，也没人来抄我的家。可我不知道，恰恰还是有人用第三只眼睛，一直盯着我这个"另类"。是这么回事：当教研组支部大张旗鼓，揪什么"机床组三家村"时，惹恼了葛巧琴（机床组青年女教师，被列入"三家村"成员之一）。她以其治人之道，还治其人之身，贴了张大字报，直冲支部，用词也很激烈。在一次散会的路上，我与她走在一起。我提醒她说：贴大字报是她的权利，可要注意别带个人情绪。她说：没有。但就是这么一次谈话，居然被人当作一大发现，向支部汇报。支部中那位"左"先生认定：葛巧琴是前台跳出来的，章未才是幕后策划者。他一心想要抓住我什么把柄，好向我开刀，可实在也抓不住，只好作罢。后来，在"保守派"垮台、支部检查"资产阶级反动路线"时，被作为矛头针对群众的一例，摊了出来。险乎哉，我免了一劫，可这仅仅是开始。此人以后还有两次想找借口来整我，均未得逞。

  在此期间，我在学校搞运动，元明带着孩子在句容，白天搞施工，晚上搞"四清"。国庆节，她抱着小晖回来，我发现她情绪不对，问她有什么事。她开始不肯说，问急了告我说：队里有个姓彭的搞政工的贴了张大字报，把十个工程技术人员打成"反革命集团"，其中有她一个，头衔是

"国际情报处处长"（仅仅因为父母在香港，有"海外关系"）。工作队支持这张大字报，认为是揭开了队里阶级斗争的盖子，还开了几次揪斗会，只是因为元明群众关系好，加上有吃奶的孩子小晖"保驾"，没有动到她。我听后觉得是天大的笑话，无中生有，搞不成名堂，劝她只管放心，真要动到时再说话。元明也说，队里有的老工人也安慰她，说不会有事的，劝她别着急。果然，过了不久，批判"资产阶级反动路线"，工作队要撤，被工人拦了下来，最后，元明做了检查，平了反，才给放行，了却一桩公案。

当年所谓批判"资产阶级反动路线"，主要是针对刘少奇派工作组的问题。但对于基层，各个单位情况不同，不管叫不叫资产阶级反动路线，反正党委整错人有之，工作队整错人有之，还有群众整群众（"革"与"保"的斗争、造反派之间的斗争）、群众整领导（揪斗"走资派"、夺权斗争）皆有之，一场混战，愈演愈烈。

游泳中学习游泳

工作队撤了,党委一再检查对运动不理解、不得力,犯了严重阻碍和压制群众运动的错误。8月27日,学校成立"文革"联络组。9月初,原来分散的战斗队,分别按不同观点联合成立了各种革命群众组织,如"红卫兵南京工学院纵队""南京工学院工人赤卫队""东方红战斗公社""井冈山战斗兵团",以及"七一战斗兵团""红教联"等。就"文革"中一系列问题展开辩论,各组织均自认是最革命的,把对方说成是"老保"(保皇派)。分歧主要反映在对待院党委领导和批斗刘雪初的问题上。

对于院党委,一部分群众认为不能再领导了,要"踢开党委闹革命";一部分群众认为"不要党委领导,就是不要党的领导"。我们211教研组(机械制造工艺及设备教研组)支部持后一种观点,并积极到群众中去辩论,希望通过辩论,将"右派"暴露出来。我则认为按照"16条",党委应当"敢"字当头,放手发动群众,坚持正确领导;群众对党委领导,凡符合毛泽东思想的就接受,不符合毛泽东思想的就抵制。由于对党委的看法不一,党委能否领导,是辩不出结果的,结论要在最后下。由于这次运动不同于1957年,敢于提出不要党委领导的,恰恰是出身好、最"革命"的一些红卫兵小将,到他们中间抓"右派",肯定是不对的。我在总支召开的座谈会上可以提出自己的看法,但不敢到群众中去,一因出身不好,二因有1957年一本账,即使你100%正确,人家仍可抓你辫子,何况哪能吃得那么准?还是韬光养晦一点,"明哲保身"为是,这是我"文革"中基本态势。

对于刘雪初,几年来我一直是比较崇敬的。"文革"一开始,6月21日,教研组支部一反常态,带着队伍,敲锣打鼓,要求"彻底追查刘雪初修正主义黑线",我吃不准,没跟着去。随后,渐渐感到我所信奉的刘的一套,也正是过去我所信奉的汪的一套,可能又是"路线"错了。既然如此,对刘可以揭批,但是否斗争、打倒,还要一看上边是否有"黑线";二看历史有无问题；三看本人的态度。可既然一方要斗，另一方也不必去阻拦，那样容易引起冲突。

此时，"七一战斗小组"出了张大字报《当前运动的十个关系》，我初看觉得很辩证，与人议论后，看出重点在"但是"后面，较多地指责运动中出现的"次流"，这在当时显然是不利于运动开展的。围绕对这张大字报不同的态度，学校内"革"与"保"的阵线日益分明。由于中央支持"造反"，10月中旬，下达了"学校党委不领导运动"的指示，南工党委靠了边。11月，学校批判了党委和工作队的"资产阶级反动路线"，造反派日益得势。

在此期间，南大工作队梁辑卿、杜方平、吴大胜（部队干部）造了省委的反。社会上也掀起了批判省委"资产阶级反动路线"的高潮。"革"与"保"两军对阵，摩擦不断，直发展到1967年1月的夺权斗争。

一月夺权风暴，起于上海，从《文汇报》《解放日报》发展到夺上海市委的权，得到了毛泽东和党中央的支持，迅速蔓延至全国。江苏"革""保"之争，于1月3日江苏饭店一场武斗后，以"保守派"垮台而告终。1月22日，南工造反派组织夺了校党委的权。26日，南京部分造反派组织夺了江苏省委的权，另一部分造反派组织未被联合进去，不承认夺权的合法性，于是造反派随即分化为两派。前者高呼："'1·26'夺权好得很"，是为"好"派；后者喊出："'1·26'夺权好个屁"，是为"屁"派，雅称"p"派。南工以"井冈山战斗兵团"为代表，属"好"派；以"东方红战斗公社"为代表，属"p"派。从社会上到学校内，均打开了派仗。此时，我还没有参加群众组织，但是看到夺权一方没搞好大联合，当另一方有异议时，便以"谁反对'1·26'，谁就是反革命"相压制，我对这样的人掌权信不过，思想上倾向"p"派。3月5日，中央发出通知，成立军管会，解决江苏问题。

一月夺权后，从社会上到学校、到教研组，两派对立，各自活动，没有参加群众组织的和解体后的保守派成员被安排在一起学习。我觉得挺不是滋味，像我这样，不是"打倒"对象，但不参加一个群众组织，连个"革命群众"都说不上，那我算什么？我决心打消顾虑，到游泳中学习游泳，经赵芝眉介绍，报名参加"红教联"，4月初被吸收为成员。12日，"红教联"头儿顾昌骅（铸工教研组教师）通知我去小报《红色造反者》编辑部工作，我初有犹豫，他鼓励我不要怕，掌握大方向便是，就应允了下来。编辑部由吴宗汉（物理教研组教师）负责，有教师，也有学生，个把星期出一期报纸，每期分一些稿子给我处理，我尽量避免派性斗争一类的文章。

搞了一两个月,"东方红""红教联""工人战斗队"一派合并,"东方红"原来就有份小报《东方红战报》,同一个组织出两份报纸不好,公社决定将《红色造反者》停刊,改出教育革命专刊《东方红》杂志。这正合我意,可以少些风险。出了几期,说是大方向,可在当时,主导思想则是"否定十七年"的观点,当然是完全错误的。7月底,回教研组。

1967年7月,武汉发生"7·20事件",《红旗》杂志社论提出要"揪军内一小撮",江苏也掀起了一阵"反许(南京军区司令许世友)乱军"黑风,群众组织摩擦升级,武斗日趋白热化。8月初,"p"派主力撤至下关,南京城内为"好"派控制,两军对阵,形势严峻。我们这些一般成员,反倒逍遥了起来。只是传说有个专搞打、砸、抢的"五湖四海",大家便自发组织起来自卫,我当时住板桥新村,属碑亭巷居委会,与714厂搞联防,我们这些教师也每晚有两个人带着长矛,轮流睡马路边值班。此时,元明仍在句容施工,小晖断奶后送回南京,寄养在评事街小朱(工程队工人)家,真要乱起来,还不知该怎么办哩。幸好中央及时派员于8月11日来宁调查,制止事态发展。9月,"p"派头头返城。28日,中央对江苏问题做了指示,接着开办了学习班,军队干部和群众组织负责人去北京学习,南京渐趋稳定。为控制局势、促进联合,军管会对南工也派进了部分官兵,执行"三支两军"任务,开始搞大批判、大联合、复课闹革命。可由于上边派性仍然严重存在,忙于互揪对方"黑手",而大多数基层群众则又不愿更多地卷到社会上的纷争中去,一时反而显得无所事事。直至1968年1月28日,中央再作指示,对许世友做了进一步肯定的表态,对两派革命群众组织也"一碗水端平",江苏局势明朗。3月23日江苏省革命委员会成立。南工院、系革委会也先后成立。9月,工宣队、军宣队进驻南工,与革委会成为平行的领导机构,带领南工师生进行斗、批、改,才算初步扭转了近两年的无政府状态。

关进了"牛棚"

　　1967年春节后，小晖断了奶，寄养在评事街元明单位一位工人家代为照看，小朱阿姨未尽心照看，几个月下来，面黄肌瘦。元明每次回南京去看他，邻居暗地叮嘱元明：还是接回去带好。可一来元明在句容，母亲又年迈，自己无法带；二来家中住房面积太小，四个人17平方米，请保姆也没地方住。原来生小晖后，我即向系里申请过调整住房，未果。现在再向系勤务组提出要求。由于我困难情况属实，约八九月间，即通知我迁进兰园28号5幢1号。我颇感为难，原来这房子是潘新陆教授一家独住，"文革"初期，破"资产阶级法权"，被勒令"自愿"空出一间客厅、一间书房、一间储藏室，计20平方米供调剂，一直没分配出去，现在分配给我。可潘与我的关系不一般，他是我老师，我是他入党介绍人，又是他的秘书，他空出的房子，我住进去，很是尴尬。我对潘说：不好意思，要跟您做邻居了。潘连声说好，叫我"快来！"我明白他的意思，房子已经空出，总要有人去住，与其别人去，还不如让我去，毕竟彼此相知些。此时我们找到个安徽阿姨於立贞，带了小晖睡14平方米客厅，兼作用餐及生活间，我们住6平方米书房，母亲住4平方米储藏室，生活总算安定了下来。小晖接回家后，一个星期下来，脸色就泛了红。但由于在小朱家，老泡在不洁的澡盆内，受感染患了肛痛，省中医院开刀后，未收好口，成了瘘管，痛苦了好多年。回头看去，那年月，我们对孩子的呵护实在太少了，引以为憾。

　　一年容易，到1968年的八九月间，学校开展大批判、清理阶级队伍。大批判是批判刘少奇及其在南工的"代理人"刘雪初、杨德和等院领导；清理阶级队伍则是在全院先对几名被认为是历史上有问题的中层干部开了个批斗大会，接着在各系掀起大清理、大审查、大扫除的高潮。机械系则审查了总支书记陈云清参加的一个组织问题，陈是东北辽阳人，抗战胜利前夕，她读中学，与同学们搞了个组织，做抗战工作，胜利后，成员纷纷参加革命，如今，许多人已是中、高级干部。该组织一直被认为是进步组织，可这次重新"审查"，说是有"苏修特务""日本特务"和"美蒋特务"……骇人听闻。我私忖陈加入的是抗战胜利前的组织，我们"艺蕾"也是在解放前的组织，情况很相似，肯定也会被审查的。可这些问题，是早就交代过、审查过、有过结论的。不过如今这帮人不了解而已，再审又何妨，我心里踏实着呢。在此期间，系副主任潘新陆突然被关进了值勤连，进行隔离审查。潘师母为避嫌，和我们阿姨打招呼，相互不再搭理。所谓"值勤连"，是院里集中关押审查对象（"牛鬼蛇神"）的场所，故也称"牛棚"，由工人轮流值勤，全名是工人值勤连，这是院一级的"牛棚"，系里也有。以前群众组织私设的"牢房"，在革委会成立后基本上不再有了。想不到没过多少天，我也被关了进去。

　　先是10月3日，郭元群（他原任南师大外办主任，运动初受冲击，已基本"解放"）来我家，告我他家乡妹妹来信，言及郭令明自杀了，说他解放初在杨舍发展"反革命"，当地对"艺蕾"的社员，也作了调查。言毕，就匆匆离开。我理解他是给我打招呼，要有个接受审查的思想准备。这我早已有之，不过郭令明要有这等事，事情就复杂化了，好在心中无鬼，坦然对之便是。可对于我的早年，元明所知不多，会感到突然。我当晚告诉她，组织上可能会对我审查，请她只管放心，我的政治历史是没有任何问题的，她听后也不太放心上。我的预感固然就近说是来自对陈云清的审查。其实，作为老"运动员"，早在"文革"之初，以及"破四旧"时，就准备说不上什么时候，冲击到我头上来，所谓"人人自危"，即此之谓也。我将日记、信件、影集、书籍、邮票、唱片，还有"艺蕾"的材料和6件金饰，理了出来，放在一只旅行包内。当时的想法是与"旧世界"彻底决裂，曾与郭元群说过："有子万事足，无'旧'一身轻。"组织上随时要，随时可以交出去。约在一九六七年四五月间，天津南开大学来了两名"八一八"（以抓叛徒集团闻名全国的红卫兵组织）红卫兵小将，向我调查郭士桐（原南开数学系总支书记，"艺蕾"同人）的情况，就涉及要了解"艺蕾"。他们先问我有哪些社员，得知我手头有份社员名单时，要借着看。当看到我保存的"艺蕾"材料时，又提出要借走。我不同意，便找系勤务组唐光伟和总支陈云清，均说东西是我的，由我自己作主。此时，他们掏出红卫兵证，以红卫兵的名义向我借，并且保证到沙州（杨舍，1962年改建制为沙州县）去后，两周内返回南京时一定归还。我看到他们要来硬的了，再顶下去吃不了好果子，便要他们写下借条，给他们拿去。两周后不见人影，一连几次去信天津，也杳无音信，徒唤奈何。我想：以后组织上审查我时，要这些材料的话，我有借条为证，可由组织上去要回来。事情果然如此，1979年组织上归还我送审物件时，这部分材料居然也在其中，这是12年后的事了。

到10月30日，我正在礼堂听报告，系里两个学生红卫兵将我招呼出去，说组织上决定对我审查，稍稍问了两句关于"艺蕾"和郭令明的问题，便嘱去我家将我认为应该交组织审查的有关物件交出，回家后我便将旅行包交了出去，"艺蕾"的材料已被南开"八一八"借走，不在其内。他们也还客气，没再动手抄家。可令我没想到的是，接着就对我宣布要"隔离审查"，让我带上铺盖和毛巾、牙刷，跟他们走。我怔了一下，再一想也可理解，"艺蕾"成员光南京就有十个八个，要审查就不能让我们互通信息，那隔离就隔离吧，反正一搞清楚就可出来。正值此时，元明中午回家，我告诉她组织上要对我实施隔离，没事，嘱她宽心，就跟他们走了。这两个红卫兵，还有实验室一名工人，是我的专案组，以后就一直由他们与我接触。

进的"牛棚"，是原来电子工程系的办公用房，门口是值班室，一幢"U"字形的两层楼房和一幢平房。楼房底层和平房住人，可住上百号人。我入住时已人满为患，刘、杨、唐、王，四位书记、院长，我兰园住处的三楼洪流（图书馆馆长）、二楼施洛（基础课系总支书记）、一楼潘新陆，均在里面。楼房二层供"提审"用。在牛棚里，我住楼房底层，四人一间，室友有宣传部部长李承烈、数学老师高金衡，后来还有院长秘书尹法声，可彼此不得讲话。吃饭原本要排队去成园食堂，可算我运气好，进去后第二天便改由食堂把饭菜送进来，而且有荤有素，各人用饭菜票买，条件真还不错。可我毕竟是作为"牛鬼蛇神"被关押，失去了自由，还不知何日可以出去，心里总不是滋味，胃病发作，大口呕吐。加上晚间睡觉不得关灯，难以入眠，这日子可怎么熬？我告诫自己，要主动调节、适应，保重身体，不要问题还没搞清，人却病倒了，那就太冤了，既来之，则安之，耐下心来，接受审查便是。就这样，居然"牛棚"一蹲，就蹲了半年，可比起"文革"中许多大、小人物的冤狱来，就算不上什么了。

假案一桩

对我审查的重点显然是"艺蕾"和郭令明的问题。一开始,我想得太简单,自认"艺蕾"我最了解,可打包票没问题。就两件事与国民党政权有过瓜葛:一是请当时的镇长夏一之当名誉社长,她出席成立大会,并讲了几句表示支持的话;二是当地驻军克建剧团搞军民联欢会,要"艺蕾"参加节目,出了个歌唱《傻大姐》。这均算不了什么,而且早有交代。杨舍镇政府对"艺蕾"也早有结论,是青年学生的一般文艺组织。有什么问题你问我答,要什么材料你说我写,然后一调查核实,不就结了?关于郭令明,是 1950 年"艺蕾"成立一周年演出时,请他担任的音乐指导,帮助配乐,开始与之相联系的,以后就在一起活动,一直到"艺蕾"与杨舍剧团合并,关系较密。他给我的印象是思想挺能跟上时代的,作为工商界代表参加地区政治学习后,还被留下来当辅导员;电厂公私合营后继续当厂长,也是敢于负责的,从未发现有何反革命活动,如果说他是反革命,那我一无所知,当然也就不可能作什么交代。

然而,事情与我的想法截然对不上号。专案组问我:"夏一之是什么人?她是宋美龄的干姐妹,在那个'戡乱'时期,她为什么会同意你们结社活动?'艺蕾'到底还干了什么罪恶勾当?"要我老实交代。大约在 11 月中,还一下来了十几个各式人等,有解放军,有戴大皮帽、披棉大衣的黑大个……问我:"你看我们是什么人?"我想可能是有关"艺蕾"成员所在单位抽调出来集中组成的专案组,也可能有专政机关的人员,显然是把"艺蕾"当作一个大案来抓的。我说了我的估计,他说:"知道就好,你得好好交代!否则,你要明白会是什么后果?"此时我感到了分量,"艺蕾"也许并不像我想象得那么简单,我不敢再打包票了,我只包我自己。"艺蕾"究竟是怎么回事?什么性质?那要组织上广泛深入调查,才能得出结论。而我自己是什么人?自己当然清楚。我只要把我所作所为、所见所闻,客观、如实、详尽地向组织交代清楚,我就做了我该做和能做的事。要我交代我没干的事、我不知道的事，那是无论如何交代不出来的。我也看到，只有搞清楚了"艺蕾"的问题，我的问题也才能清楚。为使组织上对"艺蕾"有个全面的了解，我索性系统地整理了一份从成立到结束完整的材料上交，而有关《艺蕾生活》《艺蕾通讯》等历史资料，则告之已为"八一八"借走，由组织上按借条上具名设法去要到手，相信可以有助于对"艺蕾"全貌的了解。

  在"牛棚"内，一边要交代问题，一边还要提高认识。按照毛主席的教导："要用阶级和阶级斗争的观点，用阶级分析的方法去看待一切、分析一切。"对"艺蕾"也要重新认识。我原来认为"艺蕾"在解放前不问政治，就有那么两个污点；解放后则一贯配合政府中心工作做宣传，还演了《白毛女》等革命戏剧，起了进步作用。此时，上纲上线重新认识，则看到了主要成员均为地主、资产阶级子弟；请夏当名誉社长和向当时的政府备案，是依附旧政权的表现；在中国社会大变革的时期不投身革命，可见我们思想上的落后；还要管弦歌舞，则客观上起了为国民党粉饰太平的作用；解放后沉迷于小圈子，阻碍我们走向大时代……综合起来，说是个"落后"的组织也可；要说"反动"，虽则勉强，可"文革"中，这样的帽子已经太寻常不过了，也没什么；至于"反革命组织"，则没任何依据，因为它没有任何反革命活动；如果说有黑手伸进"艺蕾"，要把它搞成"外围组织"，可也未见有相应的活动。那就看最后调查的结果，有什么问题就是什么问题。

  在"牛棚"内，交代、认识，远不止"艺蕾"问题，我的全部历史、家庭关系、社会关系、1957年的问题、京剧团的问题、"文革"中的问题……全都作了审查。到12月初，差不多要写的都写了，总共一百多页。12月12日，专案组找我，说给我三天期限，要我争取主动，彻底交代历史关键问题，可以根据我的表现，给以出路，如再不然，从严处理！这等于最后通牒，对我压力太大。我想真有问题交代了，可以"从宽"；没问题，交代不出，反而要"从严"，而且从严处理以后，还是交代不出，岂非"顽抗到底"？那将"死路一条"，永无出头之日，后果不堪设想。事已至此，我有什么办法？思想上万分痛苦。我给系革委会、工军宣队写了封信，我说：我今年38岁，19年依靠家庭剥削生活，19年执行修正主义路线，我是旧社会的遗少、新社会的叶公、汪朱反党的马前卒、刘少奇复辟资本主义的社会基础。38年未做好事，组织上怎么处理，都不过分。可我一不是国民党反动派，二不是叛徒、特务、反革命，要我交代我不曾干过的、我不曾知道的事，我无能为力，组织上爱怎么处理就怎么处理吧。第三天，专案组来，不提"从严处理"的事，叫我好好学习政策，说主要看看我的态度。我信中的表态是我的底线，四顶帽子是我上纲上线给自己戴上的，了不起就算这回事，也成不了打倒对象。经过这番折腾，我心中反而踏实了许多。

在"牛棚"内，我虽然不时也有急躁情绪和委屈情绪冒出来，担心有人乱咬，搞不清楚。但心态基本上还是可以的，一方面我自己信得过自己，一方面靠"相信群众相信党"两条基本原理。我以此为座右铭，认定有事跑不掉，没事打不成。过了年，有一次，又来两个人，要我保证已作全部交代，签字具结。我提笔要写时又叫停，要我慎重，说是判刑附件。我把笔一搁说："我不管怎样也落不到这一步！"这又是一起试探。我估计问题差不多快清楚了，盼着早做结论早出去。可直到"牛棚"里关押的人放空了，1969年4月26日，包括我在内的最后一批4个人，才获"迈步出监"。在"牛棚"内，我整整被关了181天，终于重获自由。只有失去了自由的人才会倍感自由的珍贵，这段经历，我终生难忘。

放出"牛棚"，要有个说法，叫"到群众中去接受审查"，把我放到实验室劳动。这期间，很少再叫写什么材料了，也和群众在一起学习了。没贴一张大字报，没开一次斗争会。关了半年，究竟怎么回事？我等待着组织的结论。

10月的一个晚上，忽接通知，第二天一早带了铺盖到系里集合，全系大部分师生徒步到六合去支农，走了五六十里路，抵达目的地长芦公社，再作分配。我被安排在水家湾大队杜林小队，在农户家住下。说是支农、接受再教育和备战三重任务，后来听说是所谓"林副主席第一个战斗号令"下的战备动作。12月中，系里来人，要原总支副书记陈康、范赓伸和我三个人回去参加一个学习班，赶回南京后，知道是院里在二系举办的、全院第一个"清队"落实政策的、名为"紧跟形势、继续革命"的学习班。报到时系革委会副主任崔庆华问我："关于审查你的问题，你是不是真的不知道？"答曰："确实不知怎么回事。"崔说："不知道就不和你说了。你是受一个反革命组织的牵连，经过大量内查外调，你的问题属人民内部矛盾。参加这次学习班，希望你克服'三气（怨气、泄气、不服气）'思想，紧跟形势、继续革命。"按说我不知道，应该告诉我。可你不告诉我，我也不便问。我是"人民"了，可还有一个"反革命组织"啊！也就还有"反革命"啊！他们是谁？一头雾水。学习三天，我是解放了，可和当年的旧交,因为不明白究竟谁是"敌人"、谁是朋友,仍不敢来往。直到1972年,在五台山开大会遇见郭元群,他告诉我说他已回家乡去,纯属假案,所谓"反革命组织",子虚乌有,是一个叫缪顺才的人乱咬咬出来的。

缪顺才何许人也?我从不认识。后来知道的情况是:缪是叶镜征家所开米店的伙计,解放前,杨舍镇由各商家出人,搞"自卫队",缪是一个。临解放,缪随夏一之拟去台湾,夏走了,缪折回。"文革"中,当地把缪揪了出来,说是"潜伏特务",刑讯逼供下(曾在院专案组的陆炳荣告我说是用棉花团浸了酒精,塞肛门内用火烧,叫作"火烧屁股"的办法,工军宣队作为逼供信的典型案例给介绍过),缪胡编乱造,扯出了个"中国人民反共救国军"的"反革命组织",一路滚雪球,总共涉及11个省市218人。把郭令明打成"司令",被迫害致死,把"艺蕾"打成外围组织,我的头衔则为"上校副参谋长"。后来有位部队首长(估计是张国芳单位的,张是"艺蕾"筹委之一,其时供职海军任舰长,因本案被捕入狱,出狱后三个月,肺癌死去)亲到杨舍,提审缪顺才,缪翻了供,案子也才翻了过来。大体情况如此,至于我是怎样被搭上的不详,但牵连到叶镜征、郭令明、"艺蕾"……则有我一个,也就不足为奇了。问题清楚了,这桩公案告一段落,彻底平反,则是十年以后1979年的事了。

走"五七"道路

1968年我关进"牛棚"时，元明句容工程已经结束，转去大厂镇于南京钢铁厂的工程，家中全仗於立贞阿姨照看。元明周日回家，带了小晖给我送点饼干（胃痛时要吃几片）和衣物来。此时小晖已经虚三岁，几个星期不见，看到我就往元明身后躲，我不禁悲从中来，掉了眼泪。不久，於立贞阿姨家中也有事，她必须回去，帮我们找了个扬州阿姨，姓高。季节更换，天气骤冷，我正愁未带棉衣会受冻，忽然值勤喊我拿东西，只见有个陌生的阿姨带了小晖给我送来了。高阿姨作了自我介绍，我问她怎么知道这里的？她说小晖给带的，走到毛主席像向右斜拐，红房子便是。毛主席像在大礼堂前，是东方红战斗公社所建，像高9.15米，标志"东方红"9月15日成立，为当时南工一景，"文革"后被拆除。红房子便是值勤连所在，外墙涂红色，小晖来过一两次后把它记住了。我为小晖的聪明惊喜不已。

1969年我从"牛棚"归来时，兰园5栋1号已物是人非。潘师母自杀身亡，儿子潘小同住校，女儿潘美同下了乡。潘新陆虽已归来，但18平方米主卧又被分出给汪乃钰，潘独住10平方米北卧，形单影只，甚是凄凉。我家也被责令空出6平方米一间，给三家堆东西。我回家后，用4平方米一间调了回来，我们两口子住。母亲和阿姨、小晖住客厅。8月，高阿姨也有事回了扬州，小晖上幼儿园，由我接送。10月，我去六合，小晖全托。可几天一过，元明南钢回来，看到孩子的眼哭得都肿了起来，实在不忍心，只好带去南钢，送那边幼儿园。

12月，我学习班结束，回六合。时值学校为贯彻毛泽东《五七指示》，为全院师生走"五七"道路作长期打算，在金湖县征地1454亩，创办南工"五七"农场，号召报名参加创业。同时，还根据"林副主席第一个战斗号令"战备要求，要我们把家中老少遣散出南京。我家一老母无处可去，留下守家；一幼子，决定送安徽於立贞阿姨家。经联系获同意，约定日子南京见，而后由我陪同送到她家。於阿姨家在安徽全椒程家市镇郊外农村，老头姓吴，有个豆腐作坊。我们早晨坐汽车一两个小时到全椒，下车后，我挑着担，於阿姨抱着小晖，走十几里地，半天便到，以后一些日子，小晖便要跟於阿姨家过了。於阿姨家有猫、有狗、有鸡，还有一口大肥猪，颇不寂寞。她家门前，有个土墩子，小晖扛了支玩具枪，一边爬上爬下，一边嘴里念着"毛主席挥手我前进，上山下乡干革命"。我看着他小小年纪便南征北战，不得安生，十分可怜，不免一阵心酸。在於阿姨家，我住了两三天，等小晖基本适应以后，我就回南京。

到家后，家里人告诉我被批准去农场，已有人把我的铺盖从六合给带了回来，嘱我一回南京，即去金湖农场报到。宿一夜，便马不停蹄，乘学校的车，赶去金湖，开始为期一年的"五七"战士生涯。随后不久，元明所在省冶金局基建工程队并入省冶金机械厂，在光华门外石门坎，元明被分配在车间当铇工。1970年，我一家五口（含好婆），分四处过了"革命化"的春节。

金湖农场位置距县城9里，是被称为九里荒的一片荒地，原来没几户人家。圈给南工办农场后，我们第一批去的"五七"战士要战天斗地，白手起家，把它建设好。在我们附近，有个劳改农场——运西农场，我们两个连300人先借住其部分宿舍，而后一边干农活，一边搭简易房，好安身。我们着手的第一项任务是由西向东挖排水渠，深两米、底宽两米，挖出来的土，翻上来铺垫"五七"大道，与排水渠平行，全长两公里。大道以北是主灌水渠，每隔50米，筑一条南北向的小道和分渠，其间即为条田，共三四十条。每条条田，应是同一水平，实在不成，再分几块，每块保持水平。这"修地球"的土方活是重活，一是挖，二是挑。挖土手使劲，一宿醒来，第二天两手手指要用力掰开来才能伸直。挑土用肩，两天下来，肩又红又肿。经过一段时间下来，也就适应了，我个儿小，也可挑上80斤不换肩。搭简易房用的全是竹料，先用竹竿搭成架子，再用竹排打墙，芦席作顶，上铺稻草。我们自己动手，一下就搭了个食堂兼礼堂，还有几排宿舍，以解急用。随后再搭房子，则是砖、木结构了。由于住处离工地有四里半远，早上上工，中午回住地吃饭，下午再是个来回，一天光走路就要走18里。晚上，还得"天天读"，搞大批判、小评论。劳动强度之高，可想而知。可我们这第一批"五七"战士，据称是经过精选的，政治上基本属于已经被"解放"了的，年纪不算老，身体还算好，能够承受。更主要的是我们当时均有一定程度的劳动锻炼、自觉革命的要求。所以不觉其苦，反而以苦为荣、以苦为乐。过了一段日子，食堂体谅到我们的艰辛，主动将午饭送到工地,可以少走9里地,办了件好事。

开春以后,则是春耕春播,那时时兴双季稻。我们在农场要有一年的时间,有幸实践种水稻的全过程。最辛苦也最有技术要求的活当数插秧,从早到晚,一直弯着腰,可真让人累得慌。我个子矮,弯腰容易些,高个子则要难得多。古人云:"谁知盘中餐,粒粒皆辛苦。"亲身干了农活以后,才有更亲切的体会。我们这一茬,还碰上了闹大水,在早稻灌浆的时期,一连几场大雨,我们出不了工,只好在家学习。忽然有人叫灌水啦,赶快奔出去,只见农场西边的运西河水直往上涨,从我们的排水涵洞往里倒灌,我们纷纷下水堵洞。可不一会儿,四面八方的水漫过围堤,往农场灌,回天无力。只有等老天爷停了雨,退了水,再加抽水机日夜往外排,稻子才露了头。此时,我们下地把眠倒的稻子扶起来,几把一扎,让其立直,继续成长,真是从大水的"虎口"夺粮。这一年,我们取得年产600斤的好收成。但这不值得骄傲,我们实际上是"富种田":劳动力不计成本;灌水用抽水机打,从西到东,渗漏惊人;农药、化肥尽用……。还是算政治账,不算经济账。

走"五七"道路,知识分子劳动化的同时,阶级斗争这根弦可依然一刻没有放松,农场这一年还搞了"一打三反"和"清查5·16"运动,后者并延续了两三年。

所谓"一打三反"即打击现行反革命,反对贪污盗窃、反对投机倒把、反对铺张浪费运动。按说这该没我事了吧,可有一天班长找我谈话,问我还有什么没交代的?我大为诧异,关了半年,才搞清楚,刚刚解放没几个月,怎么又来啦?我说:没了,你们认为还有什么你们去查得了。可过不了几天,一次晚上学习的时候,上边发下来一份材料,是一批反革命案件的情况介绍,要发动群众讨论处理意见。第一件就是被列为江苏省一号大案的案情:南京街头张贴的、具名为"马列主义共产党"的、"恶毒攻击无产阶级司令部林副统帅"的小字报,已查明是一个反革命集团所为,其首犯为陈卓然,又名许卓然。我一听,轰然一下,头皮发麻,这不是为琦表姐家的孩子吗?怎会出这等大事?当场未露声色,散会后找连部说明白我有这层社会关系。连部嘱我写份材料,说明往来情况交上。这很简单,对我而言,他还是个孩子。1950年代在他家见过;1960年代初有一次来我家帮他妈送我母亲两包香烟;1966年高中毕业,正值"文革",未能高考,来我家有过交谈;1968年他参加了毛泽东思想宣传队,有次顺路来我家小坐,还拉了曲二胡;以后听母亲说全家下放到洪泽,就未再见面。如此而已,岂有他哉?交出后也就没事了。我想有此关系,必然要查,查了没问题,当然也就了了。可对卓然言,犯此"滔天大罪",只有死路一条,可怜他二十几岁的生命就此结束。一年后,林彪出事。1980年代,"文革"被否定后,作为冤假错案,得到了平反。落实政策,琦表姐全家回城,表姐夫许振强被安排为栖霞区政协委员。可人死不能复生,给亲人留下的则是永恒的伤痛。

所谓"清查5·16",全名为"清查5·16反革命阴谋集团",是林彪、江青一伙无中生有,在全国范围内制造的又一次打击、迫害广大干部和群众的运动。说什么有这么一个阴谋集团,矛头针对无产阶级司令部、针对新生红色政权、针对中国人民解放军,搞反革命活动,他们组织严密,活动隐秘,上不告父母,下不告妻子,要求广泛发动群众大检举、大揭发。学校成立了清查办公室,校系办了重点人物的"学习班",实质上即是密封式的隔离审查,主要对象多半是原来造反派的头面人物。农场不搞隔离,但不得与校本部通气。我们二连的重点对象居然就是连指导员崔庆华,带上两个排干部,他们都是党员,出身好、老造反、"文革"的主力,一下成了运动的对象,真是"人有旦夕祸福",这已是快到年末的事了。一年易过,1971年1月20日,我们首批"五七"战士锻炼期满,胜利归来。

教育革命，培养工农兵学员

农场一年，虽说生活艰苦些，可对增进劳动和劳动人民的感情，是大有裨益的。回到南京，兰园5栋1号又有了新的变化了。这一年里，我家发生红白喜事各一桩。先是2月26日，元明生一女，取名章晔，仍请於阿姨来南京照顾，小晖也就跟着一起回来了。产假期满，元明上班，为便于喂奶，借了工厂大阳沟宿舍的传达室住下，於阿姨回安徽，另请张奶奶帮着带两个孩子，此为喜事。其间，母亲一人留守家中，一方面请个钟点工帮帮忙，一方面每个星期天元明带了孩子回家看看。至11月，母亲突然不思进食，去医院就诊，也没啥毛病。正好我农场休假一周归来，也许是看到了儿子，心里舒展些，回光返照了一下。可我走后一个星期，便接家中电告母亲去世，再请假回来，处理后事。据云是日午后，钟点工看她时还说话，讲没什么事，嘱去别人家便是。三点钟再来看她，呼之不应，

1970年2月得女章晔，双满月

已经去世了。母亲终年76岁，在那时，已算高龄了，说是"老熟"，无疾而终，丧事也可说成喜事。其实，她也有她的心病：儿子被关了半年，又长期远去外地；自己又因在家属的学习会上发表"高见"（她说："刘少奇犯错误，毛主席没教育好嘛。"）而被作"现行反革命"挨了批斗；七老八十了，还要参加兰园"深挖洞"劳动，能痛快吗？是年，元明生章晔，7月，汪家也生一女，取名汪汶，添了丁，房子又不够住了。此时潘新陆教授也基本上解放了，系里算是"落实政策"，另行分配新西楼一间17平方米给潘，让潘迁出，原住一间10平方米给汪扩容。此时，兰园5栋1号门里边住我们两家，门外边原有张蔚如单身（家眷在江宁）一家，住一间11平方米。"文革"已经五年，学校没搞一平方米基建，人口增加了，就这么大家挤挤，凑合着混日子。

　　1971年回学校后，这时中心任务还是"清查5·16"，大家吃饱撑了，一天三个单元夜以继日地"学习"，有句不太雅的牢骚话叫"屁股与板凳相结合"，你影射着我，我暗指着他，给"5·16""画像"。有时还开宽严大会，承认是"5·16"，再咬上一批人，从宽，放出去；否认是"5·16"，从严，办"学习班"！其间，把我也带上了，虽然没有正面冲着我来，可5月农忙时，确定一批清查对象下去"通过劳动，转变立场"，居然也有我一个，我是为数不多去农场干了一年后再加上这回三个月的。去就去，比在学校里瞎折腾还有意义些。8月，农场归来。9月，就发生了惊天动地的林彪叛逃事件，简直不可思议。"清查5·16"还继续搞下去，全院500余人被打成"5·16"分子，三人被迫害致死，至1975年，又全部否定，作了平反。

　　1971年，"文革"已经搞了五六年，高校不仅长年停课，也停止了招生，在校老五届（1966—1970）学生又先后分了出去。没有学生，还算什么学校？4月，召开全国教育工作会议。6月，国务院发出关于大专院校招生的通知，明确培养有社会主义觉悟、有文化的劳动者，学制缩短为2—3年，从相当于有初中以上文化程度的、有实践经验的工人、贫下中农、解放军战士中招生，实行群众推荐、领导批准和学校复审相结合的办法录取。对工农兵学员，还提出了"上大学、管大学、用毛泽东思想改造大学"的任务，以"彻底改变资产阶级统治我们学校的现象"。南工首届工农兵学员于1972年4月入学。

毕竟文化基础太差，而且参差不齐，如何能一步跳到大学？学校安排先用三个月补数、理、化，"文革"以来我接受的第一项教学任务是辅导化学。暑后，进入专业学习。为迎接新同学入学，从1971年9月，学校已经打破了原来教研组的建制，按专业成立"连队"，并制订了新的教学计划。

当时时髦的做法是学习同济大学经验，按照"实践—认识—再实践—再认识"的认识规律，结合典型工程组织教学。我们机制专业也不例外，打破老三段：基础课—技术基础课—专业课，推行新三段：即第一阶段参加金工劳动和学习制图，以"机床测绘"实践巩固所学；第二阶段在学习技术基础课后，去工厂边干边学，搞组合机床设计；第三阶段理论提高；最后毕业设计。从1972年到1976年，我先后担任带金工劳动、编写《机床测绘》讲义、带"机床测绘"实践，编写《齿轮加工》讲义、讲"齿轮加工"课和带实验，以及带刀具设计和毕业设计等教学任务。

这里特别要说一下"机床测绘"实践和"齿轮加工"两门新课的情况。"机床测绘"实践是带一个班到工厂，将一台准备大修的机床解体，按部

给工农兵学员开课，编写讲义《机床测绘》《齿轮加工》

件将学生分成几个组，分工测绘全部零件，画出零件图、组装图、部装图和总装图。该修配的零件，交工厂修配，需改装的部件，按新修改图纸改装。最后，学校向工厂交出全套图纸，时间总计一个半月，工厂则随后完成机床的大修和改装。我在1974年下和1975年上，先后被安排担任组长，负责带1973级乙班在南京汽车修配厂测绘与改装插床，和1973级甲班在安徽泾县陈村水电部14局机修厂测绘与改装车床，均搞得比较成功，与厂方和学生的关系也均处得很好。唯一令我愤慨的是在带甲班期间，作为副组长的一位党员教师，不知出自什么缘由，就是冲着我无事生非，找岔子，扣帽子，甚至企图发动学生来整我，终未得逞。我一生看重友谊，宽以待人，人际关系好，可对前述教研组那位"左派"和这位"晚生"，他们总是想方设法要整人，踩着他人肩膀往上爬，我算是领教了。在陈村，我们参观了云岭新四军军部和青弋江水电站，留下了深深的印象。

"齿轮加工"是另一门新课，在我们这个专业里，原来有"机械制图""公差及技术测量""机械原理""机械零件""金属切削刀具""金属切削机床""机械制造工艺学"七门课要讲到齿轮，既分散、又易重复。这次把它并为两门课："齿轮设计""齿轮加工"，比较集中，容易讲透，效果好。我在接受任务后，从收集材料、执笔成稿，到自己动手描图、晒图，一气呵成。这本讲义，还被几所兄弟院校采用，反映较好。

在开出这两门教改重头课的过程中，我完成了任务，也扩充了业务范围，颇有收益。可它毕竟是"文革"中的产物，"机床测绘"实践，要真刀真枪，开门办学，不仅花力量大，而且项目也难找。"齿轮加工"按典型零件设课，就齿轮这个难点言，可以避免重复、学得扎实些，但原来学科体系给打乱了。"文革"后，也就撤了，两本讲义，成为历史的见证。

从1972年到1976年，南工招了五届工农兵学员，教师是尽了心的，大部分工农兵学员也能珍惜这来之不易的读书机会，能努力学习。只是在特殊的时代背景下，原来的基础差，学制又短，且运动不断，也无严格的考核，总体上说，教育质量达不到本科水平，可却也多少补充了前几年的人才断层。有了这个基础，通过今后的自身努力，也是可以有所作为的，也并非完全没有可能攀登更高层次的。1973级的钟秉林，毕业后留校，先是分在我们刀具教学小组，帮我辅导"齿轮加工"。以后，他通过自身的努力，在职攻读助教进修班，取得硕士、博士学位，当上了教授、博导，担任东南大学机械系主任、副校长，教育部高教司司长、北京师范大学校长、

21731班同学毕业20年聚会
前排左5章未、左6霍少成教授、左7潘新陆教授、左8万耀祖（当年辅导员）
2排左4宜沈平、4排左9赵宏留校任教

21732班同学毕业20年聚会
前排左1厉文干（留校任教，曾任东大工会副主席）、2排左1程明山、左3刘芳、左8王家英，后排左2钟秉林留校任教（钟秉林先后任东大机械系主任、副校长、教育部高教司司长、北师大校长）

2004年中央台报道"东方之子"钟秉林

由"东大之子"到"东方之子",就是一例。1996年,他们级两个班"二十年后再相会",不少人搞得都不错。

从1972年到1976年,除了搞教学外,依然运动不断:批林批孔、评法批儒、评《水浒》、批判右倾翻案风……没完没了。广大群众已十分厌倦,盼望"文革"早日结束。在此期间,对我而言,还有两件影响较大的事,需有所记述,这就是"金切队"的活动和我的胃切除。

"金切队"，胃切除

1970年，我母亲病故后，1971年1月峭岐三姑母接着病故。三姑夫吴月舫在世时，好婆在他家帮忙料理，生活即由他负担。1963年他去世后，两个孤老太，我每月寄去15元生活费，加上姑夫的兄弟无锡轻工业学院的吴菊辰、继子南京师范学院的吴文炯不定期寄笔钱去作补助，基本上也可度日了。如今三姑母病故，峭岐就好婆一人，我理所当然要把她接来南京一起过。1972年，好婆来宁。此时，我重又执教，元明也专业归队，调基建科搞给排水。小晖7岁，进兰园小学；小晔3岁，进南工幼儿园。一家五口，重又团圆，日子相对稳定。

从1972年到1976年，虽然恢复了招生，可教学任务也不算重，我由于不担任什么行政工作与社会工作，有余力可以发挥。一个偶然的机会，我与"金切队"结上了缘。在五六十年代，我们机械行业工人师傅中，出了不少劳动模范，全国著名的如王崇伦、倪志福等，各地也有众多技术革新能手，他们许多人是通过改进刀具的结构或几何参数，来提高金属切削功效和加工质量的，这正是我的业务范围。1972年的一天，我看到工人文化宫有个关于"群钻"的讲座，便去听了，从而结识了主讲人王南楼，了解到南京也有个"金属切削队"（简称"金切队"），由南京各工厂中的能工巧匠组成，人家搞武斗，他们搞革新，每周固定时间在文化宫进行技术交流、推广先进经验，还举办一些讲座、培训班和现场表演等活动。我欣然参加，和他们一起活动，持续了多年。至1979年，我们共计办了车工、铣工、机夹刀具、金属切削等12期培训班，培训学员620人；还搞了几场先进刀具表演，包括我把他们请进南工和陈村的两场。我也专门给金切队员们系统讲授了"金属切削原理"，他们反映虽然在实践中作了革新，但说不出多少道理来，学过以后，有了理论依据，再搞也就更有路子了。而对我来说，他们的革新创造，丰富了我的感性认识，讲起课来，一些生动实例，可以信手拈来。再者，从这些工人师傅身上，可以学到许多优秀品质。他们辛勤劳动,锐意革新,团结互助,从不计较名利。金切队举办讲座、表演、接受咨询、协作攻关,从不收费。下工厂企业,吃工作餐,每人交半斤粮票、两角钱,这是规矩。在金切队,我交了不少朋友:年届古稀的老队长、省劳模倪益国,群钻能手、省劳模、14所的王南楼和汽车制造厂的杨玉生,刀具革新能手汽轮机厂的刘华,擅长不锈钢切削的第二化工机械厂的李炳华,磨刀大王江南机械厂的李楚民,年届花甲的老铣工511厂吴翔……还有汪明海、钮长宏、柳金龙等几位青年技术能手,他们有一定文化,接受能力强,也能给青工做讲座。总之,和"金切队"师傅在一起的日子里,相互尊重,共同切磋,十分和谐。他们对我,从不见外,还多方照顾。1975年我胃切除后,在家休养,老队长倪益国还专程来看我,感人至深。从1972年到1979年长期和"金切队"在一起,对技术交流和先进刀具推广方面做了一些工作,也得到了组织上的认可,先后受到市科协、省经委、省科委、总工会和机械局的表彰。只是在1979年后,我本职工作实在太忙,难以再参加这方面的活动,他们各自

和金切队在一起,前排左2金切队老队长省劳模倪益国、左3章未

1979年获南京市科协奖状

1979年获江苏省经委、科委、总工会、机械局联合颁发的奖状

企业里的事也多了起来，不大走得出，活动渐渐冷了下来，我们的交往也少了下来。可那几年相处的印象，还是久久难以忘怀，我深感知识分子与实践相结合、与工农群众相结合，很有必要。

再说1975年我胃切除，经过是这样的。我的胃病，从1953年算起，已经是22年的"老资格"了。发作时，先是胀，继则疼，吐而后快。如此则怕进食，人消瘦。1973年，诊断为十二指肠球部溃疡，1974年出过两次血，遵医嘱：发作频繁、加剧，则切除之；反之，则"和平共处"。孰料1975年8月14日，晨便黑粪，心知不妙，校医院化验，两个"+"，常规处理。下午犹去三十三中学参加在鼓楼区办的"机夹刀具"讲座教学活动。15日午睡后，拟起身去医院打针，床上坐起，两眼一黑，就晕了过去。小晖喊了好婆，找邻居帮忙，邢维龙、闻德荪等几位把我抬到南工医院。一量血压：70/40，即叫救护车送鼓楼医院，经化验大便为强阳性（++++），挂水、打针、服药、观察。此时，元明已从厂里赶来，动力系老师汪孟乐是元明三叔父的交大同学，也来院看望。教研组孙庆鸿、时修荣代表组织，到场协助处理一些事宜，帮我办了住院手续。至晚10时，我住进了内科七病区。真是一人得病，四方关怀，一股暖流，涌上心头。

七病区是中西医结合、专治上消化道出血与胰腺炎的试点，我的主治医师姓万，头两天除了让卧床休息、禁食、挂水外，还让服用一种叫作"胃4号"的中成药。自我感觉尚可，只是稍一活动即心慌。17日下午5时许，情况骤变，好端端躺在床上，猛然头昏眼黑，要晕过去，一量血压，低压20，抽血化验，血色素4.5克，说明血没止住，还在出。此时，我已处于半昏迷状态，模模糊糊知道给我输了血，发烧至40℃、剧烈头疼（输血后正常情况），至第二天上午才逐渐退了烧，趋向稳定。元明告我：当晚情况比较危急，主任张志宏医师现场决定立即输血，从抽血、化验（A型）到取来血浆，总共才一刻钟左右。先输了600毫升血，血压仍上不去，又输了200毫升，并请外科来会诊，还通知组织上到场，共同商定对策，最后决定再观察一阵，能稳住先稳住，稳不住，再手术，幸好终于稳定了下来，然后则是等止血、补血，做了进一步检查再说。我庆幸正好是在南京发的病，要是几个月前在陈村来这么一下，得不到及时、有效的治疗，则此命休矣。

至21日，血压、血色素均有回升，血是止住了，可人还是虚得厉害，万医生给开了中药汤剂，用了点红参补血。28日，钡餐检查。9月1日，纤维胃镜做一步检查，还取了三块组织，切片化验。我问结果如何？告以还是老地方溃疡，建议切除。我表同意，盖早切舍不得，晚切怕经不起，45岁，正当其时，但想养养好再切。医院告我内科转外科很方便，出去了再要进来就没那么容易了，有的病人确诊癌症了还要排队。于是，就这么定了下来。元明去孝陵卫给我搞了四只童子鸡、四只马蹄鳖（那年月菜场上是买不到这些的），把身子补补好，准备挨刀。5日，外科会诊后便转去十病区，定10日手术。手术前，学校院办主任周永美与机械系总支书记栾滨一起找了十病区主任周子尧，请予关照。周云：手术方案他看过，手术时他也将在现场，嘱放心便是。10日，9时进手术室，用乙醚全麻，手术顺利，11时50分便推了出来，回病房。术后头两天，插了胃管，吊了盐水，不太好受，还有点发烧。第三天通了"气"，第四天恢复正常，可进流质，第五天便下了床，17日拆了线。这次手术是十病区第二把刀王希曾医生主的刀，他先说是十二指肠球部溃疡，但比较严重，且已有粘连，故切除较多，约70%~80%，切片化验也没问题，即使有什么，也给切掉了。18日他查房，突然兴奋地对我说："你这一刀真及时，已经'间变'了。"我问他何谓"间变"？他说："那就是细胞已经在变化了。"我不懂全部含义，但知已经开始病变，如不及时切除，将转化为癌症。原来是他在手术后，又取了组织去复验，做出了"间变"的结论。我告诉元明，元明说她早就知道医院怀疑癌症，按癌症要求动手术，只是不告诉病人本人而已。其实，我也早就感觉到这一可能。还在内科时，纤维胃镜出了结果，护士长找元明谈话，我跟过去，给撑了出来，我就意识到有问题，要元明告我实况，可她不露声色说没事，居然给瞒了过去。可怜这份心理上的重担，由她一个人默默承受了半个来月。20日出院，诊断书上写的是"十二指肠球部溃疡，并发黏膜组织间变"，作"胃次全切除毕Ⅱ结肠前胃空肠吻合术""继休二个月"。

因这场病，我共住院 36 天，体会良深。首先是医疗全过程，所有医务人员，均本救死扶伤精神，该怎么治就怎么治，不需"开后门"，不像社会上传得那么严重，毕竟世界上还是好人多；其二是医疗全过程得到组织上的关怀和同志们的照顾多多，300 多元医疗费，也全是公家负担，还是"社会主义好"；其三是此次病情凶险，实属死里逃生，再生之年，当竭尽赤忱，回报社会。

在住院期间，玉成南返，15、16 两天，由元群陪同一起来看我。一别十九年，有多少话要说，只是我才动手术，未能多谈，只知他前几年摘了帽，成了家，现在文物出版社工作，景况有所改变，堪以告慰老友，也就是了，匆匆离去，期待他日相见，再畅叙衷肠。

粉碎"四人帮",重见天日光

十年"文革",不仅天下大乱,国民经济又一次走向崩溃边缘,人心思定。本来,1974年邓小平复出以后,抓整顿,形势有所好转。1975年后,又被作为"右倾翻案风"给批判,而且矛头开始指向周恩来。十年"文革",也真的锻炼了群众,提高了识别能力,人们对江青、张春桥、姚文元、王洪文等一帮人(后来知道毛泽东赐名为"四人帮",成为专用名词,按政治地位排列则为王、张、江、姚)的倒行逆施,日益不满。1976年1月8日,敬爱的周恩来总理逝世,广大人民无比悲痛,可上边下达关于悼念活动的通知,却十分低调,压制了群众,报纸上也不见回忆、纪念文章,引起强烈愤慨。南工师生们自发地戴上黑纱白花,去梅园新村中共代表团纪念馆吊唁,学校也召开了悼念大会。

时至3月5日,纪念雷锋,《文汇报》不登总理题词。3月25日,又在《走资派还在走》的一篇通讯中出现了"党内那个走资派要把被打倒的至今不肯悔改的走资派扶上台"恶毒攻击总理的词句。南京大学首先发难,责问《文汇报》及其黑后台。南工校园内也出现了一些鲜明针对"四人帮"的大标语,如"悼念周总理,怀念杨开慧""谁反对周总理就打倒谁!"……特别是以"建筑系工农兵学员"署名的《十个为什么》大字报,提出了对当时一系列反常现象的质疑,反响强烈,一下被传抄出去。社会上还流传着一份真假难辨的"总理遗言"。一场悼念周总理、声讨"四人帮"的真正的革命群众运动,在涌动、在发展。3月29日、30日南京高校学生将这类标语刷在南来北往的列车上。觉悟了的南京人民纷纷抬着花圈,上街游行。3月31日傍晚,在新街口、鼓楼、山西路等南京最热闹的地区,出现了一张传单,要"把野心家、阴谋家、两面派张春桥揪出来",说"他们正在干着林彪没有干完的勾当",很快被广泛传抄。"四人帮"得悉,当晚即电话通知江苏省委,将最近几天出现在南京的大字报、大标语,定性为分裂党中央、扭转批邓大方向的"政治事件"(时称"南京事件"),

要求覆盖，并彻底追查"幕后策划人"。但人心向背，不可逆转。紧接着，4月5日，就在首都北京，发生了惊天动地的"天安门事件"。

4月7日晚，我正在友人丁梁处私下议论，突然电台广播出了中央两个决议：一是任命华国锋为中共中央第一副主席和国务院总理；二是撤销邓小平党内外一切职务，保留党籍，以观后效。同时播出了"四人帮"精心捏造、颠倒黑白的《天安门广场的反革命政治事件》一文。气氛顿时紧张起来，我匆匆告别回家。"四五运动"是被镇压下去了，邓小平又一次被打倒了，可人民的眼睛也更加擦亮了，斗争并没有停止。

7月6日，朱德委员长逝世。9月9日，毛泽东主席与世长辞。三位领袖人物在同一年内相继逝世，虽是巧合，但人们联想起吉林的陨石雨和唐山的大地震，总觉得不寻常，预感着这世道要变了，还有重大的事情要发生。如果说周恩来的逝世，以及他的骨灰撒江，是一种无声的召唤，激励人民起来与"四人帮"做斗争，那么，毛泽东的逝世，就使斗争趋向白热化。一方面是"四人帮"加快了夺取最高权力的步伐；一方面则是一些老一辈革命家，可以不再"投鼠忌器"了，该出手时就出手。果然，10月6日，在叶剑英、李先念等支持下，华国锋出面，不发一枪一弹，一举粉碎"四人帮"。喜讯传出，人心大快，普天同庆，重见天日光。折腾了国家和人民整整十年的"文化大革命"，在实际上以失败告终。

"四人帮"是被粉碎了，但对毛泽东亲自发动和领导的"文革"怎么看？政治上、思想上、组织上被搞乱了的路线怎么端正过来？走向崩溃边缘的国民经济怎样恢复过来？那就不那么简单了，我满怀期望，等待着春天的到来。

第五章

第二个春天

(1976—1986)

回到了党的队伍

粉碎"四人帮"标志着我们国家政治形势将迎来一个划时代的转折，按照中央部署，首先从揭批"四人帮"入手，划清路线是非界限，肃清其流毒，拨乱反正。在我们高校，则着重批判"两个估计"：即全盘否定建国十七年教育工作的估计，和认为学校教师大多数是"资产阶级知识分子"的估计。说实话，"文革"中，我们作为一名教师，大批十七年，大批"资产阶级知识分子"，是自己批自己、自己否定自己，多半是违心的，此时真的是舒了一口气。从此可以挺直腰杆昂起头，该怎么搞教育就怎么搞，该怎么当教师就怎么当了。

在揭批"四人帮"同时，平反冤假错案、落实政策的工作也全面展开了。关于1968年对我的隔离审查，虽说已于1969年明确为人民内部矛盾，但是何问题？并未讲清，还留了个莫名其妙的"尾巴"。此时，1978年11月，系总支何健康代表组织找我谈话，告我审查结论说："艺蕾剧社是业余文艺社团，不属政治问题。"我说："结论没问题，可当时是作为反革命案件来审查的，这怎么说？"何答："对你未立案，未定性，可以采取不留痕迹，不做专门平反的做法，但要在一定范围内消除影响，这样最简单。如果要做专门平反，则要说明为什么审查，怎样审查的，怎样错了，如何给予平反……那要回过头去作大量调查、核实工作，写材料……就比较繁，而且一些当事人也不在学校了，拖的时间要长。"可征求我意见。我同意简单做法，反正问题已经一清二楚，不做专门平反也不怕再来搞我了。后来在一次全系大会上，把我的问题说了说，正好我去岇岐给好婆转户口，没有参加，这一公案，就算了断。直至1981年12月7日，南工党委始以（81）院党落复字第81058号文做出认定艺蕾剧社性质的书面结论给我。落实政策，各单位的做法不一样，元群所在南京师范学院则是把沙州县公安局沙公复[1978]第3号文《关于对"中国人民反共救国军"一案的复查结论》与他见面，明确该案为"法西斯审查方式造成的一起假

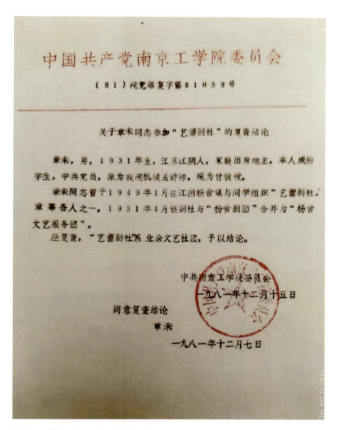

艺蕾剧社复查结论的文件

案""把艺蕾剧社称为该案的外围组织是完全错误的"……有的单位则连个说法也没有，不了了之。在沙州，因为是件大事，听说开了两千人的大会，对此案和郭令明，以及艺蕾剧社，作了公开平反，使死者得以瞑目，生者有所慰藉。

　　接着，根据中央1978年55号文件，1979年3月，南工党委以（79）党核字第339号文，对我1957年整风鸣放中问题做出结论："没有右派性质的错误言论，给予开除党籍的处分是不对的。"平反改正，恢复党籍。系总支副书记张玉铭找我谈话，给我鼓励，征询我意见。尽管从1959—1979年，整整20年，背上了这政治包袱，步子迈不爽，日子过得不那么痛快。可说实话，从1962年对我甄别以来，组织上还是对我相当信任和放手使用的。我也还是能坦然面对的，我总觉得：我就是我。当初开除党籍，我是我，如今平反改正，我还是我，并不十分激动。我只说了一句话："我

恢复党籍决定的文件

看到我们的党恢复了实事求是的路线，我们的党是有希望的。"但不管怎么说，对我而言，是政治上的又一次解放，是第二个春天。从此，我可以放下包袱，甩开膀子，大步向前了。

"文革"十年，"老九"挨整，知识分子政策，无从谈起。不仅工资不长，职称不升，住房虽说盖了一些救急，也满足不了结婚、生孩子的需求，欠债太多。后"文革"时期，为了还债，学校几乎每年都要打工资、职称和房子"三大战役"。我于1980年1月调整住房，迁入太平北路122号12栋206室，面积52平方米，一家五口，得以安居；1980年9月，十七年来首次调整工资，由高教九级88.3元升至八级103.2元；1981年11月，晋升副教授。房子、工资、职称，三喜临门。虽说是迟到多年，但确是来之不易。元明也一样，1977年被评为南京市先进科技工作者，以后，也几乎年年是厂先进工作者、三八红旗手，涨了工资，升了工程师。

中国知识分子有其自身的特点，其中之一似乎生来就是为人所用的。所谓"士为知己者用"，乃至"士为知己者死"。一旦为人信任，肝脑涂地，在所不辞。这些年，政策落实了，充分地调动了知识分子的积极性，我们如沐春风，全身心投入了工作。

"文革"十年，也断绝了"海外关系"。这几年，开始落实侨务政策，廖承志讲话深得人心。1979年4月，小弟范思泽随包玉新（包玉刚之弟）应邀自香港来内地访问。3日，我们去上海先见一面。19日，他专程来南京家访，住一日返。由于多年隔阂，此前心存疑虑，不知港客为何物，见面后，中国人还是中国人，亲人还是亲人，谈吐举止，并无异样。思泽弟看到我们均好，也放下了心，10月，岳父范锦辉在妹妹元芳和妹婿张德祥陪同下，回上海探亲，思忠弟全家四人从厦门赶来晤面。岳父先在上海宴会亲友，我们再同到南京小聚两天，元明与父亲是二十几年没见面，妹

1979年岳父范锦辉回内地探亲，与思忠弟一家，元芳元明合影

岳父范锦辉与我全家合影

与元芳妹及张德祥妹婿合影

妹去港也一晃十五年，至亲骨肉，久别重逢、劫后重逢，分外欢欣。没有改革开放，在"左"的路线统治下，是做梦也不敢想象的。

　　日子好过，过起来也快，一转眼，孩子也长大了。1978年，小晖从北京东路小学毕业，进入十三中读初中，小晔也在1977年进了成贤街小学，看到孩子们健康成长，无比高兴。遗憾的是他们的童年时代，正值我们蒙难时期，没能带给他们更多欢乐。

拨乱反正，重建新秩序

1978年12月，党的十一届三中全会，批判了两个"凡是"，抛弃了"以阶级斗争为纲"的错误方针，端正了党的路线；确定把党的工作重点转移到社会主义现代化建设上来。这是我国历史上一次伟大的转折。在我们高校基层单位，则要相应地拨乱反正，恢复整顿，重建新秩序。

在此前，全国即正式恢复高考。1978年2月，1977级入学，9月，1978级入学，学制四年。1979年，最后一届工农兵学员毕业，学校教育工作恢复常规运行。但这一阵南工的领导，频频更换，还不稳定。

南工自"文革"以来，原领导被"打倒"了，1968年，军代表骆骥首任革委会主任，而后走马灯似的更换一把手。粉碎"四人帮"后，1977年5月原革委会主任林克调清华任党委书记，原江苏省委书记陈光来南工接任，在其主校期间，努力整顿、恢复学校秩序，在平反冤假错案和落实政策方面，做了许多实事，可1978年3月即奉调去民政部任副部长。5月，南工撤销革委会，恢复党委建制，省委任命盛华来校任党委书记兼院长，一年便调离。直到1979年9月，吴觉来院任党委书记兼院长，钱钟韩出任副院长，才基本定局。前后十余年，南工领导不稳定，对学校发展的影响很大。

在系里，则是"真神归位"，原系主任舒光冀、潘新陆、虞鸿祉、苏华钦、汝元功恢复原职。"文革"中担任系革委会主任的王慕义，原是一派群众组织头头，但他为人敦厚，不干过激行为，推为革委会主任后，立即退出群众组织，不搞派性，此时留在系内，任行政副主任。在教研组，学校则首次采取民主选举的办法，推选正、副主任。我们机制教研组选出了黄仁一个，李瑞林一个，霍少成教授与我才平反改正，也被选上。我们分工：黄总抓，霍科研，我教学，李抓实验室和行政。

由于1977、1978级已于1978年先后入学，但要先上两年基础课和技术基础课，我们机制教研组是专业教研组，抓教学的主要任务是把后续的课程准备好，一些实验、实习和设计等实践教学环节恢复开出。正好，1980年教育部在大连召开修订"机械制造工艺、设备及其自动化"专业指导性教学计划的会议，南工由霍少成教授和我参加。会上在培养目标和课程设置上有两种不同的观点：一是以哈工大为代表，基本上是原来苏联的专才模式，强调机床、刀具、工艺专业课要学扎实，都要搞设计；一是以浙大为代表，基本上是倾向英美的通才模式，认为专业课不必学太专深，主张多学些流体力学、热力学等技术基础课。二者相持不下。我们则折中，认为既然是"指导性"教学计划，则建议学到"机械零件"并做完设计，为本专业打下必需的基础为止，大家一致。后边则可设置若干组不同课程的组合，以及多列一些选课，供各校根据自己的考虑选择。这一意见，为众所接受，就这么定了下来。回校后，我们即修订自己的教学计划，压缩了些专业课的学时，增设了有关"计算机""工程数学""测试技术""控制工程基础"等课程。接着就是教学小组的适当调整（主要是增设了自动化教学小组）和人员的安排落实，保证届时开出课来。除了各课的实验和课程作业、课程设计由各教学小组负责外，我则着重抓好专业的生产实习和毕业设计的组织工作，并亲自参与，承担教学任务。至1982年，1977、1978级相继毕业，终于走完了一个流程。这两届毕业设计的课题基本上分为三种类型：即结合科研及教学的试验研究类型，结合工厂生产任务的工艺和设计类型以及理论分析、研究类型。教研组投入了较多的指导力量，取得了较为圆满的成效。

也是由于1977、1978级要先上两年基础课和技术基础课，我们专业教研组有个空档，除做好后续课程与环节的准备工作外，可以把科研狠抓一把。教研组先是理顺关系，主要是工艺组，明确由霍少成教授牵头以搞振动研究为重点，并配上张思、孙庆鸿等四位助手，希望能切实有效地做出点成果来。我们刀具组则由于黄仁主攻自动化生产中的工况监控，我们分切削、磨削两组，有可转位刀具、切屑控制、材料可加工性和磨削表面质量四个课题在手上，准备以后与其相挂钩。我主要承担切屑控制和材料可加工性两个项目。

1978年以来，百废待兴，一些学术组织也陆续恢复，学术活动又逐渐开展了起来。我在江苏省机械工程学会机械加工分会担任了常务理事和金属切削学组组长，在南京市机械工程学会担任了理事和金属切削学组副组长，组织开展了一系列讲座、办班、年会宣读论文和先进刀具表演等活动。1978年3月，我还去福州参加了《机械加工手册》46篇"金属切削方法"

江苏省机械工程学会机械加工分会理事会合影
前排左 2 南工章未，左 3 温文源、左 8 黄仁、左 9 潘新陆等理事会成员

中国机械工程学会刀具断屑问题学术研讨会于成都工具研发所举行
前排左 6 朱广颐为工具所总工程师，右 1 章未作主报告

审稿。1980年去北京参加工具研究所金属切削研究课题协调会，承接任务。1981年去成都参加"断屑问题学术讨论会"，我做主报告。1981年在南京成立"全国高等学校金属切削研究会"，我以教学小组名义做名为《关于金属切削原理及刀具教学的几点看法》的报告，嗣后华东区决定按此思路编写教材，由我校与无锡轻工业学院任主编。

  这几年，我虽然担任了教研组行政工作，但是仍把业务紧紧抓在手上，兼搞教学与科研，积极参与全国和省市的学术活动，开阔了眼界，增加了交往，心情无比舒畅。更主要的是政治上翻了身，可以挺直腰杆、撒开手脚干，要努力把失去的时间夺回来，感到精力特别旺盛。我做出了成绩，也得到了组织上的认可，1982年，被学校评为先进工作者。

系副主任一年半

1982年5月，一纸任命，着我担任系副主任。主要是"文革"结束后归位的领导年龄偏大了，需有相对年轻一些的人员接上。当时潘新陆是系里抓教学的副主任，已经68岁，要我去配合他工作。我从来就是"党叫干啥就干啥"，当然从命。1957年、1962年，两度当过他秘书，驾轻就熟，很快就上了手。

从1978到1982这四年，1977、1978级入学到毕业，走完一个流程，主要还是恢复整顿。此时，则要求认真总结，在总结的基础上改革、提高，这是我抓的第一项工作。其中，特别总结了毕业设计（论文），对结合生产、科研，真刀真枪的做法，予以肯定。12月，学校由教务处长王荣年带队，参加了教育部在重庆大学召开的教育部直属高等工业学校毕业设计（论文）工作经验交流会，受到好评。王有一句话，说是："这样一类会议，学校必须以竞争的姿态参加。"给我留下深刻印象，我在以后的工作中，也一直以此来要求。

再者，这两年，高等教育还有一些基本问题要理顺关系，高教司刘一凡司长主张领导决策要与群众性研究相结合。1982年，成立了教育部部属高等工业学校教育研究协作组，承担了全国教育科学"六五"规划重点课题"高等工程教育结构改革的研究"（层次结构和专业结构）。南工分担了有关任务，我在系里组织了机械制造专业和电子机械学科的两项调研，写成两篇报告：《从机制专业看高等教育的层次和规格》《试论电子机械学科及其专业的合理划分》，分别在协作组召开的专题研讨会上交流，并为教育部制定高校本科专业目录时采用，也直接指导了我们自己的实际工作。

另外，机械系还有一个问题需要解决，就是基本技能训练的实习基地。长期以来，机械系总有自己的教学实习工厂，接纳全院机类、非机类金工实习，培养基本技能。结合实习，也生产一些小产品。但运动一来，就受

教育部部属高等工业学校毕业设计工作经验交流会在重庆召开，南工教务处处长王荣年（左2）带队参加，左1为章末

王荣年抗战期间就读松林坡重庆中央大学，当年宿舍旧址

冲击。1958年，大办工厂，就变成生产工厂了。贯彻"高教60条"，再改回来。"文革"中，又改过去，口号是"学校办厂，厂带专业"，机械系的实验室和实习工厂一起并入校办工厂，体制上归生产处领导，学生在工厂参加生产劳动，不强调教学要求，学生基本技能培训，得不到保证，这显然是不合适的。可"文革"结束六年了，这一问题仍未解决，一方面是生产处不想放，一方面是系里想接又不敢接（怕摊子大了不好搞）。在教研组基层的强烈呼吁下，我向院里有关方面据理力争，经院领导专题讨论，终获同意实习工厂独立建制，回归机械系领导。

　　至于日常教学改革、教学建设，我注意教研组有好的经验，及时组织总结、交流，推动工作。

　　在系里搞行政工作的同时，我依然坚持"双肩挑"，承担了一定的教学与研究工作。教学任务为：担任专业英语课，指导毕业设计，参与华东区推荐教材《金属切削原理》的编写等。特别是这一年，我们刀具小组决定开始招收研究生，背景是这样的：恢复研究生培养后，系里只有四大教授（舒光冀、潘新陆、霍少成、黄锡凯）和机制组章宏甲、黄仁、铸工组苏华钦等寥寥几个人招生，不少副教授裹足不前，比诸他系明显落后。我与小组汤铭权、赵芝眉同于1981年晋升副教授，我们看了兄弟院校本学科的研究生论文，觉得我们也有能力带，既然研究生迟早要带，那么，迟动手不如早动手。而且，我们手上承担有工具研究所"切削数据库"的课题，有两万元经费，也有条件带。我们决定，为慎重起见，首次先招两名学生，以指导小组的方式集体指导，取得经验后，再以个人名义分别招生。我们提出了申报，获准，当年录取了查国兵、周苏潍二人，我们一起开出了"金属切削理论"和"金属切削实验技术"两门研究生课程。因为我们承担的是轴承钢切削数据部分，也同去洛阳轴承厂现场收集了资料。到论文阶段，正值我调教务处，就由汤、赵二位各带一名至毕业。并议定于1984年，我们三人再各招一名。现在研究生教育已成规模，博士生也大批培养，可在八十年代初起步，则也要有点勇气。

　　在科研方面，我们切削组主要围绕材料加工性进行。系里与内燃机配件厂有一合作项目："过共晶铝硅合金活塞的研制"，由我负责冷加工部分，1982年，试制成功，通过鉴定，获南京市新产品三等奖、江苏省科技进步四等奖。另外，先后与南京汽车制造厂、晨光机械厂合作，进行了含钙易切钢、不锈钢切削加工性的试验研究。1983年，机械工业部在无锡召开"难切削材料加工技术座谈会"，我做综合报告。

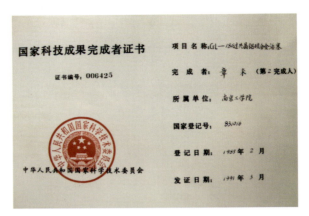

GL-180 过共晶铝硅合金活塞研制成果证书

1982 年获南京工学院先进工作者奖状

在系副主任的岗位上，椅子还没坐热，1983 年 11 月，院领导及各部、处、系、所班子大调整，领导决定把我调到教务处任处长，关系也要转到院机关。从此，我将在组织上与我学于斯、工作于斯 33 年的机械系脱钩，业务上即使依然可以双肩挑，多少搞一点，但毕竟主要精力应该花在新的工作上。回顾毕业至今 30 年，本来应该做出更大成绩，可由于不是个人主观上的原因，真正能抓业务的时间，只有三个"三四年"：第一个五年计划到 1957 年，贯彻"八字方针"到 1966 年，三中全会以来这几年。总共加起来十一二年，而且抓抓放放再捡捡，能做多少事？可见路线、方针、政策的重要。对头了，什么都能上；不对头，什么都谈不上。十年曲折加十年灾难，误了国家，也误了三代人（我们这一代，加上前后各一代），不亦悲夫！好在最困难的时期过去了，1982 年党的"十二大"明确了建设有中国特色的社会主义方向，提出了全面开创社会主义现代化建设新局面的历史重任,那么团结起来向前看,为实现这一目标奋勇前进便是了。对我而言,即将到一个新的岗位、迎接新的任务,我满怀信心地去面对,期望做出新的贡献。

由于在系里工作时间不过一年半,没能做更多事,但有两点体会:一是在应对日常行政事务工作同时,一年要抓一两件大事;二是要注意调查研究、注意工作总结,用脑子工作,在实践中努力提高工作水平。这对我今后工作也是很可借鉴的。

期间,在家庭生活方面,于1983年,元明实现了探亲的心愿。1979年她父亲香港回来,可母亲没同来,20年暌违,总想见母一面。1981年向公安局提出申请去港探亲,不见下文。有人提醒说:要"烧烧香"吧!我们犟脾气,硬是不理会,宁可不去,也不烧这香。两年以后,说是局里同意了,嘱等通知。又过了些日子,说可以走了,必须在某月某日前出境,终于去成了。现在听来,难以置信,可改革开放之初,就是这么难。元明原定探亲期三个月,见上了,住一阵,了却了心愿,没到期就回来了。此行她也粗略地见识了外部世界,开了眼界,并不神秘,不过是我们自己过去实在是太封闭了。

1983年元明赴港探亲,与家人团圆

履职教务处，先抓三件大事

1983年11月，院、系两级班子大调整，这是贯彻中央干部"四化"（革命化、年轻化、知识化、专业化）的一项措施。早在1979年9月吴觉来南工任党委书记兼院长时，他就明确表态，他是来组建班子的。一年以后，1980年10月，他便不再担任院长职务，由钱钟韩教授接任。他还选拔了较为年轻的刘忠德、杨咏沂担任党委副书记，准备接班。此时，他站完最后一班岗，全身退下来，由刘忠德接任书记，陈万年任副书记；钱钟韩也退了下来，管致中接任院长，陈笃信、王荣年、史维祺、朱万福任副院长。南工完成了"文革"以来较为完整的领导班子的组建。系、处一级，也进行了全面调整。我去教务处，是接王荣年的班。其时，除两位书记和陈、朱两位副院长外，管、王已届花甲，过了常规的退休年龄。我系中层干部，也年过半百，算不得年轻了，只是由于后"文革"的特殊背景，教学、科研业务方面的领导，需有一定资历为好，把我们放了上去。工作需要，组织信任，那就尽心尽力干好就是。

到教务处工作，上有主管的副院长直接领导，具体教学工作则有各系、组担承。作为职能部门的教务处该干些什么？该怎样干？我的认识是这样的：一方面它要搞好日常的教学管理与服务工作；另一方面，更要能协助领导把握好教学建设、改革和发展工作的大方向，组织和指导基层落实。我本此理念走上新岗位，投入新工作。

在教务处，编制是一正三副，我去时，只有陶永德和戚焕林两位副处长，还有一缺额，至1984年暑后，补上了李樟云。几个科室：高辉教学研究科长，王崇德教务科长，王伯康教材科长，周叙九、李秀珍业余教育科正、副科长，范克勤负责师资进修。办公室有蒋蕴珠和顾子玉。有一个电教中心实体，方祖述与徐志瑞负责。另外还有一个直属中文小组，给全校开出大学语文选课。因为我有多年来在系、组工作的经历，与教务处这些"老人"一直打交道，均系熟人，去后立即就融合了进去，不存在什么障碍。

而且教务处总的氛围好，人员团结，工作尽职尽责，科自为战，人自为战，具体工作不需烦神，我也就可以有较多的精力集中抓些大事。

　　首要一件大事是规划专业的改革与发展。我到教务处这一年，正好南工被确定为全省高校改革试点单位，要求进行包括体制、机构、教育、科研、人事和后勤等诸多方面比较全面的改革，院里要求各部门均能提出自己的改革方案来。对教务处来说，首先应该对学科、专业的改革、发展拿出个建议方案。此前，学校的规划提出：到1990年，要把南工建成以工为主、理工文结合的具有特色的全国重点大学。主要是反思当年院系调整，拆散了一些著名综合大学，成立了多所单学科的学院，这不利于学科的综合发展和高素质人才的培养，要在国际上与一流大学比拼，那是不行的。虽说前两年，学校根据世界技术革命新形势开发了几个新专业，如材料工程、环境工程专业，以及宽口径强电类电气技术专业和理科的应用数学专业，但不够系统，缺少比较全面考虑的具体规划。经过大量调查研究，多方征询意见，参照教育部《高等学校工科本科专业目录》，我提出了教务处关于学科、专业设置的改革方案，主要有以下几方面：1.面向现代化、面向世界、面向未来，发展新技术专业。根据南工的基础，有条件以电子、信息、计算机、自动化、能源、生物和材料技术等方面为重点发展。电子、信息强项，专业配套，生物技术设置生物信息专业，材料技术组建材料科学与工程系。2.以工为主，理工文结合。具体在理科方面增设应用物理专业；文科方面组建人文社会科学系，设马列主义基础理论专业，自然辩证法硕士点，中文组划入社科系；管理工程方面设工业管理工程等专业。3.扬长补短，调整改革中发展传统工程学科。"长"指机、电、土、建，"扬长"如建筑学专业是我院强项，拟再发展城市规划与风景园林两个专业。"短"指化工，"补短"指1959年南工化工系分出成立南京化工学院后，就缺了一条腿，建议先设精细化工专业补上。方案得到院领导认可后，逐年付诸实施，至1985年，南工由1978年的8个系22个专业，发展到16个系36个专业，初具理工文管综合大学的雏形，为以后发展打下了基础。

　　再者，就是全面、系统进行教学改革的问题。在培养人才方面，高等学校培养的是专业人才，但专业宽、窄，培养不一样，这个问题长期争论。南工的基本倾向是：作为教育部直属重点高校，不同于业务部委所属高校，其培养学生的基础理论应该强一些，专业面应该宽一些，这样才能适应未来工作的开拓与转移，而教育部的《专业目录》总的说来还是偏窄。我们申报增设专业，是从有利于招生和分配出发。在培养过程中则仍着眼于宽口径,在一个大学科范围内的各专业,低年级统一排课,高年级再按专业方向,各有侧重。我们把这种做法叫作"窄进窄出宽培养"(后来逐步发展为按系招生),这是我校教学改革的出发点。

具体如何进行?总结 1977、1978 级的教学工作,反映出一些问题。主要是学制四年,可课程设置基本上参照"文革"前五年制的教学计划,且老课要反映科学技术新发展,还要增设新课,于是总学时多,周学时满,学生负担过重,加上有的教师教学不得法,学生学得被动;实践环节、工程训练削弱,不利于能力的培养,影响学生德智体全面发展。我去教务处前,学校已经决定由无线电系副主任沙玉钧牵头,组织各课力量,对无线电专业 1980、1981 级做全面、系统改革的试点。指导思想是:改革传统的以传授知识为主的旧教学体系,着眼于发展学生的能力,正确处理教与学、知识与能力、理论与实践的关系。具体措施为:精选教学内容,改革教学方法,削减课堂教学时间,加强自学;减少专业必修课门数,增设选修课;技术基础课实验单独设课,加强实验技能训练;外语、计算机四年不断线,毕业设计真刀真枪。我去教务处后,是继续抓下去,抓到底,及时组织总结交流,以点带面,带动各专业的教改,要求各系、各教研组从各自情况出发,确定改革的重点和步骤,进行有关教学内容和方法的改革,均要有所作为。

1984 年,试点走完一个周期,进行了全面总结。当时,全院各专业教学计划总学时一般均超过教育部规定的 2500 学时,有的专业高达 2700 学时。试点专业减到 2400 学时,而且包括 200 学时选修课,实验教学得到了加强,学生拓宽了知识面,提高了能力,增强了适应性,取得显著效果。通过试点,不仅面上教改有了路子,而且为 1985 年试行学分制准备了条件。直到 1989 年,国家教委设立全国普通高校优秀教学成果奖,我校这一项目以"无线电技术专业教学改革的示范性成果"申报,获特等奖。

其三,则是重点抓好几项能力的培养。按照"三个面向"对现代科技人员的要求,针对学生培养中的薄弱环节,我花较大精力抓了计算机、外文和情报检索三项能力的提高。首先在组织上由教务处牵头,分别以计算中心、外语教研室、图书馆为核心,各系有关教师参加,成立了上述方面的三个教学工作组。其任务是明确要求、研讨教学、分工合作、采取实际措施,提高学生这三方面的能力。如计算机教学工作组确定了全院非计算机专业计算机教学的目标,一般要求学习三门课,上机时间不低于 80~100 小时,在其他课程中引进计算机应用;外语教学除基础外语实行分快、慢班教学（后改分级教学）、专业外语培养阅读能力外，要求在业务课教学中采取多种形式尽可能让学生多接触外文，包括用外文教材上课，以及发挥电教、"第二课堂"作用，多方位提高学生外语能力；情报检索教学工作组则制订了教学大纲，编写了教材，各系尽可能结合专业自开，有困难的由图书馆统开。至1985年改学分制时，在全国首先将情报检索课列为各专业的必修课。通过几年的努力，均取得一定成效。

推行学分制，加强教学管理

1984年，在无线电技术专业教改试点走完一个周期以后，下一步教改如何深入？什么是"牛鼻子"？院党政领导经研究，决定于1985年暑后对1984、1985级全面试行学分制。从改革学籍管理模式出发，搞活教学，以改变"千人一面"的人才培养模式。这是一项重大的变革，我和教务处的同志们先后对南大、北大、北航、北工大等学分制先行学校进行了调研，经过反复推敲，制定了《南京工学院关于试行学分制的暂行规定》，组织编制了36个专业的教学计划，编印了《教学一览》，落实了1984、1985级的教学安排，保证了学分制顺利地如期试行。

我们推行学分制的指导思想是希望创造条件，给学生更多学习上的自主权。具体做法上，首先是将课程分为必修、限选和任选，学生在修读本专业必修课学分同时，可以按个人志趣和爱好，在专业业务范围和方向内限选几门课程，以及跨系跨学科任选几门课程修读，有利于个性和特长的发展；其次是允许免修、辅修，给优秀学生"松绑"，对学有余力的学生，通过自学、申请参加免修考试合格后，即可取得学分，提前修读高年级学分，可以跳级和提前毕业，也可辅修其他专业课程，扩大业务领域，有利于早出人才、出好人才；另外，在校历安排上，实行"两长一短"三学期制，长学期18周，规范化，以便学生合班和跨系跨学科选课，短学期6周，主要安排军训、实习和设计等实践环节，也可开设一些讲座。当时还有一个想法，就是短学期加暑假，有近三个月时间，可以轮流安排教师学术假，集中精力干点事情，搞点进修提高，这一项惜乎未得落实。

为贯彻学分制，各系开出了大量选课，仅人文社会选课就有40余门，外文、数学、物理根据学生不同水平和需要，开出了不同层次的课程。1985年，还办了少年班，直接招收成绩优异的中学生入学，进行特殊的培养。

其间，正逢国家教委组织专业及课程的教学评估工作，我校计算机专业被定为首批评估试点。我参加了从制定评估指标体系，到在我校实践，到试点总结全过程，一竿子到底。并由我执笔，以计算机系名义撰写了《南京工学院计算机及应用专业评估试点实测工作总结》，被收入《计算机及应用专业评估实践与理论探讨》一书中。

在实行学分制的同时，我们也注意加强教学管理。我们教务处内部分工是这样的：我全面抓；陶永德是数学老师出身，主要负责基础课教学；戚焕林侧重党支部和行政管理。还有一副处缺额，我希望在教学一线工作的专业教师中物色。在与系教学主任和教学秘书接触中，尤其是在总结无线电技术专业教改试点过程中，我感觉无线电系教学秘书李樟云特别合适，我向王荣年提出来要他，1984暑后，终于如愿以偿。李头脑清晰，思维敏捷，行动果断。来处里后，先分工他集中精力抓学分制教学计划的修订，接着，就是具体落实教学任务、排课表等常规教务工作。由于我们把学分制的学期标准化了，李提出日常教务工作也来个程序化、规范化，把一学期的相关工作哪一周干什么，均固定下来。在出课表前个把星期内，各系教务员集中办公，一气呵成，提高了效率，颇有创意。随后，我们陆续修订了相应的《学生学籍管理办法》，做出了《关于加强本科教育工作的决定》，制定了《教师教学工作规范及考核办法》。为调动师生两个方面的积极性，我们还制定并试行了教材建设、优秀教学与优秀教师、教学改革成果三大奖，制定了《学习优秀生选拔培养办法》。尽管当时社会上不断出现这个"风"、那个"热"，但南工的教学始终保持稳定、有序地进行。

在进行制度建设的同时，内部的组织人事，也做了一些微调：增设了实践教学科，虞弼礼任科长；华秉铨任师资进修科科长，范克勤调教材科任副科长；增补郭学军为教研科副科长，范旨福为教务科副科长，赵贵才为业余教育科副科长，配齐了队伍与后备力量。特别值得一提的是支部组委蒋蕴珠，在党建工作方面，做了大量工作，两三年间，先后发展了陶永德、王伯康、范克勤、范旨福、江以敏、时巨涛、华秉铨、郭学军、王祖瑁等九位同志入党。我们这套班子、分工合作，各尽其能，也很团结，可以说得上是一个团结的集体，战斗的集体。有了这样的一支队伍，可以确保各项任务的顺利完成，我在教务处工作，感到很舒畅。

文科建设，教育思想学习

除了前述几件大事外，还有文科建设、教育思想学习、省教学管理研究会几项工作，也当有所记述：

先说文科建设。经过30余年的教育改革，回过头去看1952年的院系调整，在当时，对发展新中国的教育，无疑是有积极作用的，但把一些知名的、学科齐全的综合大学拆散，成立若干单科性学院，则对高素质人才的培养是有缺陷的。学校领导认为工程教育要有理科的基础和文科的氛围，因而主张要加强理科，发展文科。1984年，国家教委草拟了一个关于确定高校名称的文件（征求意见稿），有位处长到南京找了南大和南工听取意见，南工是我参加的。文中规定"大学"要有多少学生、多少教授、多少固定资产等一定条件；规定至少要有三个以上学科，每个学科至少要有三个以上专业……我说："一般概念上，大学（University）与学院（Institute）应该是有区别的，大学高于学院，文件是有道理的。但我们的现状是院系调整以来，把文理科学校叫'大学'，别的单科学校叫'学院'，不是原来意义上的区别，真要按照文件操作，则我国没有一所能称得上真正的'大学'的，教委将如之何？"回校以后，我将文件复印给校领导，人各一份，反映了必须加快文理工管综合发展的趋势。但拆散一个综合大学很方便，重建一个综合大学，谈何容易？最简单的办法是合并（如南大与南工，本是同根生，可以合并），合并不成，则要从点滴做起，一步一个脚印，持之以恒，作长期奋斗。

早在1982年，王荣年副院长即去复旦和华师大要了时巨涛等三名中文系的毕业生，开出"大学语文"课，面对一年级，给高考语文不及格的学生作必修课来上。这是鉴于大学生语文水平总体不高采取的措施，但效果不理想。因为中、小学12年语文没学好，一年补短，又能解决多少问题？可作为选课以及"唐诗宋词"等的开出，却大受欢迎。因为选读者，是有此兴趣爱好，作为提高自身文化素养而来的，学得自觉。这给我一个启示，要争取更多地开出一些人文社会学科的选课，来满足学生多方面的需要。正好，中文组几个小青年提出个想法，由南工发起，邀请全国工科院校中的文科同行，共同探讨工科院校中开设文科课程的问题，得到王荣年的支持。乃由教务处主办，中文组具体张罗，于1984年下，在南京召开了有六十余所工科院校、八十余名代表参与的专题研讨会，请南大老校长匡亚明做了报告。会议一致肯定了工科院校中开设文科课程的必要性，并就首先开出哪几门课程和今后协作交换了意见，会议开得很成功。会后向院长管致中做了汇报，管发话："进他十几个文科人才。"我们据此进行操作，陆续进了些人，为今后发展打下了基础。

要说人文社会学科类课程，当时学校内不是没有，但仅仅是马列主义三门课："中国革命史""哲学""政治经济学"。全国统一，一至三年级，每周2学时，每门70学时，总共210学时。但在实践中，这几门课内容与中学颇多重复，加上教学不甚得法，学生意见强烈，逃课者有之，上课干别的活者有之，成为老大难问题。在改学分制制订教学计划时，我们要求各门课程"全面裁军"（即减少课内学时，加强课外自学），马列课怎么办？不敢擅自做主，请示院长，管答："不例外。"此时我产生了个大胆的想法，人文社会学科知识内容广泛，包括文史哲、政经法……这三门课只是基本要求，如果把这三门课，各在一个学期内以每周3学时1个专题，16周16个专题，48学时学完，总共144学时解决问题，则每学年可盈出另一学期，让马列老师做调查研究，做准备，开出新的选课。这样，不仅这三门课可以学得活一些，且学生还有更多人文社会选课可读，满足各自不同的需求，教师得以扩充知识面，业务上有新的提高。我和李樟云去马列主义教研室与翟昭源主任和有关教师商讨，首先得到哲学教师刘道铺的响应，随后教研室认同，就这么定了下来，1985年暑后从1984、1985级实施。一学期下来，效果良好，学生向教务处反映的意见也少了，还开出了多门选课。大概到1987年后，人事处搞定编，按课内学时计，把马列主义教研组的编制削了下来，吃了亏。后来加上合肥中国科大出了点事，政治这根弦又绷紧了起来。在再次修订教学计划时，又改了回去，此时我已不在教务处了。虽说这只是改革中一个小插曲，但学校此后，毕竟不再是三门马列课大一统了，有了多门人文社会课程开出，还发展了社会科学系、哲学与科学系，办了专业，招了本科生和研究生……文科建设迈出了步子。

再说说教育思想学习。办什么事，都是思想指导行动。办教育要有教育思想指导实践。可相当长时间以来，师范院校有《教育学》开出，可那是对普通教育的。高等教育怎么办？缺乏研究，只有唯上，按长官意志办。1980年代初，厦门大学潘懋元教授呼吁要研究、建立高等教育学，1982年6月，教育部高教二司呈报部党组批准成立"教育部部属高等工业学校教育研究协作组"，开展高等工程教育研究，有了良好开端。1984年3月，协作组在上海华东化工学院召开第三次专题研究会预备会议，着重讨论"高等教育的基本教学原则"和"修订工科本科教学计划的原则"问题，13所部属高等工业学校和华侨大学的教务处长也与会，会上请华东师范大学教育系同志作了《教学论》的报告，颇有启发，我深感搞教育的必须学习教育理论。回校以后，先在校内作了会议传达，并请南京师范大学教育系吴也显来校同样作了《教学论》的报告，在教研组主任以上的教学主管中，先有个概念。1985年学分制改革上马后，下一步改革应该深入到教学过程领域，这就更加需要有教育理论来武装广大教师队伍。经与高教研究室研究后，上报院长、书记获准，于1986年，花一年时间在院党政领导、系组主任、骨干教师和有关职能部门成员中，组织教育思想学习，帮助教师与干部对教育规律取得一定认识，在教改工作中，能加强自觉性，克服盲目性，处理好一些基本关系，确保教改能健康、顺利地发展，取得较好效果。

另外，在我教务处长上马之初，由金工教师韩克筠搭桥，与南航新任教务处处长阮宝华（阮与韩同行）作了次会晤。我们商定，约请在宁工科高校教务处长，定期、不定期聚会，轮流坐庄，互通信息，交流经验，研究问题，获兄弟院校赞同，就这么活动了起来。此事为省教委高教局获悉，建议扩大范围至全省各科、各类高校，把教务处长组织起来，成立江苏省高等学校教学管理研究会。经过酝酿、筹备，研究会于1984年6月省高校教务处长会议期间正式成立，属省高教学会下二级学会，下设工科本科、工科专科、文理师范、医药农、职大5个学组。王荣年任名誉理事长，我任理事长，丁承憨（南大教务处副处长）、徐国勋（南医教务处长）任副理事长，陶永德任秘书长。高教局教学处夏振明、邱坤荣处长以理事身份参与，每年划拨一笔经费，并具体指导工作。几年来，我们联系密切、配合默契，组织开展了多项交流、研讨活动，召开了年会和举办了教务员岗位证书等培训班，对提高我省高校教学管理水平起了一定促进作用。我校教务处则承担了研究会秘书处的大量工作，高教局颇为满意。十几年来，几次换届，一直要我校连任研究会的理事长单位。

江苏省高校教学管理研究会在我校举行

前排左起：12 彭涵明（南工中干班校友，省人事局局长）、13 叶春生（省教委主任）、17 章未、18 陶永德、19 夏振明（省教委教学处长）

虽然，这做法不一定合适，但挑这副担子，更多的是服务，兄弟院校倒也没有太大意见。

在我教务处长任期内，还兼任了校务委员、党委委员等职，这类组织不像1950年代那样发挥作用，一年开不了两次会，越来越形式。

自我设计，告别教务处

我在教务处任职期间，参加了多次教委召开的会议，得与兄弟院校教务处长结识，按年龄排队，1984年，在13所教委直属高等工业学校中，我行二，在34所高校中，我行四。那年我54岁，重大吴中福才47岁，清华周远清最小，46岁。1983年我53岁就任"中层干部"，本身就是后"文革"时期的过渡措施。1984年，我要来了李樟云，其时他也已48岁。一年下来，我感到他完全可以独当一面，我如果继续干下去，他过几年再接班，岂不也要50多岁了吗？我应早些把位置空出来。另外，教务处工作繁重，我又是"双肩挑"，感到有些费力，想从教务处脱身，减轻些负荷。1986年2月，我提出了辞呈，请免教务处长职，并推荐李樟云全面负责。至于我的去向，鉴于当时机械行业争取课题不易，带研究生没课题不行，本科生的课程又不需几个人扛，我提出不回机械系，去高等工程教育研究室从事高教研究。我的想法是高教研究方兴未艾，我有三十余年教学实践，有从教学小组长、教学秘书、教研组副主任、系副主任到教务处长的教学管理实践，前阶段与教育研究有一定接触，如能掉过头来，集中精力搞它几年教育研究，相信定当有所作为，这是我有生以来的第一次"自我设计"。至1986年9月，党委书记陈万年约谈，同意我不再担任教务处长，去高教室工作，但要我接替简耀光（简年事已高，68岁），担任高教室主任职。我原来不想再担行政职务，考虑到组织上已经满足了我去高教室的愿望，再推不好，便答应了下来。一纸任免文书下达，我便告别教务处，去高教室走马上任。

从1983年11月到1986年9月，三年不到，在我教务处任职期间，先是主管副院长王荣年直接领导；在王患胆囊炎、胆结石手术期间，院长管致中亲自抓教学，正好搞试行学分制；1985年刘忠德调国家教委任副主任，院领导调整，王荣年退下来，陈笃信分管教学。我先后在三位领导下工作，均很愉快。在教务处内部，团结合作，工作顺畅。三年时间虽然

教务处送党委书记刘忠德去国家教委任职
前排左起：3 李樟云、4 戚焕林、5 章未、6 刘忠德、7 陶永德

教务处送王荣年副院长离任，刘、王系前南工教务处长，前排左起：4 戚焕林、5 李樟云、6 章未、7 王荣年、8 陶永德

不长，但正值后"文革"恢复整顿告一段落，探索我国高等教育改革发展阶段，我自问做了不少相应的有意义、有价值的工作，堪以自慰。

我在教务处任职期间，同样坚持"双肩挑"，担任了本科"实验设计与数据处理"选课，带毕业设计和带研究生的工作。1984年我们刀具组招了三名研究生，我带一名沙勇。1985年下半年进入论文阶段，其论文题目是《切屑状态的在线识别》，1987年初答辩。由于我1986年已决定与机械学科告别，转向高教研究，沙勇就成为我直接指导的唯一的研究生。此后，我便转向新的业务领域工作了。

沙勇硕士研究生论文答辩

答辩委员会合影
左起：谢锡俊、章未、黄仁、张幼桢（中大校友、南航教授，任主任委员）、汤铭权、赵芝眉

我在教务处任职期间，1984年上半年，还参与了新时期的整党，这次整党的任务是统一思想，整顿作风，加强纪律，纯洁组织；重点是彻底否定"文化大革命"，提高路线觉悟，端正政治立场；做法是学习文件，对照检查，开展批评与自我批评。我回顾了"文革"中的经历，始则观望，转而接受（批判"资产阶级反动路线"），随后介入（参与群众组织活动），受到冲击（关"牛棚"），逐步觉醒。虽然对一些"左"的提法、做法有看法，但总从自己身上找原因，怀疑自己是否又右了。虽无什么出格行动，但无论是自觉或不自觉，还是从"左"的方面，参与了对"十七年"的批判，对正确路线、正确的领导，也对自己作了不该否定的否定，反映了自己路线觉悟不高，政治立场不坚定。究其原因，一是对毛泽东的个人迷信，二是长期以来"左"倾思想肆虐的影响。我在历届运动中总是检讨右，现在看来，更多的还是"左"了，应当吸取教训。这就要求我在今后，能始终坚持实事求是的思想路线，不唯书，不唯上，不唯风，只唯实，深感受益匪浅。

我在教务处任职期间，还有两件事，顺带作一补叙：

其一，1985年的9月10日，第一个教师节，学校将表彰一批优秀教师，机关一个名额，总支把我推了出来。暑假中，由党委副书记陈万年、工会主席招德孚带队去杭州开"教书育人座谈会"，交流经验，兼休闲旅游。先到杭州住下，除了两天开会座谈交流外，先后去建德游了灵栖、清风、霭云三洞；到千岛湖，参观了新安江水电站；在桐庐游了瑶琳仙境，于严子陵钓台、六和塔，下马观花；还去绍兴，瞻仰鲁迅故居、百草园、三味书屋及纪念馆，在咸亨酒店品尝茴香豆，兼游禹陵、禹庙与兰亭。在杭州

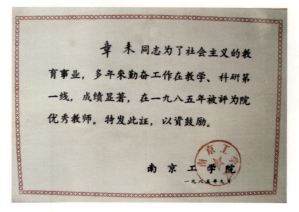

1985年第一个教师节获评为南京工学院优秀教师

时则游了人间天堂西湖，幼时即耳熟，迄今始得见一面，分外兴奋。我有生以来半个多世纪，生在江苏，沪宁线上几个点均到过，外加扬州、徐州。工作后，有出差开会、参观实习机会，也曾去过十多个省市，但工作为重，偶尔忙里偷闲，休息日玩个把景点。印象深的要数北京天安门、故宫、北海公园、颐和园，西安兵马俑、骊山华清池……也到曲阜、韶山朝过圣。但这一回，作为奖励和福利措施的这般旅游，则尚属首次，乃作较详记述。

其二，1985年11月，我还有机会首次出国去日本，参加与爱知工业大学结成姐妹学校五周年的庆典。由管致中院长带队，一行七人，11日晨由上海飞大阪，三个小时不到即抵达，乘新干线去名古屋，下榻国际饭店。晚，后藤淳学长（校长）便宴招待。12日，举行"友好交流记（编者注：此处应为"纪"）念式典"，院校长会谈，参观学校，去后藤府上拜访老夫人，互赠礼物。晚，爱工大欢迎宴会，铃木知事与会。13日，游赤目青山国家公园，宿奈良。14日，游唐招提寺（有鉴真和尚堂）及东大寺。15日，我去学生部就教学管理问题做"恳谈"，部长鹫见、第二部部长吉田接待。下午，分学科参观，我去机械系，春田教授等接待。16日，去东京，下午购物。17日游皇宫、摩天大楼（60层），下午去成田机场，晚飞返，程时昕、宋启根留下讲学。一周日本行，看看外部世界，体会到看与不看不一样，开阔了视野，活跃了思维，也感受到两国人民之间的真

1985年随团去日本爱知工大参加姐妹学校五周年庆祝活动
前左起：1 后藤淳学长、2 管致中院长、5 章未

诚友谊。时间匆促，只看到一些表面，得到的印象是六个字：卫生、礼貌、高效。当然，另一面走马观花一般是看不到的，金工教师赵敖生时在爱工大进修，告我说：晚上红灯区是什么乌七八糟都有。在教学管理方面，国情不同，大相径庭，他们学生部一共7个人，把学生的注册排课、成绩、住宿、管理等全包了，顶我们几个处。什么教学研究科、实践教育科、师资进修科……一概没有。教师够水平，聘你上课，不行则请另行高就；学生也不要怎么管，违纪就循章处理；找工作是你自己的事，学校不烦神……有所启发，但很难借鉴。有一点，即实验室全天开放，提供条件，学生可以自己去做，这应是个方向，我们也想到，但不易做到，人家则是做到了。

在我教务处任职期间，家庭中也有了不小的变化，首先是元明从江苏冶金机修厂，调进了南工东南动力设计公司任工程师，给小火电配套设计给排水。事情是这样的，元明工作的冶修厂地处光华门外石门坎，离家较远，每天骑自行车早出晚归，不便照顾家庭，我早就有意把她调进南工。1979年，向时任南工建筑设计院院长的史维祺打听要否进人，史听说是搞给排水的，当即表态要。元明乃向冶修厂厂长张学礼提出请调，被一口拒绝，说："基建科就你一人搞给排水，我当厂长，你就别想走。"只好作罢。但提醒我们：元明要走，必须带个人出来。此后，她科里进了个路秀，跟她搞给排水。一晃5年过去，1984年，元明已虚49岁，再不调，要调也难了。此时，

1985年范元明调南工东南动力设计公司，家人合影

路秀工作可以上手了，张学礼也已不当厂长了，新厂长徐正祺是南工铸工专业 1958 届毕业生，正是请调时机。我联系了学校基建处，曹菊王处长表示要人。乃由元明再次向厂方提出请调。我们这边由人事处副处长孙兆永出面联系，经过一番努力，终于 1985 年调成。本来是进基建处的，但正值学校与下关发电厂合作组建的东南动力设计公司成立，急需给排水设计人员，一到南工，便给截去公司，一直干到退休。别的变化就是：1984 年，儿子章晖考进南京航空学院机械制造专业（省教委委培班）；1985 年，女儿章晔考进了人民中学高中。儿女日益长大成人了，可是，我和元明均太忙了些，没有精力照顾他们，好在孩子均较自觉，不要我们多烦神，看着他们健康成长，心里挺是高兴。

第六章 第二个专业

(1986—1998)

进入高教研究角色

我们这代人所处的年代,是"一切听从党安排"。我1953年毕业留校任教是党安排,搞"金属切削"是党安排,一搞就是30年(中间有些小变动),1983年到教务处也是党安排。唯独这次到高教室搞教育研究,是我有生以来第一次"自我设计"。我看好高等教育研究,当时是这么想的,在"文革"前,社会科学领域里是很难有什么真正的研究的,领袖说了算,领导说了算,教育亦然。十一届三中全会以来,党端正了思想路线——实事求是,干什么均应从实际出发,按客观规律办事,这就要研究。在高等教育方面,也就要研究高等教育的规律。早在1982年,在有关领导和专家的积极倡导下,"国家教委直属高等工业学校教育研究协作组"(以下简称协作组)成立了,13所直属高等工业学校均成立了高等教育研究所、室,开展有领导、有组织的研究,开高等教育研究之先河,目的是期望将领导决策建立在群众研究的基础之上。高教研究,方兴未艾,此时介入,大有可为。从我个人来说,虽非教育专业出身,但有三十多年在高校的教学、科研实践和教学管理实践,在此基础上学习理论,开展研究,有有利条件,干上几年,应该可以做出贡献。

在组织上确定我去高等工程教育研究室工作之后,院长管致中约见我和朱斐(原图书馆长)、黄一鸾(原建筑系党总支书记)、吴人雄(原总务处副处长),宣布我们一起调高教室。我接简耀光职,全面负责,高教室原有人马不动,继续他们手上的教育研究工作,我们四人则主要搞政策研究。这是因为有关学校改革、发展的一些全局性、跨部门的问题,需要有人做些专门的调研,向领导提出建议报告,供领导决策参考,原拟成立政策研究室,由于涉及机构、人员等问题作罢,而他们这几位是"老南工",熟悉情况,有政策水平和文字能力,因年龄关系,从领导岗位退下来到二线,搞政策研究正合适,就决定放高教室,我们几个人一起搞。余等欣然从命。从此,我便正式进入了高教研究的角色。如果说机械学科是我第一专业,

在高教研究所工作中

高教所同人新年座谈会
前排左起：程琦、沈禾、黄一鸾、李可君、简耀光
后排左起：何标、邢维龙、李忠实、朱斐、吴人雄、章末

那么，教育学科则是我的第二专业，我自愿转过来，就得好好干一番。

关于高教研究，教育部有一份《高等工程教育研究室（所）工作条例》征求意见稿，提出了六方面的工作任务，我简化为六句话，即：做研究（宏观的与微观的研究，包括组织校内的研究工作）；提建议（对教育部和学校领导）；搞教学（在校内对学生和青年教师开出教育学科的课程和讲座）；做交流（国内外）；出刊物（有个发表成果的园地）；管资料。我接手时，高教室才5个人，简耀光退下后仍请他负责主编《高等工程教育学报》，副主任李忠实组织协作组课题的研究，他自己准备开《学习论》选课，秘书何标兼搞刊物的编务工作，还有一名资料员李可君管图书资料，一名打字员程琦兼办事务，她二人还承担刊物的校对、发行工作。显然，搞研究的力量太薄弱了些，固然可以发动群众，但作为一个研究室，自己也应有几名必要的专职人员。当年，分来了一名苏州大学中文系毕业生袁新林，又从校内进了邢维龙和沈禾二位，充实了些力量。惜乎仅是邢维龙在《教育统计学》方面有所开拓进展，沈、袁未能进入角色，1988年机构精简时，又调离了高教室。

在高教研究内容方面，大体分为两块。一块教育研究，面向教育总体，内容偏宏观；一块政策研究，面向学校实际，内容偏微观。我首先承担的任务是学校要求的，即在调查研究基础上，修订好学校1990年前的事业发展规划。其背景是原来的规划为1984年制订的，实践两年来，各方面工作取得不少进展，也遇到一些新情况、新问题要面对、要回答，而规划本身又存在着某些目标不够明确、措施不够具体的不足。1985年5月《中共中央关于教育体制改革的决定》对教育工作提出了新的要求，学校更要贯彻落实，因此有必要及时对原规划做出补充、修订，以明确目标，统一思想，团结全校师生员工，共同为重振南工而奋斗。事关全局，我们不敢怠慢，先从调查研究开始，拟发了一份关于修订规划的调查提纲，包括指导思想、总目标、发展规模、发展模式与学科专业、重点学科、新的人才观—培养目标、校风、教育为社会主义建设服务、学校管理、师资队伍建设、战略目标与战略措施、对修订规划的意见等，计共12条，通过专访、座谈等多种形式，先在全院上下广泛听取意见，开展调查。接着我们四人与院办时巨涛一行，带着问题赴西安交大、成都科技大、重庆大学和华中工学院四校学习他们的经验，回校后即着手草拟修订规划稿本，其时已经1986年末。12月，管致中退下来，韦钰接任院长，为广泛发动群众，共商学校发展大计，决定于1987年1月正式召开南工发展战略研讨会，由我们拿出修订规划的讨论稿,提交研讨会讨论。该次会议二百余人参与,历时三天,集中讨论规划提出的把南工办成"国内第一流、国际有影响的以工为主、理工文管综合发展的新型大学"的总目标,集思广益,气氛热烈,对统一认识、齐步前进有很好的作用。会后,我们再经整理定稿为《南京工学院1990年前事业发展规划的修改、补充意见》(简称《意见》),于是年6月南工第五次党代会原则通过,成为今后学校工作遵循的指导性文件。这次修订规划,调查研究之深入,发动群众之广泛,为前所未有,是一次领导决策走群众路线的实践。另外,《意见》本身除了对总目标、办学模式与规模等有了明确的提法外,还提出了1990年前要求实现的40项具体的子目标,为学校实行目标管理创造了条件,以后年度工作只需瞄准这些目标做出安排(包括必要的调整)即可,且便于检查。到高教室办的第一件大事就是这,我们几人均很满意。

去西交大、成科大、重大、华中调研取经,修订学校发展规划
左起:朱斐、黄一鸾、吴人雄、章未

在成都青城山与校办时巨涛合影

  我们承担的第二项任务是韦钰院长交办的对有关领导体制、院系设置、机构精简、干部管理的调研。我们于 1987 年夏，带了问题去杭州、上海，造访了浙大、交大、复旦、同济、华化和上海大学（钱伟长时任校长）六校，回校就以上问题做了汇报。韦钰的作风是雷厉风行，她并不要求我们拿出什么文字材料、建议方案，听了汇报，认为哪些做法有启发，值得借鉴，就提交行政部门，组织实施，不感兴趣的，就不理会。汇报完了，我们的任务也就算完成了。

南京工学院1990年前发展规划（讨论稿）

    1987年11月，学校评职称，机关就我一人申报正高，放到机械学科评审，获通过。鉴于我已经转研究所工作，校评委决定把我按研究系列晋升为研究员。

    1987年南京工学院高等工程教育研究室更名为东南大学高等工程教育研究所。1988年，南京工学院已初具工、理、文、管综合大学规模，申报更改校名为东南大学。我们高等工程教育研究室相应更名为高等教育研究所，刊物《高等工程教育学报》也相应更名为《高等教育学报》。

教育研究项目，教育学科建设

在教育研究方面，高教所的研究任务则主要来自高教二司与协作组共同承担下来的教育科学"六五"规划重点项目"关于高等工程教育结构改革的研究"和"七五"规划重点项目"新时期高等工程教育人才培养规律及其应用的研究"。这是高教二司把领导决策与研究相结合，使决策得以科学化、民主化的颇有创意的尝试。其做法是高教二司与协作组将承担的课题，分列若干子课题，由协作组成员学校分工研究。根据一个时期的工作需要，每年召开专题研讨会或理论讨论会，交流讨论。而后，二司"择其善者而从之"，就有关问题形成决策。我在系里和教务处工作期间，虽然还不是协作组成员，但已经介入了相关的研究，每次专题研讨会，均有论文、报告提交，并参加有关会议活动。协作组"六五"项目成果——1987年重庆大学出版社出版的《高等工程教育结构改革研究》一书中，即收入我相关的文章。

1985年12月，在武汉华中工学院参加国家教委召开的部分高等工业学校教学改革座谈会（与协作组全体会议先后交叉进行），我提交了一份以南工教务处名义撰写的《我校教改的实践与体会》报告，被收入《部分高等工业学校教学改革座谈会文集》。

又1987年5月，在广州华南工学院参加协作组召开的第二次高等工程教育理论讨论会，中心议题是新时期高等工程教育的人才观。我提交了一份报告：《全面发展，面向实际——教育方针、培养目标和成才道路的再认识》，这八个字是国家教委在1987年工作会议上，就贯彻党的教育方针、实现教育为社会主义建设服务，对高等学校培养人才提出的共同要求。我认为十分精辟，既带方向性，又有针对性，有现实的指导意义，深表赞同，乃撰文阐述了我的观点。8月，由时巨涛代我参加在大连召开的第三届国际高等教育展望学术讨论会，在会上做了宣读。1989年国家教委首次举办全国教育科学优秀成果评奖，协作组和高教二司申报的"高等

第二次高等工程教育理论讨论会合影
前排左起：4 王冀生（高教二司副司长）、5 庄礼庭（第二届协作组组长）、6 潘懋元（厦大教授、教育专家）、7 刘一凡（高教二司司长）

工程本科教育的研究与改革"成果获一等奖，本文被作为附件收入。

另外，还有一项课题，就是由清华大学副校长张维牵头、韦钰院长参与研究的关于师资队伍建设的教育科学重点项目，则在朱斐他们调研后分工写出报告的基础上，由我总成论文《关于高等工程教育师资队伍建设和学科带头人成长因素的探讨》，刊本校《高等工程教育学报》1988年第1期，后获省高等学校师资队伍管理研究会优秀论文一等奖。

再者，自1985年《中共中央关于教育体制改革的决定》提出"教育必须为社会主义建设服务，社会主义建设必须依靠教育"以来，教育与社会的关系、产学结合……成为热门话题。1987年，韦钰主校后，又提出了"以联合求发展"的思路。这几年，我们所在这方面也做了相应的研究，发表了一些文章：李忠实撰写了《经济建设与高等工程教育》，邢维龙撰写了《高等教育适应社会需要辨析》，社科系李廉水撰写了《发挥学校优势，促进社会发展》。以上各篇，均经我执笔修改，最终定稿发表。

《高等工程本科教育的研讨与改革》成果获奖证明

我也写了篇《也谈高校校办产业问题》，由祝宗泰在教育社会学 1992 年年会上做交流。

这些年，除了在政策研究和教育研究方面做了些工作外，我还积极准备《高等教育学》课程的开出。早在教务处长任期内，我意识到不能做一个经验主义者，就开始阅读了有关教育学、心理学、美学等有关书籍，从理论上充实自己。转到高教室后，物理系恽瑛教授、体育系陆崇熹教授先后招收"学科教学论"方面研究生，需要开出《高等教育学》课程，理当由高教室承担。开始时，先列一些专题，几个人分下工，以讲座形式开出，但不系统。随后，我们高校教学管理研究会在省教委支持下举办的教务人员进修班和土木系工民建专业职教师资班（本科）均需开出此课，便由我挑了下来，做系统讲授。直到 1991 年退休，我一直承担着为恽、陆历届研究生开课的任务。另外，我认为中、小学教师多半师范出身，学过《教育学》，而我们工科大学教师则多半是理工科大学出身，没学过这类课，不掌握教育、教学规律，要靠自己在实践中摸索，事倍功半，应当补上这门课。在主管副校长陈笃信支持下，由人事处组织、我们承担教学，在全校举办了两期青年教师《高等教育学》培训班。电子工程系、动力工程系单独举办，也由我们承担讲授。当年的这些学员，如今不少已经成为教授，也有人担任了学校的领导职务，懂得一些教育规律，总可以减少些盲目性。

我本来还有个打算，组织些力量，创造条件，筹建高等教育学科硕士点，但是人聚不起来。一则几位我认为合适的对象，他们可以作为"副业"搞一点研究，但不想转过来；二则学校无此积极性，不准备进这方面专业人才。加上 1988 年前后，上边关于高校教师退休，发了个文，原则上到 60 岁就退，工作需要、本人愿意、身体健康可以缓退。可这三个条件很难把握，为了方便操作，南工硬性规定，除了全国性学术组织内的领头人和博士生导师外，一律到年龄就退。这样算来，我也干不了几年了，只好作罢。

从协作组到高等工程教育研究会

1988 年 4 月，根据协作组的安排，第三次高等工程教育理论讨论会和第三次年会在南京工学院举行。11 日至 17 日为理论讨论会，主题是"新时期理工科大学生的身心特点及其发展规律"。20 日至 22 日为年会，推选了南京工学院为协作组第三届组长单位，大连工学院、成都科技大为副组长单位；讨论和落实了 1987—1990 年的研究课题计划和近两年的活动。协作组是三年一届，第一届组长单位为清华大学，组长张光斗，秘书罗福午；第二届组长单位为西安交大，组长庄礼庭，秘书张世煌。在高教二司（司长刘一凡、副司长王冀生）直接指导下开展工作。我校为第三届组长单位，由王荣年出任组长，我任秘书。身为组长单位，就得挑起担子，把确定了的课题和活动计划，负责一一组织实施。这以后几年，我的大量精力就花在协作组这上面了，直到退休。

从 1988 年 4 月到 1991 年 5 月，协作组第三届任期内，我们开展了大量工作：

一是围绕"七五"规划重点项目"新时期高等工程教育人才培养规律及其应用的研究"，组织了两次专题研究会和首届国际高等工程教育学术讨论会，即 1989 年 4 月在重庆大学召开的以"高等工程教育与社会、经济发展的关系"为主题的第六次专题研究会、1990 年 11 月在福建泉州华侨大学召开的以"高等工程教育改革的历史回顾与深化改革的思路"为主题的第七次专题研究会，以及于 1990 年 4 月在浙江大学召开的以"高等工程教育的现状、改革和发展趋势"为主题的国际高等工程教育学术讨论会（ISHEE）。这些会议，虽然分别由学校负责主持和承办，但作为组长单位，均需参与研究、协调及筹备，同时还得提供本校的研究论文、报告。我们对每次会议，均组织若干篇论文，结集与会。我个人或执笔撰写，或修改成文，也总有稿子提供。第六次专题研究会决定邀请企业代表参加，共同探讨产学结合培养人才问题，我校也出面邀请了有合作办学关系的无

协作组第三届年会在南工举行，我校被推选为组长单位
前排左6王冀生（高教二司司长），7、8、9为第一、二、三届协作组组长张光斗、庄礼庭、王荣年；
二排左1章未、9陈笃信、10简跃光

锡微电子联合公司老总与会。1989年12月，ISHEE论文评选委员会在清华大学召开，陈笃信委托我代他参加，我们一篇文章：陈笃信、章未、李忠实《十年改革形成新格局——东南大学教育改革的实践》被选入，1990年4月会议期间，正值我脑供血不足发病，未曾参与。

  二是在第三次年会上，决定成立理论研讨班。1988年11月，在华中理工大学专门召开协作组理论工作会议，决定在6年来大量应用研究的基础上，为建立高等工程教育学科体系而进行理论研究，着手编写《高等工程教育学》。1989年4月，在重庆大学，于第六次专题研究会后，接着召开第四次理论讨论会，讨论和论证了《高等工程教育学》结构体系的理论框架，初步确定了各章的划分，落实了编写分工和进程，并推荐张光斗、王冀生担任主编，实行主编负责制。我校则由我与李忠实承担编写"高等工程教育的教师和学生"一章。随后，王冀生负责进一步拟定了"编写纲目"，供编写作参考依据。1990年9月，在马鞍山华东冶金学院召开第五次理论讨论会，初审各章初稿，要求各章于1991年2月提交二稿，由主编统稿，

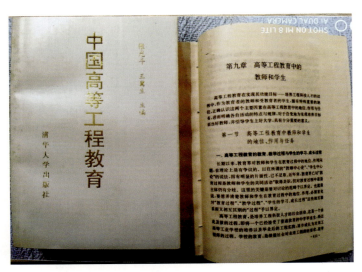

参编《中国高等工程教育》第九章

    7月底修改定稿，作为"七五"规划重点课题"新时期高等工程教育人才培养规律及其应用的研究"的成果送评。1991年12月，在清华大学召开课题成果的鉴定会，获通过，同时听取了专家对此书提出的意见，落实了进一步修改的安排，书名改为《中国高等工程教育》。由于诸多原因，直至1995年，始由清华大学出版社正式出版。

    与此同时，1989年，国家教委首次举办全国教育科学优秀成果评奖。协作组决定由协作组与高教二司共同署名，以"高等工程本科教育的研究与改革"为题，上报成果。王冀生执笔主报告，另按"培养目标与基本规格""专业划分与设置""教学原则与教学改革""加强本科教育工作，全面提高教育质量"4个专题，将研究的论文、报告、建议和在此基础上国家教委形成的有关文件作为附件，选编成册。这概括了协作组与高教二司共同承担的"六五""七五"规划两项重点课题的主要成果，颇具分量，1990年获首届全国教育科学优秀成果一等奖。

    三是协作组成员，第一、二届各校只有两名成员。这届增加至三名，基本上是主管教学的副校长、高教研究所所长和教务处长，如此更可虚实结合。教务处长则除了参加协作组的专题研讨会和年会外，每年有一次单独组织的活动，就教学管理中的共同问题进行交流与探讨。1988年9月，在西安交大举行"校际教学工作交流研讨会"，协作组林安西副组长（大连理工大学校长）与会指导，我也以秘书身份参与了相应活动。

四是酝酿全国高等工程教育研究会的成立。1980年代，我国高等工科院校约有200余所。协作组院校包括13所国家教委直属高等工业学校和华侨大学，才14所。一方面它是我国重点高校，有代表性；另一方面它不包容部委和地方的高校，以及高等专科学校，有局限性。这类学校希望参与，不得其门而入，呼吁协作组扩容。教委朱开轩主任也有意在协作组的基础上成立全国高等工程教育研究会。1990年7月，国家教委邀请16所高校在北京工业大学开会，讨论学制改革等问题。会议期间，与会学校发起申请成立全国高等工程教育研究会，我校作为协作组组长单位，应邀参加议事，讨论了章程（草案）。会议酝酿了首批成员，由包含东大在内的22所院校为发起单位，正式向国家教委提出申请。11月，协作组在华侨大学举行第七次专题研究会议期间，邀请了拟议中的"全国高等工程教育研究会"首批理事学校中的非委属学校和部委代表参加，举行了全国高等工程教育研究会筹备会。1991年3月，在天津大学举行协作组组长扩大会，决定5月在北京航空航天大学举行第四次年会，全体成员列席参加随后召开的中国高等教育学会高等工程教育研究会的成立大会。虽然研究会成立后，一般均是院、校长作为成员，我非成员，但在此前，作为协作组秘书，参与了筹备的全过程，以后也为研究会提供过论文，因以志之。

五是协作组一届三年，1991年5月，要在北京航空航天大学如期举行第4次年会，进行换届。会前我要拿出三份报告，其一是协作组第三届大事记；其二是协作组第三届工作报告；其三是协作组总结，并以此作为协作组提供给全国高等工程教育研究会成立大会的论文报告：《发挥协作研究的优势，为建立我国社会主义高等工程教育体系而奋斗》。前二者好办，总结则非同小可，在王冀生提出构思的基础上，撰写了初稿，由王定稿（刊《高等工程教育研究》1991年第3期）。5月，第4次年会如期召开，王荣年组长作了协作组工作总结报告，公布了协作组第三次优秀论文评奖结果并颁奖，推选了第四届协作组组长、副组长单位，确定了以"社会主义高水平理工大学目标与建设的研究"为题，申报国家教育科学"八五"重点课题。至此，我们这届组长单位功德圆满，可以卸下担子了。

说来也巧，我是1931年农历三月二十一日（合公历5月8日）生，到1991年5月8日，整60岁。恰好协作组第4次年会和全国高等工程教育研究会成立大会定于5月9日至14日在北航举行。我们协作组的哥儿们有不少准备工作要做，提前报到。8日晚，统计第三次优秀论文评奖评委选票至11时左右，王荣年发话："问问餐厅能否搞点吃的？"餐厅

协作组第四届年会在北航举行，王荣年做工作报告

回话："只有面条。"于是一应人等便过去"加油"。面条上桌，我忽然想起当天是我生日，叫了起来。言者无意，闻者有心，餐厅人员打招呼说："事前不知道，今天没准备，明天再补。"我不知何意，表示不必客气。孰料第二天中午用餐时，我一进餐厅，就让我在有北航领导就座的一桌入席。然后北航总务处偕餐厅负责人上前向我表示祝贺，给我们桌加一大盘对虾。另外，服务师捧上了个大蛋糕，陪我到每个桌上敬客，非常人情味。由于这次大会是全国性的会议，与会人士规格较高，除各校校长、专家外，还有各工业部委司局长多人，北航十分重视，专门从沈阳请来了三名一级厨师和服务师，服务确实不一般。我有生以来从未过上这么光彩的生日，实出意料，留下了难忘的记忆。

再者，全国高等工程教育研究会成立后，明确协作组继续存在，可以根据重点理工科大学特点，开展研究。但此时我已退休，由于陈笃信作为高等工程教育研究会和协作组的成员，继续参与相关活动，需要拿出文章，他出题、构思，着人写初稿，我二稿，他最后定稿成文。计有两篇：一篇是：陈笃信、章末、李延保《明确目标，把握规律，加强管理，协调关系——

时值我 60 岁生日，北航为我添一蛋糕祝寿

东南大学教改实践的体会》，作为《十年改革，形成新格局——东南大学教育改革的实践》姐妹篇全面总结了我校在新时期教改的经验。另一篇是：陈笃信、章未、许苏明《新时期培养目标刍议》。

1992 年 9 月，我参加了在西安交通大学召开的高等工程教育第八次专题研究会暨庆祝协作组成立十周年大会，同时也就成为我向协作组的最后告别。

告退高教所，返聘写校史

从 1988 年到 1991 年，是我退休前的最后三年，相当一部分精力花在协作组上，热热闹闹地干了一阵子。如果说在当教师的时候，我关心的是怎样教好一门课；那么，在教研组、系和教务处工作的时候，则分别要关心怎样搞好一个专业、一个学科和一所学校的教育、教学改革与发展；而在协作组，则视野更加扩展到我们国家的高等工程教育，登高望远，看问题的境界不一样了，收获不小。

在为协作组鞠躬尽瘁的同时，学校里的任务也得干好。1988 年 5 月，南京工学院更名东南大学，这是一件大事。多年来，我们国家把学校冠名搞乱了：文理科叫大学，工、农、医、师叫学院；同是工科，有的叫大学，有的叫学院；甚至有的地方专科学校叫大学，我们老牌重点大学反而叫学院。时至 1988 年，南工已设有工、理、文、管多学科的专业，初具大学雏形，且国家教委直属 13 所工科院校只有南京、大连、华南、华东化工 4 所还叫学院，很不恰当，纷纷申请更名大学（我校申报的是"东南大学"）。但国家教委领导担心都搞"综合化"，卡着迟迟不批，实在没有道理。最后批给大连、华南、华东化工 3 所的还在大学前冠上了"理工"二字。我校认为重点大学走综合化的道路，是必然趋势，既然要改，就一步到位，坚持不要"理工"二字。通过韦钰校长锲而不舍的努力，有关方面的支持，教委终于批了下来。5 月更名，接着就面临着规划学科、专业发展的问题。主管副校长陈笃信亲自抓，成立了专业建设咨询委员会，由管致中任主任委员，下设文科、理科、工科一、工科二 4 个专家组，高教所、教务处作为相关职能部门参与，花了几个月时间，在广泛调研、反复讨论的基础上，形成《关于东南大学专业和院系设置的建议方案》（由我执笔，刊《1990 年东南大学年鉴》），明确东南大学今后将"以工为主，文、理、工、管综合发展"为方向；建议设立学院，虚院实系，院长主要职责为协助校领导协调好学科的建设和发展。这个文件在随后相当长一段时间内，成为东大领导在专业和院系设置方面决策的参考依据，管理学院、文学院、理学院先后相继成立。

另外，东南大学与由原南工分出去的江苏工学院、南京化工学院、无锡轻工业学院四校展开全面合作。我们四校高教所于1990年，由我牵头，以四校名义申报江苏省教育科学"八五"课题"部委高校为地方经济建设和社会发展服务的研究"，被列为1号课题，经过三年努力，于1993年完成。我执笔写成万言主报告，随附3册70余篇论文集。1994年，省教委于扬州江苏农学院召开鉴定会通过。1995年，省高教学会评优秀论文，获一等奖。这是我从事高教研究的最后一项成果，也最有分量。

东南大学、南京化工学院、江苏工学院、无锡轻工业学院四校合作交流第五届年会
左5陈笃信副校长、左6章未

四校合作教育科学课题《部委高校为地方经济建设社会发展服务的研究》　　课题报告获省高教学会高教科研优秀成果一等奖

　　根据学校规定，每年9月办理一次退休。满了60岁，上半年生日，当年退；下半年生日，第二年退。我与李忠实是同龄人，均系1931年生，我上半年，他下半年，我应于1991年退，他可以1992年退。但如果我所长一直干到退休，他将难以再上，我早些下来，他顶上，过渡年把，则可以"正处"退下来。1990年上，我向学校提出建议：免去我所长职，李接手，邢维龙时在常熟挂职科技副县长，回来后可任副职。如此，即可完成我这一任的交接班。一年后李退谁上？学校可物色。校领导接受我的建议，1990年秋，我下李上。但随后管理学院领导班子调整，学校调原管理系主任程明熙来高教所任副所长，邢维龙常熟返校后不久，即离所去老干部处。1991年秋，李下程上，无线电系祝宗泰来所任副所长。何标也是1931年生，所里从数学力学系调进了位教师刘怡玫接他班搞刊物，高教所完成了新老交替。

　　至于几位老同志，根据学校规定，1988年后，先后办了离休。简耀光返聘一段时间继续主编刊物。朱、黄、吴则由学校返聘，编写《东南大学史》，对校史编委会负责，但仍挂靠在高教所，由我稍作兼顾。

　　1991年暑前，陈笃信代表学校同我谈退休问题，表示按规定要办退休，但可继续返聘搞教育研究。由于此前朱、黄、吴已完成《东南大学史》第一卷（1902—1949）的编写，即将出版，是否继续干下去？他们向主管副校长朱万福提出了要求，希望我退下后和他们一起搞第二卷（1949—

1992）。朱万福同我谈了。我考虑我1950年进南大机械系以来，40余年，在四牌楼这方土地上，经历了风风雨雨，献了青春献终生，见证了这段历史，有责任把它如实地记载下来，以史为鉴，存史资治。何况朱、黄、吴已经写了第一卷，这项工程不能半途而废，我应参与进去，和他们共同努力，完成这一历史使命。但我手上省教委课题才上手，要启动，还要负责完成。我对退休，早有准备，但接受哪方返聘？有个抉择。我决定应聘写校史，作为"独立大队"对学校负责，但仍挂靠在高教所。一方面办公室可协办一些事务工作；另一方面，我还要兼顾省教委课题，善始善终。而且我开出的"高等教育学"这门课，也要有人接。至若所内别的任务，则既已退之，便不再过问了。至此，我可以说告别了我的第二专业——高教研究，但如果把编写校史，也作为教育史的研究（一所有影响的高校校史，实际上就是一部高等教育史的缩影），那么，我仍延续着高教研究，不过是拓展了研究领域。

  算起来，我这几年的研究，先后涉及高等教育的层次与结构、培养目标与道路、教育管理、教育学、教育社会学，到现在的教育史。面是铺开了，只是由于客观局限，往往浅尝辄止，加上本来就是半路出家，缺乏深度。但我们这些人是实际工作中跌爬滚打出来的，研究较切合实际，堪以自慰。

  在我高教研究所长任期内，我还兼任了学校学术委员会委员、职称评委会评委等职，应聘担任了江苏省教委职改办高等教育管理研究系列、江苏省出版局职改办编审系列高级职称评委会评委，参与多次职称评定，以及省教委关于优秀教学成果、优秀课程、优秀教育论文的评审活动。

以史为鉴，存史资治

1991年9月，我正式退休，学校返聘，与朱、黄、吴一起编写校史。此项工作，东大于1988年启动。盛世修志，盛世治史，早在1984年，教育部门就发出通知，要求"文革"前建立的高校，着手组织力量，编写校史，以总结经验，探索如何建立一个有中国特色的社会主义高等教育体系。我校也想做这工作，苦于一时无合适人选，搁了浅。到1988年，正好朱、黄、吴面临离休，有人向主管副校长朱万福推荐他们编写校史，朱说：求之不得。在征得他们同意后，学校决定：干！当即成立了校史编写领导小组，老校长管致中（已离休）任组长，朱万福、柏国柱任副组长，另外则由党办、校办、宣传部、高教所、档案馆负责人和资深教师代表等若干位组成。我为成员之一，朱斐任主编，他们三人具体编写。至1991年10月，三年来，他们已经完成三本编著出版，即：《东南大学校史研究》第一辑、第二辑和《东南大学史》第一卷（1902—1949）。如今，我参加进去，则是共同编写《东南大学史》第二卷（1949—1992），至学校90华诞止。从此，我除继续完成省教育科学"八五"课题"部委高校为地方经济建设和社会发展服务的研究"外，主要精力即转向编写校史了，又是一项新的业务，但由于他们已经积累了经验，我无须从头摸索，很快也就上手了。

我刚一上手，就迎上1992年东大90周年校庆，学校要出纪念专辑，约我们写一篇史略。作为练兵，这事我接了。有他们三本编著为依据，和我对近期情况较为熟悉的优势，很快也就整出《东南大学九十年史略》一稿交卷，刊《东南大学九十周年纪念专辑》。

至于校史编写工作，他们以前是这样做的：首先收集资料，包括散在档案馆和图书馆的文字材料，和走访当事人的口述材料；同时列出一些专题，自己动手或组织有关人员整理研究、加工成文，汇编成册，这就是前述《东南大学校史研究》；而后再在此基础上拟出编写大纲，分工撰写。由于第一卷写的是解放前的"史"，收集资料困难较大，他们到第二历史博物馆查找档案，有关东大（从三江、两江优级师范学堂、南京高等师范学校、前东南大学、第四中山大学、中央大学）的历史档案有八千卷宗，加上老《申报》，一份份、一页页翻阅，有用的或摘录、或复印，工作量惊人。盖写史首必先要史实准确，口述可供参考，但必须有文字为依据。写史之难，由此可见一斑。

现在着手写第二卷，解放后的，包括前南京大学、南京工学院和如今的东南大学，史料好找些，但另有难度。难就难在写当代史，除了记录史实外，要否评论事件、臧否人物？有人主张不评，一怕水平不够，评不好；二担心当事人都还健在，是非标准不一，会有争议，招来风险。我们讨论下来，一致认为要有评。正因为写史的目的是"以史为鉴，存史资治"，光有史实，不加评论，谈何总结经验？治史又有何用？当然，要评得确切、评得公允，也非易事。我们水平不够，但只要我们能做到客观反映事实，以实践检验为标准，对事物进行辩证地分析，同时广泛听取意见，对新中国成立以来发生在高校、东大的一些重大事件，作出恰当的评说，是既有必要、也有可能的，何况上边还有领导小组把关，就这么定了。

我们先确定编写提纲，再作分工。不幸，吴人雄于1992年猝发脑出血去世，我们只好重新调整。吴15岁参加革命，是南工第一任人事科长（当时没有"处"的设置）。1954年教工团总支管致中任书记，他任组委，我是机械系支部书记，工作中有接触。1955年，他受所谓"胡风反革命集团案"牵连，关了一年，返校后在总务处干，平反改正后任副处长。1986年，他退处二线，到高教所，我们便在一起了。他非常聪明能干，半世坎坷，又过早去世，我们均十分惋惜。

按照调整后分工，第二卷分六章来写：

　　第五章　新中国成立初期的南京大学（1949—1952年）

　　第六章　南京工学院的创建时期（1952—1957年）

　　第七章　曲折中发展的十年（1957—1966年）

　　第八章　"文革"动乱的十年（1966—1976年）

　　第九章　改革开放中的振兴时期（1976—1988年）

　　第十章　东南大学谱新篇（1988—1992年）

除五、十两章外，六至九章均是南工时代，前后36年，跨度太大。与我国政治形势发展相应，分四个时期来写。我分工编写第七章和第九、十章的大部分。第十章还约时任校办主任的时巨涛参与有关部分的编写。我们工作的程序是：按照拟定了的提纲，每写就一章，即相互传阅；根据大家所提意见做出修改后，交主审管致中初步审阅；再做进一步修改，交主编朱斐统稿；全书由管审读认可后，作为"征求意见稿"打印成册，分送校领导、部处系所负责人、学科负责人、老干部、老教授、民主党派等请提意见；意见反馈后，我们先作讨论，并提出拟如何处理的考虑；向领导小组汇报，并听取意见；最终由主编定稿，付排。治史是件严肃的大事，我们当然要严肃地对待。由于新中国成立以来，学校经历几十年的风云变幻，有正反两方面的经验教训，一些主要问题，总体上大致已有定论。反馈意见，一般比较满意，没有多大争论。老院长钱钟韩给予较高评价，老书记孙卜菁说：是到了该做结论的时候了。《东南大学史》第二卷（1949—1992年）于1997年4月问世，赶在1997年6月东大95周年校庆前拿出来，可以提供给校友留作纪念。

不是说写史是为了"以史为鉴，存史资治"吗？我们写下来，自己又得到些什么领悟呢？概括起来四句话，即：一要继承与弘扬东大的优良传统；二要借鉴外国的经验，走自己的道路；三要按学校特点和教育规律办事；四要在服务社会中发展与建设学校。在"结语"中，作了简要叙述，这是我们这么些年来的心得体会。但治校者真要把握，却非易事，真要做到，应该受用不尽。

由于写史总要滞后一段时间，为尽可能反映些近期的情况，我们补了几个附录，即：学校到1995年的概况；改革和发展规划；被选为两院院士的东大师生；博士生导师。从被选为两院院士的东大师生总数达153名，可见学校的文化底蕴是何等深厚？

关于《东南大学校史研究》，原来已编两辑，在编写《东南大学史》第二卷时，同时为第三辑列题组稿。按说应先出《东南大学校史研究》，再出《东南大学史》。但前者要人家写，进程难控制，后者掌握在我们自己手上。我们是赶出了校史，回过头来再抓第三辑的。其时，朱斐已年过古稀，我与黄也六十七八，我们需要有人接手。正好前档案馆长郑姚铭退了下来，他对校情较熟悉，文字能力也可以。我们向朱万福建议，让他和我们一起搞《东南大学校史研究》第三辑，获同意，再做一番努力，终于在1998年11月出版面世。我除了组织、处理一些稿件外，还动手写了篇人物专题：《殚思极虑，拓宽专业学科；继往开来，创建综合大学——管致中在东南大学》。

我们写校史，人不多，就那么三四个，在高校中可能是摊子最小的，但我们志同道合，说得来，处得好，进展顺利，而且有管致中主审，学校

第四届全国高校校史研究会
2 排左起 4、5、6 为黄一鸾、朱斐、章未

放心,我们写了,管看了,也就基本上认可了,没发生什么疙瘩事。我们一方面在校内走群众路线,请大家提意见;一方面在校外参加全国高等学校校史研究会的历届专题研讨会,对一些重大问题如院系调整、学习苏联、教育大革命、贯彻"高教六十条",以及如何编写校史等进行交流。我是后来参加的,提供过一篇论文《南工"教育革命"评说》,刊 1999 年校史研究会出版的《学府史论》一书。

从 1988 年启动编写校史,到 1998 年《东南大学校史研究》第三辑竣工,我们完成了历史任务,申请告老还家获准。原来手上还组织了一些专题,拟于以后出《东南大学校史研究》第四辑用,这事得郑姚铭来干。我们考虑到郑孤掌难鸣,希望最好加一名专职人员与郑一起搞,及时收集、整理史料,积累在那里,以后写史就方便了。时任领导认为现在每年出年鉴,再要写史是几十年后的事,不拟另行添人。郑感到不好干,告退,校史工作暂时搁置。百年校庆前后,学校在逸夫馆布置校史馆,以便校友参观,了解学校百年沧桑。应校办邀,管致中、王荣年、朱斐、章未先行参观,并提出意见。

有关东南大学校史及史论编著

逸夫馆内设东大校史展览

左起：王荣年、朱斐、管致中、章未参观校史展览后合影

在 1983 年调教务处以前，我在机械系工作，虽说也兼点教学行政管理工作，但毕竟机械方面的教学、科研是我的主业。自那以后，虽说也兼点系里教学、科研工作，但教学管理是我的主业。1986 年调高教室（所）后，以及 1991 年退休返聘写校史至 1998 年彻底退下来前，可说是一直从事教育研究，前后 15 年。比起前 30 年搞机械（其间浪费了多少年华），完全实打实，把"高等教育"说是"第二专业"，一点不过分，无憾！

国事多多，家事也多多

　　这段日子，国事多多，家事也多多。
　　20世纪80年代后期到90年代初期，是我退休前后的几年。对我而言，应该说是一个转折时期，由于我是采取渐退的形式，所以不觉突然，没有大的波动。可这期间我们的国家却不平静。
　　1989年春夏之交，北京等地发生了一场引起社会极大震动的政治风波。党中央采取坚决措施，平息了风波，实现了中央领导集体的交接，维护了改革开放的大局和社会局面的稳定。风波过后，1990年5月，东大在党内进行党员重新登记，先学习文件，再个人总结。支部要给每个党员在风波中的表现写评语。书记何标对我也要写上"立场坚定，旗帜鲜明"，我实不敢当，请他改掉，只能说能坚守岗位，未曾参加游行等活动，足矣！
　　1990年5月，时值岳母姜秀瑛患胰腺癌病危，元明已于4月赶去香港探病，要我也去见一面。时值东大党内进行党员重新登记时期，党员一般不准请假。我给党委书记陈万年通了电话，说明情况：去，则是我第一次，也是最后一次见面；不去，则是此生再也见不上了。陈挺通人情，同意我去，嘱抓紧自学。我以参加香港十日游的方式，随旅游团于6月5日成行。在港前三天，团体游览了半山公园、浅水湾、虎豹公园、海洋公园、维多利亚港、黄大仙庙等主要胜地。余七天分散活动，我住跑马地老丈人家，与岳父母、内弟妹团聚，除了去过思浩弟北丰被服公司、元芳妹和思泽弟家看看外，就是去医院探病。15日期届，集合返广州，我从广州飞回南京。忙里偷闲，放松了几天，也见识了东方明珠——香港，值！
　　我和元明无大变化。我在1990年初，发了场算不上是大的病。那时我还未退休，工作负担较重，人有些累，加上合作编写《高等工程教育学》，要出稿，也有些压力。二三月间，先后两次，突然心跳加快至每分钟100

1990年,范元明去港探母亲全家合影,前排长者岳父范锦辉、岳母姜秀瑛

去港探亲,摄影留念

范元明于东大热能动力设计研究所

1992年章晖出国前于鸡鸣寺公园合影

以上，人感到不支，急需躺下休息，约一个小时可缓解。随着就是 3 月份听报告时，发生了一次昏厥。经医院检查，确诊为脑供血不足，不能劳累，不能着凉，不能情绪激动。知道了什么病，什么病因，对症服药，注意防控，也就没什么了。元明则自 1985 年调进南工与下关发电厂合办的东南电力开发公司（后为东南大学热能动力设计研究所）至 1990 年，先后负责完成了十五六项小火电给排水的配套设计，屡次被评为先进工作者，于是年十月，通过职称评审，晋升为高级工程师，也是喜事一桩。

所说家事多多，那还指就在这几年，我们下一代俱已长大成人，远走高飞了，而我们的上辈则先后患病，离开人世了。

1988 年，儿子章晖南航毕业，他没考研。因是省里的委培生，原说不给考研，他也就未做准备，后来又说前几名可以考，他够上，可又来不及了，便作罢。毕业后就业，原以为省里分配，后又说可以自找职业。高校要研究生，不进本科生；研究单位在改革，要自负盈亏，刚毕业的争不了课题挣不了钱，也不进；加上章晖个性特征：喜文不喜工，好读书，不好动手，不想进工厂。那路在何方？正好我打听到南京图书馆要人，一要本科生；二要非图书馆专业的；三要男性；四要自有住家的。章晖完全符合。我问他去不去？他说他愿意。我要他考虑一要改行，二要耐得清贫。他说干图书馆这一行，原来所学知识均有用，不算改行；本来就不想发财，因此也不怕清贫。我通过校办主任孔庆熙找他老叔——南图孔馆长，一说即合，章晖就此走上了第一个工作岗位。可干了两年，原拟在科技信息服务方面多做些工作，但馆内没怎么开展，除了日常接待读者、借书还书外，就去外地搞了几次书展。他觉得业务上无大长进，渐生去意。1990 年 12 月，我岳母姜秀瑛去世，元明赴港奔丧。其间，岳父范锦辉发话，要让内地两个孙子和两个外孙、外孙女出国留学，承担全部费用。于是章晖即着手联系，被美国威斯康星大学密尔沃基分校录取，读图书情报专业硕士学位，1992 年 1 月成行，从此就踏出国门求发展。我的态度是培养孩子能自立于社会，就尽了做父母的职责。以后，各人的路自己走，尊重个人意志。

1988 年，女儿章晔也从人民中学毕业。她与老哥不同，个性开朗，活动交往能力强，人也聪明，但不太用功，高考成绩不佳，就进了东大成人教育的全日制专科班。这是一个由省电力局委托东大办的两年制电力系统及其自动化专科班，30 个名额，给东大两个，有章晔一个。

1988年11月入学，1990年10月毕业，毕业后可以进电力系统工作，但新规定夜大、电大等"五大"生要按工人编制，章晔准备出国，乃作罢。1991年4月，黄仁接受她去其研究室打临时工，允许她完成手上任务后，可以攻英文。至1992年底，我们反复考虑，她是专科的底子，出去要补本科，再读研，路太长，这条路不一定最好。与她沟通后，决定改弦更张。先拟走本行搞技术的路，经联系转元明单位——东大热能设计研究院电气组打工，搞描图和简单设计，以后再据情转正。干了半年，值思浩弟来内地发展，其在香港的北丰公司在上海设办事处，将欧美订单一部分下给国内工厂生产，成品再由香港转运出口；同时，于无锡与国棉二厂合资办了个庆丰纺织公司。思浩弟请二姑母家姜光之表弟出山，任"上海办"老总，负责搭班子。光之弟与元明商量，可吸纳章晔参加办事处工作。征求章晔意向，并获思浩弟首肯后，1993年5月，即去无锡国棉二厂跟班实习，熟悉纺织品生产流程。同时，我给联系去无锡轻工业学院进修了两门纺织与印染方面的课程。前后8个月，至1994年，过了春节，正式到"上海办"工作。又是一只小鸟飞离了巢！

两个孩子长大成人，各奔前程走了，家中还有上代一个老人和我们两口。老人就是我叫作好婆的继祖母朱德光，她是世纪同龄人，1972年以来，

继祖母朱德光于1972—1993居家，相互照看

就和我们生活在一起。我们尽赡养之责，她协助我们照料家务，一家处得和和美美。她虽已年过古稀，但身体健康，其"秘诀"就是三个字：素、动、酒。可到1986年冬的一天，她不幸煤气中毒。那天下午，我们上班、上课，她一人在家，自己于厨房烧水洗澡。章晖下课回来敲门，她答应了一声，可久等不开。对门邻居黄一鸾家感到有异，到厨房外窗口一看，跌倒在地，立即打破玻璃，一股煤气扑鼻，此时她已昏迷，衣裤是穿好了，仅差一只棉裤腿没穿上，把她抱起放平，开窗通风后，不久便苏醒过来。原来是炉子里的水烧开后溢出，将火浇灭，煤气泄漏所致。人是救了过来，可大脑受了伤害，此后健康日渐变差，先后出现记忆力衰退、幻觉等症状。1988年，有一天下午，出门后认不得回来，遍找不着，报了派出所，晚上给送了回来。另外，性格脾气也有变化，偏执、多疑，再往后，人也认不清了。至1993年，大、小便也不能完全自己控制了。我们实在无法应对，打听到南京社会福利院可以寄养。经联系，他们来人看了看，表示可以接收，乃于是年9月，给送了过去。福利院地处浦口点将台，倚山而建，是南京市一个窗口，条件挺好。三个人一间，20平方米，有专门护理员给料理生活，每月只收190元，伙食另计，一切妥帖。好婆住下后，情绪稳定，还以为是自己的家哩。我每月去看她一次，顺便带些日用品和粥菜、零食给她，临走她还招呼我"早点回来"！可到12月28日晚上，突然，福利院负责人、护理员等一行三人来家告知，好婆于前天晚上不思饮食，医生看了，没有毛病，昨晚突然无疾而终，打几次电话给我，接不上（当时是要学校总机转的），今天过来面告。我说她已93岁，我们有此思想准备，拜托他们一条龙服务到底。第二天我去福利院办了手续。30日，与元明一起去殡仪馆向遗体告别，骨灰暂存彼处，等以后参加集体洒长江。来自自然，回归自然。

　　一家五口，自好婆去了福利院后，家中便只有我们夫妻俩了。我们请元明在冶修厂带出来的水电工吴家宝，帮我们把住房装修了一下。吴十分聪明，他学什么都快，除了本行外，他做的木工活也挺漂亮。改革开放后，他留职停薪，出来搞包工装修。这回，他安排了两个工人，用80天时间，给我们搞了下，72平方米，一共花了一万五，旧貌换新颜。时在1993年，说也可怜，我毕业40年，才住得稍为像样些，而且，我们还算是走在前边的。

　　这期间，元明家中也有很多变化。1990年7月，她探亲假期满归来，当年12月，岳母姜秀瑛去世，享年73岁，元明再去奔丧。这一年，他们

1990年章晖、章晔与内侄范韶延（东大电子工程系就读）三人同过生日（均生于正月二十一）

兄弟姐妹五人，两次聚会。也在这一年，小弟范思泽举家去了加拿大。妹妹范元芳、二弟范思浩虽仍在香港，在加拿大也买了房子。盖香港1997年要回归，当地不少人士，有条件的均要有个两手或几手准备。1992年，岳父范锦辉去世，享年75岁，他们又聚了一次。就在这年，邓小平南方谈话发表，国内重又刮起改革开放春风。思浩弟审时度势，决定来内地发展，从此也就频繁往来于内地与香港之间，元芳妹也一样，兄弟姐妹见面的机会就多了起来，这也是改革开放带来的。再者，国内厦门思忠弟的两个孩子也长大了。1989年内侄范韶延高考，报东南大学，被录取在电子工程系，住文昌桥宿舍，可以不时见面，思忠弟一家也来过两回南京。有一件事，十分有趣，就是章晖、章晔、韶延三个人的生日，按农历计，同是正月二十一，堪称难得。老一代过去了，我们一代正当时，年轻一代又长成了。人类就是这样，一代代后浪赶前浪，向前发展。

第七章 夕阳无限好

(1991—2017)

我的退休生涯

我于1991年满60岁，就按规定办了退休，但学校返聘写校史，发挥余热，做一些力所能及的事，故是退而不休，半退半休。在此期间，也经常应邀参加学校、教务处组织的一些检查、评比工作。1994年，学校还聘我担任教学督导，参加随机性检查听课和青年教师讲课竞赛的听课。1998年，完成校史任务，我们几个一起告退，但我还继续听课。虽然这活动没有压力，比较轻松，但有时为了听一节课，要去浦口新区，一去就是半天，太费精力。至2002年，我已七十有二，也就辞了。至此，经过长达12年的角色转换，我才是真正全退全休了下来。不管是半退半休也好，全退全休也好，毕竟从1991年起，我就算是"退"下来了，在时间上可以有较多的自由度，用来"休"。作为一个新的起点，怎样面对和安排好自己的退休生活，应该有所考虑。其时，有个说法叫"老有所养，老有所乐，老有所学，老有所为"。我赞同，按此安排和度过着我的退休生涯。

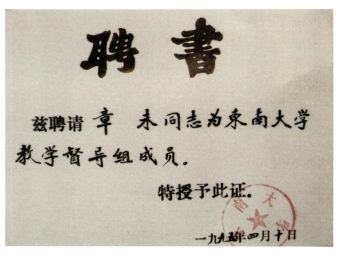

1995年应东大聘为教学督导

先说"老有所养"。这里，一般意义上讲的是"生活给养"。在这方面，我不存在什么问题。1991年退休时，工资不打折扣，退休证上注明退休工资199.5元+6元。1992年邓小平南方谈话后，改革开放的步子加快了，一方面物价放开了，上涨了，但工资也就相应上升了，而且逐年均有所调整，每次工资调整，也少不了我们退休人员。至2004年10月，我月收入达3244元，元明2627元，合计5871元，收入多了，买东西可以不要算计，需要就买。另外用于伙食的比重下降了，用于文化生活、人际交往的开支增加了，这就提高了生活质量，收支相抵，我们每年可以有一定结余，单从这个角度说，我们该是进入"小康"了。回想1960年代我们结婚成家以后，我月工资高教9级86元，元明55元，合计141元，负担全家四五个人的生活，相当拮据，往往寅吃卯粮，而且一连十几年没动，直到1978年，才首次稍做调整。前后对比，深感改革开放给老百姓带来的好处。我们工作了几十年，想不到退休后能有今天的生活，我们满足了，夫复何求？

在生活给养方面，除了解决衣食温饱外，还有个住房问题。几十年来，我一直是租住学校的公房。1980年，入住校东文昌桥宿舍区太平北路122号12栋206室，建筑面积72.8平方米。5口之家，也可以了。1993年后就剩我与元明二人，还装修了一下，挺好的。其时，国家已经出台房屋改革政策，将原来个人租赁的住房作为福利，低价卖给住户，其价格是十分便宜的。一方面是国家就多年来实行高积累、低工资政策，对以往职工"欠账"的一份补偿；一方面对以后职工，开始实行住房公积金办法，国家不再包下来。到1990年代中，在全国范围内已经得到了实施。东大也一样，却把校东文昌桥宿舍区划为非售区，房子不卖，说是要留作学校发展用。可一无发展规划，二在"不卖"后，对千百户教职工如何摆平，没有个说法，引起群众不满。学校动了个脑筋，把原来在南京郊县江宁将军路地段圈的、抛荒了几年的1000亩科技工作园用地，拿400亩出来盖1500套教工住房，要大家到那里安家，600亩还给江宁。2002年出台了个方案，让未享受到福利房的教职工认购，还给一定优惠政策。可一轮认购下来，才卖掉三四百套，还有一千多套无人认购。盖校东住户，多半是学校的老干部、老教师、老职工，去江宁老者不便看病，壮者不便上班，幼者不便上学，江宁就是不去。怎么办？再者，学校发展文昌桥这点地也解决不了问题。2005年学校改弦更张，经研究同意校东也作为可售区，凡校东未享受福利房的教职工，可就原住房或江宁房选购一套，按福利房计价。已认购江宁房的也可将江宁房退出，购原住房。这样，每位职工有了一套住房，处在同一起跑线。再将全校所有多余空房，向面积未达标的职工，按规定办法申请、排队，以适当低于市场的价格出售第二套。不买或未排上号买第二套的职工，逐年分批发给差额补贴。至此，这一事关教职工切身利益的东南大学的房改，基本上获得解决。既然校东可售，我当然首选太平北路原住房，此处毕竟地处市中心黄金地段，什么都方便。2005年6月，办理太平北路原住房购买手续，72.8平方米，付12812.8元搞定。到此时，总算有了一套住房的所有权，也从无产者进入了有产者行列。随后，按住房标准，"正高"135平方米，我未达标，还可再买第二套，考虑到现住房有可能因学府路东延要拆迁，我们商定，还是在将军路再买一套。2005年8月排队选购了将军路1号（"翠屏东南"）44栋

购翠屏东南44幢住房

住房一套，160多平方米，按集资建房每平方米2400元计，总价40多万元。2006年4月，签约付款成交。9月交房，年底完成装修。从此，我有了两套住房，这是始料未及的。但毕竟离市区较远，诸多不便，我们只在子女回来时去住几天，其余时间一直空关着，过个把月还得去打扫一次。房子没为人服务，人却为房子服务了。

"老有所养"，除了生活给养外，我理解为还应包括身心的养护。有人说：老年生活也得"一个中心，两个基本点"，就是以健康为中心，潇洒一点，糊涂一点。同样，我赞同。我的身体在胃切除后一直很好。进入老年后，除1990年脑供血不足发病，闹了一阵子，基本上是平稳的。虽然先后体检发现有动脉血管硬化、颈动脉斑块、脑腔梗、骨质疏松、前列腺肥大等一般老年人都有的问题，但都没带上什么帽子。除遵医嘱用药外，自己注意：生活有规律，饮食有节制（什么都吃，什么都不多吃），不抽烟喝酒（1958—1999年，抽了41年香烟，2000古稀年元旦戒绝），保证睡眠时间，坚持体育锻炼，不过分劳累，不轻易激动，保持良好心态。我是做到了这几点，我的健康在同龄人中算是好的，到了耄耋之年，依然耳聪目明，思维清晰，行动自如，能自己料理生活，我满足了。元明也一样，就是免疫能力差一些，有胆结石，遵医嘱："和平共处"，不发病也就是了。我们均为健康而感到幸福。

再说"老有所乐"，我的体会一是要有兴趣爱好，二是要有群体相处。我早年兴趣广泛，而爱好则认为有三，即集邮、摄影与京剧。但至20世纪末，电话、电脑、手机已经普及，信息相通已极少用邮票寄信，且新票可以全年预定，得来全不费工夫，不像当年要信封上寻觅、朋友间交换、市场上淘宝那样有趣，我集至20世纪末，也就不再了。摄影与京剧则一直坚持了下来，且摄影与旅游结合（退休以后，旅游也成为爱好之一），与京剧挂钩，几十年来，拍了数以万计张照片，分门别类，按类存放，闲时自我欣赏，不亦乐乎？而京剧则成为我退休以后不可或缺的生活内容，成为我的"第三专业"，以后将作专门叙述。另外，人生在世，不同时期与不同群体相处，这就是"缘"。大家忙的时候，也许不太在意，顾不得相互看望，退下来了，有时间了，能有机会相聚叙旧，亦是人生一乐。我在退休后，与几个群体，有多次聚会，重温亲情友情，把时光又带回到当年，令人难忘。

至若"老有所学"。早年，在职在位时，除了自己的业务学习以外，每周一次时政学习是"法定"的。听大报告，或者一段时期有一个主题，学文件，讨论……1990年代以后，正儿八经的学习就少了，党内组织生活也差不多，除了发展党员、改选支部，必须参加的活动外，也难得有什么学习活动。但就我说来，多年养成的读书、看报、看电视，关心国家大事的习惯，退休以后一直没变，手头总得订几份报刊看看，不致脱离社会，脱离世界，这是我"有所学"之一。再有就是京剧，国粹京剧，爱上了就会入迷。退休以后，我投入较大精力，学唱、学演，还得学相关知识。而且越学越觉得其博大精深，我把它当作"第三专业"来学，此其二。另外还有计算机，1980年代也曾补过课，但不用就掌握不起来。2001年国庆长假，女儿章晔回宁探亲，带给我一台PC（个人计算机），我一边看《老年人学电脑》，一边请老邻居、老朋友邢维龙给指导，开始学习打文章，慢慢拿了下来。以后写东西就再也不用手写了，十几年来，还编印了几本文集，此其三。其他在体育健身方面，我学了太极拳、八段锦等，成为每天必做的功课……学的东西太多了，"活到老，学到老"，信哉是言。

最后，"老有所为"。在我还不算太老的时候，根据有关方面的需要，再做一些自己愿做而又力所能及的事情，如返聘写校史和参加一些教学督导与评比工作，那是应该的，我也尽力了。关于编写校史，我们几个干这差使，是将其看作一项历史使命来承担的。东大历史，跨时近百年，我们这一代再不写，后人来写更困难，完成这项任务，我们均很高兴。尤其是我们几个人，志同道合，有共同语言，合作很愉快。通过这一件有意义的工作，从半退半休到全退全休，角色的转换不突然，能较好地适应。此后，毕竟上了年纪，心余力绌，也不必勉为其难，及时退而休之，安度晚年，他人也不会苛求。我只要求自己不论在家庭、在学校、在社会上，能在所处群体中，对人、对事做到所言所行所起的作用，是正面的而不是负面的，是积极的而不是消极的，是有益的而不是有害的，自觉问心无愧，于愿足矣。

总之，我的退休生活丰富多彩，我们希望做到过好每一天，快乐每一天，真个是夕阳无限好，最美是黄昏！

我的"第三个专业"

在我的退休生活中，花时最多、历时最长、影响最大的，那就是国粹京剧。我之爱好京剧有历史渊源，我外祖父当过京官，母亲小时候住过天津，看过不少京剧，在我孩提时代，就一直给我哼哼；在杨舍七八年，就一条街，两旁店家放的很多是京剧；三五田园一年，跟唱片学唱了好多京剧段子；到大学一年级，沈玉成和我舍友王彬良给我上琴，唱上两段。从1962年参加南工工会京剧团开始，才算是正式与京剧"搭界"上了。随后，因"文革"而中断，十亿人民同唱八个样板戏。直到1987年，在学校原工会文体委员郑秋白的张罗下，得到工会主席陈潄秋的支持，南工工会京剧团恢复了活动，我是老团员，当然成员，于是重新捡起来，参加每周一次的演唱活动。1991年，半退半休以后，自由度更大，学唱更积极，活动更频繁，记述如下。

南工工会京剧团从1964年中断到1987年恢复，历经23年。当年一个团40来人，如今老的老了，走的走了，不干的不干了，其时也就郑秋白、徐白雁、谭兴庭、马文智、冯国华、郑志达、付乐同、刘文婉、宋亚萍和我，10人左右参加活动，地点就在校友会堂三楼工会多功能厅。另外，同年江苏省老年京剧研究会于省政协礼堂成立，校友、画家苏茂邦任会长，郑秋白是副会长之一，由于一时无合适活动地点，经学校同意，来南工和我们一起活动。于是我们也就加入了"老年京"，成为会员。期间，认识了一些戏友，如河海大学张竞、南医大丁绪亮、南师大刘亦男、古生物研究所陆龄黄、省防疫站倪铮等，以及一些琴票如仲武义、唐予森、屠曾直、王恩咏等；还结识了省京剧院前副院长——老艺术家王琴生，扩大了交往圈子。我1960年代学唱旦角，这时年纪大了，感觉高音上不去，低音发沙。王恩咏听了我一段《辕门射戟》，他建议我改唱小生。我试着唱，觉得合适，从此就改了行，居然一唱就三十来年，成为南京仅有的几个"小生"票友之一。我佩服郑秋白，他那时已年过古稀，1988—1989年竟然抓了两场演出，地点就在东大礼堂。我在1989年那场演出中，于《汾河湾》中饰薛丁山，唱小生腔，这是我改行小生后首次在舞台上亮相。

1990年，"老年京"在鼓楼花木公司找到地点，单独活动，我们东大则自行安排。郑秋白在省京请来琴师蔡万军，我买到叶盛兰、叶少兰录音带各一盘，于是一段一段学唱，他给伴奏，捎带说说，我有较快进步。另外，这一年，我经丁绪亮介绍，参加市侨办的南京海内外同胞京昆爱好者联谊会，结识了杨小卿，他是姜妙香的弟子，省京著名小生演员。票友中唱小生的人少，有人要学唱，他就很高兴，乐意给我做些指点。

1992年9月，南京高等院校京剧联谊会成立，南大党委书记韩星臣任会长，张竞、丁绪亮、郑秋白等任副会长。成立大会上演出，多为清唱，我们东大出了唯一一个折子戏《春秋配》，谭兴庭饰姜秋莲，我饰李春发，是南京名票喻志清、喻小清和市京演员喻慧霞他们一家三人，帮我们排练和化妆的。

1993年1月，"海内外"迎接元旦，在省京礼堂作专场演出。此时杨小卿任"海内外"副会长兼秘书长，他具体抓，帮我排了《小宴》，饰吕布。这台戏是由业余和专业同台演出的，我演出时杨把关，他还演出了绝迹舞台多年的姜派戏《罗成托兆》。杨对我十分关怀，我以师礼事之。他还送我一盘他的磁带，嘱我学几段姜派戏。琴票、海军学院的闻孝瑜处长帮我把《罗成托兆》《监酒令》《玉门关》等剧的唱段乐谱给记了下来。我一段段边看谱、边听、边哼，哼熟了就请闻和蔡给我上琴吊嗓，唱得下来了，再请杨给我指正。居然在杨小卿最后岁月里，我这几段算是勉强可以唱唱了。

1994年冬，南京经济广播电台《梨园内外》主持人徐兆佩张罗了一次"南京市首届（通源杯）京剧票房演唱大赛"，11个票房180余名票友参加，有我们东大票房。经过初、复、决赛，东大获优秀票房奖，捧了个杯回来。我和无线电系研究生朱立峰得了二等奖，获"石城名票"荣誉称号，皆大欢喜。

1995年1月，"高京联"于省京礼堂举办迎新春、庆元旦京剧专场演出。我们东大排了折《柳荫记（访友）》，我饰梁山伯，谭兴庭饰祝英台。杨小卿得知，主动来我校指导。惜乎3月的一天，他刚从"海内外"回家，就病倒了，急送人民医院，经诊断为血液病，进去后就没出得来，我去医院看过他两回。至1996年1月，他不幸逝世。值得欣慰的是记述他艺术

南京高校京剧联谊会成立大会，东大演出《春秋配》
2排左4谭兴庭、左6章未，后排左1蔡万军（省京琴师）、左2郑秋白、左8吴明英（东大党委副书记）

南京市侨办海内外京昆联谊会演出《小宴》，章未（中）饰吕布，左图为省京演员"海内外"副会长杨小卿，指导排练

第七章 夕阳无限好（1991—2017）

生涯的专著《启航杭嘉湖——记杨小卿艺术生涯六十年》,于他生前出版了,他托人带给我一本,留作永恒的纪念。

同年12月,东大学生会主办了一场《梨园飘香》戏剧欣赏晚会,请省京来校演出了几个折子戏。我们东大京剧组出了个节目:京剧行当联唱,是化妆彩唱,我来了段《罗成叫关》。

随后,我除了原来参加的东大京剧组"老年京""海内外""高京联"外,又在不同时段陆续加入了汉宝国剧社、回归国剧社和市政协金陵京剧联谊会,艺苑京剧研究会等票房演唱活动,还参加了中央大学老校友、原水利厅副厅长方福均府上每周一次的京剧"沙龙"。在东大,于1996年,我接了郑秋白的班,负责京剧组,2004年交给了谭兴庭。在"海内外",我担任过副秘书长,在"高京联"先后担任过副会长与顾问,组织过有关演出活动。二三十年来,活跃于南京票界,活动太多,不做赘述,概括如下:

海内外京昆联谊会领导及秘书处在市侨办合影
前排左4丁健(会长、前侨办副主任)、5颜健健(侨办主任)、6王国祥(常务副会长、原市人事局局长)

南京市政协金陵京剧联谊会合影
前排左5汪正生（会长、政协主席）、左6王琴生（原省京剧院长）、左7潘寒操（前会长、政协前主席）

南京汉宝国剧社合影
前排左4杨应章（会长）、左6梅学家（顾问，市委原组织部部长）

南京艺苑京剧研究会成立十周年，我作告别演出《玉门关》（右2），时年85，中为会长兼京胡汪人杰（原市文化局副局长）

2001年中大校友水利厅副厅长方福均（左3）79华诞，与方府沙龙戏友合影，左2章未，左4、5南医大教授丁绪亮、李栋生

一、舞台演出。这些年，不计 1960 年代两折青衣戏，我前后在 16 个折子戏（含两段彩唱）中，饰演了小生角色。计有《汾河湾》《春秋配》《小宴》《柳荫记》《罗成叫关》《柜中缘》《春闺梦》《徐策跑城》《洪羊洞》《监酒令》《辕门射戟》《打龙袍》《铁弓缘》《贺后骂殿》《断桥》《玉门关》等。

2005 年我唱《断桥》时，已经 75 岁了，老矣哉，再演小生，化妆不中看了，为免"献丑"，决定以后只作清唱，不再粉墨登场。可到 2015 年，时值艺苑京剧研究会成立 10 周年，也是会长汪人杰 80 华诞，会员商定搞一场隆重演出，好好庆贺一番。剧目自己出，全部彩唱，其余一概包给省京。在众多票友伙伴的鼓励下，我决定在阔别十年后，重登舞台，参演《玉门关》"出关""夜警"二折，过把瘾。是年我已 85 岁，这回可真是我的最后告别演出了，亦以志之。

二、日常演唱。像模像样的演出，毕竟偶一为之，更多的是票房的日常演唱。东大票房，每周一次，1987 年以来，一直坚持。2014 年后，由叶素秋接谭兴庭掌门。此时京剧组已改属东大退协领导，成员也有增加，除老人外还有徐泉清、周伟君、杨永龄、曹菊红、肖爱华、丁绍阳等，人气很旺。2015 年，学校退协还搞了场"夕阳红"京剧彩唱专场演出会。东大京剧票房在南京高校是说得上的。

另外，我一般不去外地活动，只曾去过泰州（梅兰芳故乡）参加第一届全国高校京剧演唱会，唱了段《小宴》，也随"海内外"去芜湖、随"艺苑"去扬州，与当地票房作过交流演唱。再者女儿章晔在上海浦东"康桥半岛"买了套住房，我寒暑假去上海小住，也参加了当地一家票房"菊韵京剧社"活动。2017 年，我去上海，奔女儿处，入住亲和源迎丰老年公寓养老，"菊韵"就成为我参加京剧活动最后的，也是唯一的票房了。

三、"触电"活动。参加京剧活动，没想到还有多次"触电"机会。我参加的一些票房，或于重大节日，或相互联谊、交流时，往往会举办专场演唱。南京人民广播电台经济台徐兆佩常会到现场录音，并在其主持的《梨园内外》栏目内播出。1991 年，江苏人民广播电台也在其《戏曲大家唱》栏目内播送过刘亦南、陆龄黄、谭兴庭和我作为高校组合演唱的几个唱段。2007 年中央电视台《跟我学》栏目来南京为"海内外"录制《周末大家唱》，我除参加"我们是工农子弟兵"齐唱外，还清唱了一段西皮《玉门关》。在电台、电视台演唱，个人"露脸"，也算是为弘扬国粹京剧做宣传、出份力吧。

在全国高校京剧演唱会开幕式上演唱

四、文稿编写。二三十年来，我也写了一些有关京剧的文章，陆续发表于我国唯一一份反映京剧票友活动的报纸《京剧票界》上。

2004年9月，南京市级机关举办庆祝建国55周年群众演唱会，市侨办与"海内外"演唱京歌《金陵赞》，由我作词，纪秋华谱曲，获创作奖及演唱三等奖。2005年"金陵"京剧联谊会成立10周年，我写《浅说学唱国粹京剧》一文，刊《南京政协》专辑《走近梨园》。

另外，在2005和2009年，我先后为"海内外"执编了两册南京海内外同胞京昆爱好者联谊会成立16周年和20周年的纪念图册，各印1000册，内容丰富，制作精美，在国内票房实属罕见。2010年，我也自编了一册《我的京剧情缘》图册，印了300册，与亲友及同好交流，没两年就告罄了。

五、以戏会友。二三十年来，在南京这个京剧圈子里，结识了不少人士，交了不少朋友，大家相处都很好。除了本校的会员外，"高京联"有李栋生、陈锡生、雍安保、花蔚文（也是江阴老乡）、李海萍、张玲等，"老年京"有汪小丹、赵恒昌等，"海内外"有丁健、王国祥、邱平、陆龄黄、王秀芳、石韵兰、刘静、刘苏玲、孙跃明等，"金陵"有潘寒操、梅学家、姚伯良、周焕华、俞荣华等，"汉宝"有杨应章、程美玲、邵有录等，"艺

在CCTV11频道《跟我学》栏目演唱《玉门关》

自编图册《我的京剧情缘》

苑"有汪人杰、谢佩珍、黄素琴、刘月英、朱啸宇等,还有南京名票陈明虎、殷宪芹、王金桂、赵明生等也均相熟识或配过戏。

在专业人士方面,省京王琴生、杨小卿、王正棠、翁舜和、钟荣、周友福及琴师沈福庆、周义刚、蔡万军、徐季平、杨国华、郭峰等,市京喻慧霞、张建强、王善萍及琴师吕忠、谢文华等,以及戏校王少生,均有较多交往。

另外,南京众多琴票如唐予森、闻孝瑜、顾松龄、屠曾直、郭立基、纪秋华、达庆裕、沙祥宝等,均长期提供琴谱,帮我伴奏,我深为感激。

国粹京剧,成为我退休生活的重要内容,它带给我欢乐,它帮我实现四个"有所",它是我第三个"专业"。机械制造、高等教育,这前两个专业,我已告别,而京剧这第三个"专业",大概将伴我以终生。

探亲美利坚，见识西洋景

　　1991 年，半退半休以后，虽说生活无忧无虑，工作轻松愉快，但还是有所牵挂，主要是儿子章晖 1992 年去了美国，女儿章晔 1993 年去了上海。二人皆初涉社会，尚未成家立业，后面还有很长的路要走。尤其是章晖，他远在异国，不敢轻易回来，担心再去时不给签证，一转眼几年没见面了。时至 1995 年，校史分工给我编写的部分，俱已脱稿。统稿的任务，那要主编偏劳了，我可以盈出时间，做些什么别的安排。此时，元明干了两年 PFBC（增压循环流化床蒸汽燃气联合循环发电工程）的贾汪中试电站水工设计告一段落，打报告提前退休获准（按规定应到 1997 年 9 月退休，担心以后改了制再退，会被推向社会），虽然依然返聘，搞点审核，却也可有较大机动。我们决定 1996 年同去美国探亲，一看儿子章晖，二看外部世界。

1993 年章晖在美获硕士学位

话说章晖1992年赴美就读图书情报专业硕士学位，靠我们自己，是没有这经济力量的，主要是香港的支持。首先是他外祖父作了承诺，担保及汇寄费用，则由思浩舅操办。读书期间，一切顺利，虽说也在学校图书馆打点儿工，但不像有些留学生要自己吃苦挣钱，交学费、过日子。章晖念书本事大，一年半就拿到了学位。1993年9月毕业，10月就找到了芝加哥图书馆的工作。芝加哥图书馆很大，有80个分馆、2000个员工，他具体是在Bezazian分馆就职。那里位处芝加哥北部，也是个华人聚居处。他通中英文，又是专业对口，工作得心应手。按照美国的规定，学生毕业后，可以有一年practical training（实践训练），如要在美国工作，则要办H1（工作签证）。这本是很寻常的事，但章晖于1994年初操办这事时，意外发生了麻烦，居然为此打了场"洋官司"。先是人事部部长不给办，说："我们没办过！"再找主管副馆长，约定两星期后听回音。届时无答复，章晖挂电话过去，答曰："过去办过，但我们不该办，现在我们改正，不再办理。"分馆长、工会、图书馆华人协会为章晖抱不平，支持他找馆长。馆长倒简单，嘱章晖找个律师和他们馆的律师一起研究一下，该怎么办就怎么办。两位律师一接触，一致认为没问题，该办！于是馆长着办，人事部照办，移民局很快给了签证。章晖"洋官司"打赢了，事也办成了，可也从此得罪了人事部部长与副馆长，眼看以后再要在她们手上办"绿卡"，那是休想！1995年，章晖申请进罗耀拉大学读计算机专业硕士学位，以便今后可以"跳槽"，获准入学。于是他就白天工作，晚上上课，搞起"半工半读"来了。美国大学和我国不一样，不分全日制和夜大学，全天排课，你自己选读，读满学分就毕业。而且，为鼓励在职职工学习，你业余读大学，课程的成绩拿到"A"，就可找单位报销。章晖是读书能手，拿"A"不在话下，那就等于图书馆给他公费读研了。

1996年，我们去看他，是首次出国。6月9日晨，于上海乘东方航空公司MU581K航班出发，抵北京办出境手续。而后飞美国西雅图，下机至候机室休息，再起飞抵芝加哥。适逢大雨，下不去，飞机在空中转了6个圈子，才降落，晚点1小时。整个行程20小时，因为有时差，全程大白天，却也有趣。出得机场，章晖已在门口等我们。4年半暌违，见面自是高兴，但中国人感情含蓄，也无太激动的场面，只是第一印象：小晖瘦了！不免有些心疼。

章晖住处说是"one bedroom"，实际上是一室一厅，进门左手是洗手间、储藏间，而后为卧室，给我们睡；右手是灶台、冰箱，其余空间则是兼作餐厅、客厅、工作室以及他的卧室。章晖买了张沙发床，白天当沙发坐，晚上打开就作床用。新房子，铺上地毯，热水、煤气一应俱全，条件可以。我们没来时，章晖早上吃点牛奶、面包，午晚两餐在图书馆附近餐馆买份"carry out"。我们来了，则可以自己开伙，让他带饭，过相对稳定的家庭生活了。

章晖生活，我们放心。他每月三四千美元薪金，1/3 交税，1/3 房金加吃穿用，剩下 1/3 千把美元，一年也有万把块积攒。这在一般到国外不久的"洋插队"看来，是很值得羡慕的了。

章晖工作，更没说的。他从来就是认真负责对待每项交给他的工作。把他放哪里，他就在哪里干好。在 Bezazian 分馆，几年来，已经完全熟悉业务，分馆长十分器重他。我们 6 月 9 日到，11 日突然章晖来电话，说馆里同事要见我们，嘱马上过去。我们一到馆里，便受到热情接待。不一会儿，进来一帮子人，由总馆助理馆长韩国人金小姐带队，戴着面具，有的吹着"铜管"，有的举着牌子，原来是专程给章晖颁奖来的。芝加哥公共图书馆为表扬工作有出色表现的员工，特设"猫头鹰奖"，近 2000

章晖在芝加哥图书馆获猫头鹰奖

名员工中，只有 8 人能获此奖状，章晖是一个，甚是不易。虽然在图书馆办 H1 过程，很不愉快，但对章晖工作成绩的肯定，多少也算个安慰。图书馆还给《世界日报》发了份稿子报道，刊于 7 月 20 日，还配发了我们仨的合影。这段日子是章晖出国后较为得意的期间。可表彰归表彰，但对章晖而言，要在美国待下去，关键要拿"绿卡"。咨询了律师，得到如下说法：到 1997 年，先办 H1 的 renew，应无问题，再申请办绿卡。如在图书馆有障碍，可找电脑方面工作，H1 可以转，争取新单位办。似乎路子挺宽，他也就放心了，可以后的变化，是始料未及，那是后话。

我们到美国探亲，一叙天伦之乐，二看他生活、工作怎么样，今后有何设想与安排，还有一个问题，就是对"成家"的考虑。章晖的想法是要"情趣相投"，但一时又无合适的对象。另外，自己还没拿到绿卡，工作还不稳定，似乎还不是时候。虽说已经年过"而立"，他不急，我们也只能"且自由他"。

章晖由于工作、学习均忙，只好就地陪我们玩玩芝加哥的景点。在密执安湖畔散散步；到 Downtown 乘游船游湖；去芝市最高大楼 Sears Tower 登高远眺……再有其供职的图书馆总馆和就读的罗耀拉大学也得一去，看看他工作、学习的环境。7 月 4 日，美国独立日，放假，Grand Park 有游艺、美食等活动，章晖陪我们去兜了转，就近还参观了水族馆。一家三口，在一起游玩，是几年来难得的机会，晖已经尽了力。以外，则要我们自己去闯世界了。

芝加哥是美国第二大城市。到了美国，纽约、华盛顿总得走一趟。儿子要上班，便给我们通过旅行社安排了"美东 5 日游"，先后去了纽约、费城、华盛顿和尼亚加拉大瀑布，在纽约还见到了元明分别 40 多年的上海清心女中同学陈爱蒂和张曼君。五日旅游，走马观花，匆匆忙忙，但美国主要城市的主要景点均照过面了，比章晖四年到的地方还多。且摄有照片可回味，不虚此行。

在美期间，我堂弟章寿植一家 5 口从明尼苏达自驾车来芝市见面，元群夫妇正好也在芝市其长子其宇处探亲，过来看了我们，并同去参观 Science and Industry 博物馆。前辈老教师、族中大侄子章宏甲也来寓所见面两次。还见到了章晖、章晔在芝市的老同学李兰、史懿恕等，世界真的变小了。在美三月，我们看了章晖，基本上放下心来，也见识了外部世界，任务完成，9 月 9 日，飞了回来。

观赏尼亚加拉大瀑布

堂弟寿植(左一)一家,来芝加哥见面,逛唐人街

同住地球村，永远一家人

原来以为章晖的事已经摆平，却不料人生的道路并不平坦。1997年，他办工作签证的renew，又经历了一番曲折。图书馆还是无理刁难，章晖发脾气，要走人了，分馆长出面给帮忙办了。1998年，取得了罗耀拉大学计算机专业的第二个硕士学位，本来是好事，可他却高兴不起来。原来想拿了学位，跳槽到相关的计算机公司工作，再办绿卡。可他没注意到美国工作签证只办两次，一共6年。到2000年，他的签证就要期满，过期如果还没拿到绿卡，即不能再在美国逗留。而他即使跳槽成功，申办绿卡，再排队等批准，一年多的时间也是极难办成的。那时他将成为"黑人"，具有强烈自尊的章晖是绝不干的，也许还有两次办工作签证伤害了他感情的影响，他决定离开美国，到加拿大发展。他一方面结合新学专业，在图书馆内搞计算机管理，提高实践能力，一方面向加拿大提出技术移民申请。半年以后，他收到加拿大寄来的永久居住证（加拿大是黄卡），嘱1999年底前报到，即为有效。至此，他就结束了在美国的"八年抗战"，踏进了加拿大国土。在美国，虽说由于办证问题上遭到图书馆一些人莫名其妙的刁难，未能顺利发展，可语言过了关，拿了两个硕士学位，有了工作实践，还挣了几万美元钱，差可自慰。在美国，被绿卡卡住了，在加拿大，人还没过去，黄卡先到手，期望着能够有个好运气，得到好的发展。

去加后，先到温哥华，元明小弟思泽定居在该市，元芳妹与思浩弟也都置有房产，每年去住一两回。章晖先在思浩二舅舅家落脚下来，再找工作。一开始还算好，很快找到了一家软件公司，是一名"老加"和一名韩国人合股经营的，有二十来个职工。给章晖开的工资是月薪3000余加元，这比在美国拿4000余美元有个很大的落差，但加拿大的国情就是如此，章晖也认了。可一年后，市场不景气，公司搞不下去，把员工一起裁掉，就留一个章晖，我开玩笑说是"一仆二主"。第三年，公司宣告破产，还欠了他一两万加元工资，其时已是2002年了。

由于有"黄卡",可来去自由,他2000年回来探过一次亲,2002年底再回来,我们同在上海康桥半岛章晖处过的年。章晖告诉我们说,他对在公司原来搞的业务情况比较看好,现在由他出面,与"老加"以partner的形式合作,让老加接业务,搞美工,他做技术工作,只要把基础工作做好了,以后业务上手,出活就快了。我们信他,由他去闯天下便是。这年,原本有人给他介绍对象,是东大一位教师的千金,南非留过学,现在同济大学当老师。我们认为很般配,他回来正好可以见个面。可他不想见,说"底气不足,压力太大"。我们理解他,虽说已经年达37,但国外"王老五"多的是,也只好听其自然。

　　还有一件事,就是他去加拿大时,身有几万美元积蓄,一个偶然机会,买股票赚了几千元。钱来得太容易了,便更多地投了进去,一阵狂跌,又匆匆地抛了出去,亏得惨极了,可谓"呆"矣。但呆有呆福,2004年,他买彩票中了个二等奖,发了7万加元横财,补了回来。思泽舅舅帮其做主,花25万(先付10万,贷款15万,13年还清)买了一套位于downtown的one bedroom,就算是有了属于自己的住房了。也就在这一年,他入籍加拿大。路是自己走的,我们不鼓励,也不反对。从此除了亲属关系外,又多了一重"国际友人"的关系,好在"同住地球村,永远一家人"。

章晖购房温哥华Richard街

枫叶是加拿大国家标志,满街尽是

我们决定在还能走动的情况下，去次温哥华，再看看他，当面沟通沟通。

可事态发展，远非理想，章晖看好他的业务，他也做了一些项目，反应不差。他说：几千元的项目，他几天就可做好。可问题是你要能接到项目，没项目到手，那就一个子儿也进不来。可能是因为他们只是俩年轻人，又没背景与路子，靠自己小打小闹，人家信不过，局面一直打不开。我们提醒章晖不要一棵树上吊死，可他却依然恋栈，不肯跳槽。就这样苦苦挣扎了几年，没有走出低谷，我们也没能成行。直到 2009 年 1 月，思浩弟的北丰纺织品公司成立 25 周年，他邀请范氏五兄弟姐妹全家赴港聚会。章晖也从温哥华飞港见面。我们就其今后走向，作了探讨，一致认为他必须重新定位：不搞"partner"，与"老加"脱钩，改弦更张，自行觅职，他接受了。随后，同回上海过牛年春节。这是我们新的一家 6 人（我们两口、儿子章晖、女儿章晔两口带上外孙女）第一次团聚，实在来之不易。章晖回加后，当年 8 月，即应聘 Quick Mobile 公司，搞网络研发，年薪 55000 加元，在新的起点上，重新启程。公司与住处，相距不过几十米，巧极啦，也妙极啦！公司不大，也是两个老板，加拿大人，但能拿到政府项目。章晖加盟时，连他才三个雇员，另两位一个是俄罗斯姑娘，一个是印度小弟。等我们 2010 年 8 月去温哥华探亲时，公司已经发展到一二十人了，章晖属创业元老。

2010 年 8 月 19 日至 11 月 11 日，我们去加拿大探亲。一是再叙天伦，征询对成家的意见，毕竟 40 多岁的人了。以前耽搁了下来，现在有了相对稳定的工作，且居有定所，如有合适对象，找个伴过日子，是其时矣。可章晖答曰："我现在蛮自在，何必找不自在。"既然他是这样想的，那我们尊重他，也就 OK 啦。二是温哥华乃"世界最适宜人居地"，我们也来体验体验，且可与思泽弟见见面。和去美国一样，温哥华当地，由章晖陪我们观光，外地我们跟旅行社去。

章晖住房地处温哥华市区正北，位于 Richard st., 是一幢二十余层的公寓楼，他住 15 楼，面积 55 平方米，结构与当年在芝加哥的差不多。坐北朝南，极目遥望，可以看到远处海湾、渔船和对岸景色，可见空气之清新，能见度之高。出门西南行，至 George Wainborn Park，面临海湾，景色宜人，我们每天至此打太极。在假日，则由章晖陪我们就地、就近先后去过 Granville Island, Canada Place, Water st., Queen Elizabeth Park 等景点小游。外地则我们自己找旅行社，参加了洛基山四日游和维多利亚一日游。洛基山之旅，一路山色湖光，美不胜收，尤以哥伦比亚冰川，印象最深。它面积 6 平方公里，深 300 米，形成于万年以前，不可思议。去维多利亚，则仅需乘渡海轮船，上温哥华岛即是，我们参观了省议会大厦，游览了闻名世界的宝翠花园，花园有百年历史，花卉、植物千余种，灿烂夺目，令人流连忘返。

在温哥华三个月，自己开伙，我虽已 80 高龄，身体尚健。去 China-town 超市采购，拖个购物车，单程 20 分钟，小菜一碟。在 China town 有中山公园和中华文化中心。中心有京剧活动，每周一次，原陕西省京剧院当家青衣李晓芙任艺术总监。惜乎无有琴师，去活动需自备伴奏带，我没有，只好作罢。经向李询问，得知就在附近有个"颐社"票房，那里有琴师，按地址找去，联系上了，也就在那玩上了。社长缪玉华，工青衣。琴师张平安，香港来定居的，琴拉得很好。"颐社"没唱小生的，我去他们很高兴。

在加期间，与思泽弟多次相聚。时值光之弟在西雅图探亲，一家三口也赶过来见了一面。短短三个月，一晃而过，活动丰富多彩，颇不寂寞。由于章晖的工作与生活已基本稳定，我们也就放心了，11 月，如期返航。

登洛基山脉硫黄山顶

加拿大哥伦比亚冰川

"2-2-1 部队",扎营大上海

再说章晔,1994年在北丰公司上海办事处工作,先是协助姜光之姜总,抓好配额下到厂家的任务,要求做到如期按质交货,然后或存库,或外运香港出口。她很快熟悉了业务,几年下来,工作得心应手,上海办给她从助理晋升为进出口部门经理。工作上是挺顺当,可生活上还有些问题,我们放心不下。一是居无定所,就在办公室内打个铺。办公室在控江路凤凰大酒店顶层15楼,一下班,上海人回了家,就她一个二十几岁的姑娘家住这楼层里,而且顶层还有个大平台,想想也可怕;二是谈对象问题,有个地区差,如在南京找,她工作在上海,如在上海找,她户口在南京,是个制约。我们想:从长远计,既然在上海发展,恐怕得在上海有套房,安定下来。1997年底,正好东南亚闹金融危机,我们手上有点钱,不如撑她一把,解决了这个问题。沟通后,过了1998年春节,我们就去上海,看了两三处房子,便在浦东买下了银山路72弄(金杨公寓)5号楼1403室一套公寓房,三室一厅,106平方米。从此,算是在上海安了个家。再者,作为表叔的姜总,一直关心着她的成长和生活。章晔"五大"生(夜大、电大等非全日制大学生)毕业后,到此时,已有七八年了,姜总鼓励并支持她以同等学力报考在职进修的工商管理硕士(MBA)。一则是对她培养,二则同学中可以多些交往,创造机遇,解决"个人问题"。1998年,先上了同济考研补习班,参加1999年的研究生入学考试,这次差10分,失败了。但可以"先上车,后买票",即先随班听课、考试,成绩记录在案,以后考上、取得入学资格后,成绩有效,不需重读。如果读完了所有课程,还没考上,给份"研究生课程进修班结业证书"走路,没有学历。章晔连考三年,2001年终被录取,还差两门课和做毕业论文,2006年完成全部学业,并取得硕士学位,实在来之不易。同时,果然在补习班上认识了同学黄文庆,建立了感情,明确了关系。2000年春节,黄来南京见了面,2001年春节,章晔去天津见了黄文庆爸妈,彼此满意,就这么定了。8月,

2001年章晔与黄文庆在上海结婚志庆

2002年置房上海康桥半岛711号

与亲家黄时聪、李玉桐（天大正、副教授）团聚

我们在上海办了两桌酒，举行了十分简单的婚礼，至亲聚一聚。这年，章晔已是32岁了，我们总算了却了一桩心事。

黄文庆，天津人，1968年生。父亲黄时聪、母亲李玉桐同是天津大学教授、副教授，和我们"门当户对"。他们有一女一男，女儿依华，同济大学硕士生，远嫁德国。一子文庆，从武汉一所学院的管理专业毕业后，一直在外地"打工"，他外文特好，当时在上海一家荷兰的努安公司，搞项目投资前期工作。1999年考上同济MBA后，一边工作，一边学习，2003年毕业。2001年，章晔与文庆结婚后，他一直想自己另买一套房子，最后选择了外环线外属于南汇县（后改南汇区，最后并入浦东新区）的一套别墅房，沪南路2729弄，三层楼232平方米，72万元，先付36万（两家老人各出10万），贷款36万。2002年4月，交房后即搞装修。可到6月，文庆因被思浩弟看中，跳槽去深圳北丰公司总部工作，随后章晔也调去深圳。房子装修没人管可不成，我们乃去上海，接手当"施工监理"。7月竣工，9月入住。新房新装，没人住不放心。起初，我们与天津亲家轮流"值班"，各住几个月，再换班，不胜其烦。后来，干脆空关。

2003年，章晔两口子又被公司总部调去宁波镇海北丰的一个工厂实体去抓线毯业务，黄文庆主要对外接任务，章晔主要对内抓生产，搞得挺有生气，一年转亏为盈。2004年，他们还邀我们陪同二姑丈姜治经、二姑母范芳辉回宁波看看，由文庆驾车，玩了溪口和杭州，大家都很高兴。2005年，章晔怀了孕，我们于她产前先期到宁波，租住炼化公司宿舍。12月19日，章晔于镇海龙赛医院剖宫产，生一女婴，重7.4斤，由我取名黄遐。"遐"，意指深远，叫起来也上口。我75岁当外公，喜得老泪盈眶。他们找了月嫂，满月后换个全工，帮忙带孩子，诸事安排妥帖后，2006年4月，我们回南京。随后，由于公司总部决定将线毯业务并到深圳，他们办完了善后后，于7月同回上海办。姜总退居二线，章晔接手上海办。是年，他们已年近不惑，希望相对稳定。由于上海办的业务也在收缩中，黄文庆又不拟再去深圳，2007年，他辞去北丰工作，另谋他就。

通常有个说法，日子好过，就觉得特别快。从那以后，一转眼就是十多年。章晔相对稳定在上海办，白天工作，家中有保姆照看，晚上自己带孩子。黄文庆虽然换过几次工作，有段时间还去北京就职，包括英国石油公司（BP），但基本上是前后连接的。他的特长是英语好，学的是管理，尽管公司不同，业务不同，但他肯学习，能较快上手。他事业心较强，只要工作合适，单枪匹马去外地也干，好在如今交通方便，个把月回来一次

2007年外孙女黄遐2周岁

2015 年于上海合摄全家福

也方便。我们则每逢寒暑假，就可以来上海小住，每次两三周。毕竟比他们来南京看我们，来去匆匆，可有更多的日子相聚。上海就成了我们这支"2-2-1 部队"（我们两口子，章晔两口子加上外孙女黄遐）的扎营地。

在这几年里，除了我们寒暑假期间去上海共聚天伦外，有时，章晔他们在节假日，也会一起到南京来看我们。2010 年春节，章晔一家三口还带我们去海南三亚自由行，玩了一星期。我们住进社区私人旅馆，去过亚龙湾、大东海、亚诺达热带雨林，到小鱼儿温泉泡澡，尽享南国风光。2015 年 5 月，章晔携黄遐来南京，陪我们去秦皇岛与亲家黄时聪、李玉桐会合后，同游山海关、北戴河。回程到天津，我们拜访了天津大学亲家他家，也顺便去南开大学看了我阔别多年的杨舍老同学郭士桐，还有元明的若瓒叔和胡敏婵。都是 80 多岁的人了，有机会能见上一面，都是很不容易的。我们还观光了五大道风貌建筑旅游区，别有风味。是年元明 80，章晖 50，回国探亲，全家同庆。

现在回想起来，章晔没出国还是对的，要是他们都飞走了，我们彻底空了巢，那老年生活将是另外一番景象。

亲情，友情，山水情（一）

退休以后这些年，子女均独立于社会，也帮他们做了些必要的安排，各得其所，可以不多牵挂。要问还有什么别的思念？答曰：有！年纪老了，喜欢怀旧，这辈子在不同历史时期，生活在不同群体中，与不少亲朋好友相处，人生有缘才相会，有的还关系至深。退休前大家各忙各的，顾不上多联系，退休后较多空闲，可以有更多机会彼此看望叙旧，或相聚出游，亦人生一乐也。我这辈子相处的群体，计有：父系、母系、妻系亲属，杨舍小学、初中同学（"艺蕾"同人）、高中同学，大学同学、同事，京剧戏友，等等。这些年我们在这些方面的活动可也不少，成为生活内容的一个方面，于此作一概略记述。

父系亲属。吾生也晚，在我退休前后，上辈差不多俱已仙逝。同辈只有儿时东横街几个堂兄弟章寿榛、寿植与寿机还有联系。寿榛于1945年抗战胜利后，即于青岛考上海军，去了台湾。寿机1951年参干，当上解放军海军。他们多年失联，幸未阵前相见。寿榛退役后在油轮上工作，"两岸三通"后才得以回大陆探亲。1988年春节，他由寿植弟陪同来南京到我处看望我们共同的继祖母朱德光，得有机会见上一面。这是1937年"逃难"分手以来，唯一的一次相聚。寿机一直在天津一所海军学校内任职，南返探亲时，我们先后在南京、太仓寿植弟家见过面。联系最多的是寿植弟，他先在江苏省纺织厅工作，全家在南京，我们往来较多。后他转至太仓一纺织厂任副厂长至退休。他女儿章玲定居美国，1996年我们在芝加哥章晖处，他们来芝会晤，已有记述。如今一转眼又是二十余年过去了，他三兄弟均已故去，只章玲还与我们保持着联系。

再者，我父亲章敏农是由苏州嗣到江阴的，他在苏州的亲兄弟，只有二伯父章世勤家我联系较多。因他退休后定居南京，我1950年到南京上学，同在一地，可彼此并不知道。直到1957年，他从苏州小姑妈章佩英处得悉我信息后，来南工找我，才联系上。他有子女五人，南京有堂弟景岳、

父系亲属：左 2 堂弟章景岳、左 3 堂妹章雪芳

堂妹雪芳。二伯父去世后，我与他们两家常相往来，每逢春节或哪位寿诞，则三家团聚，亲情融融。值得一提的是我们东大文昌桥宿舍过太平北路去校本部的过街天桥，还是景岳弟的作品哩，他时在南京市市政工程公司供职。

另外，从二十世纪四五十年代迄今，在我们东大，居然有 4 位江阴章氏族人于此任教。他们是动力工程系章臣橞，机械工程系章宏甲与我，以及无线电工程系章文勋，我们是同事，兼有兄弟叔侄的关系，实在难得。

母系亲属。在我们这一辈中，南京有大舅父家表姐陈为琦，上海有小舅父家表弟陈为承与陈为继，和三姨母陈以芝家表弟顾文钧、表妹顾文玫、陈为静等，有较多过往。为琦表姐长我 5 岁，她一生坎坷，苦苦撑起了一个家，实属不易。晚景还算比较幸福，女儿美丽陪伴着她，外孙小雷、外孙女小云均东大毕业，立业成家。只是她随后就因脑功能衰退，住护理院，至 2018 年去世，享年 93 岁。为承表弟原供职上海锅炉厂，小我一岁，退休后不多年就谢世。1998 年，章晔购房金杨公寓，我去上海小住。约齐文钧、文玫、为静、为继四家相聚，此乃我们这辈陈默之公第三代后裔首次有较多成员参与的盛会。其后，我们春节来沪，或有人寿诞，相约团聚，成为常态。

第七章　夕阳无限好（1991—2017）

南京母系亲属：左2表妹陈为琦、左1表甥女陈美丽

上海母系亲属：前排左1表妹顾文玫、左3表妹陈为静，后排左2表弟顾文钧、左4表弟陈为继、左5章未，同列另一位为各自另一半

妻系亲属。元明祖父范禾安多子女，我岳父范锦辉行二，岳父母于20世纪90年代初在香港去世。范氏亲属中，我们交往最多的首属元明亲弟妹思忠、思浩、思泽弟和元芳妹几家。不计多次个别间的晤面，他们先后于2000年在上海、2009年在香港有过两次大团圆。2006年11月，他们还专程从香港、上海赶来南京，给元明祝贺70华诞。另外，交往较多的则有上海的二姑母范芳辉一家和三叔范若瑛一家。范芳辉是我们的大媒，表弟姜光之被思浩弟请出来任北丰上海办经理，是章晔的领导和前任。三叔范若瑛在1978年堂弟思正考进南工建筑系后不久，就被肝癌夺去了生命，我们与堂弟思正、堂妹元玲间关系较密。至2012年，二姑母去世，姑丈姜治经、三婶钱坤住进了护理院。由元玲妹和陆守昌伉俪张罗，每年春节前后，请出在沪的范氏长辈：大伯母、祖辉婶以及姑母范自辉和叔父范鸿辉两家，作次聚会，以表敬老之意，并邀同辈中长兄思忠弟作陪。我们在沪上，也被邀参加。2013年，我们于聚会后去看望了姑丈姜治经、三婶钱坤，还去杭州探望了姑母范丽辉和姑丈刘光华，盖他们这几位年事已高，见一面少一面，了个心愿。此后几年，他们相继谢世，思忠弟与天津若瓒叔也先后离去。自然规律，不可抗拒，愿逝者安眠，生者过好每一天。

妻系亲属：2004年与元明姑母范芳辉、姑丈姜治经同游杭州摄影

2009年范氏兄妹与表弟姜光之一家于香港聚会
前排左2范元明、左3姜光之，后排左2范思浩、左3范思忠、左5范思泽、左6范元芳

2016年，堂弟范思正（东大建筑系1982届校友）归国参加校友会，来家晤面

2019年堂妹范元玲与妹婿春节宴请范氏长辈

　　暨阳故知。在友情方面，由于我是独子，没有兄弟姐妹，也就特重友谊。从杨舍小学、梁丰初中到艺蕾剧社，我有蔡念椿、郑际泰、郭宗海、沈玉成、郭元群、童秉彝、俞世荣、吴仁培、六培伦、郭之玉、缪丽芬、高挹芳等同班同学，还有郭应宜、郭应爱、童秉慈、谢佩芬、童凤照等高低班同学，十几二十个人，从小到老，跨越半个多世纪，一直保持着往来联系。且在"文革"中又一起遭难，感情自非一般，现择要做一简述。首先是蔡念椿，儿时发小，从南菁辍学回家经营家传老字号"蔡元章"后，一直兢兢业业。1956年公私合营，他积极响应。工作则一贯认真努力，踏实负责，曾任朝阳副食品公司经理，并被评为先进工作者，选为人民代表……我每次回杨舍，总要与他欢叙别情。他长我三岁，迄今90余岁高龄，子孙满堂，"仁者寿"，信哉是言。再说沈玉成，自1957年在北大因被凑数5%，划进了右派。沉冤20余年，平反改正后在社科院文学所任职，也评上了正高，常有机会来南京与老友相聚，同游六朝胜景。我去北京也总去看他。他成家较晚，妻刘坤，有一女刘宁。他精心培养，一手将刘宁带进北大，并成为启功的研究生。本当安享晚年，惜乎天不作美，1995年，他突发脑出血去世。1998年1月，刘坤、刘宁奉其骨灰南下无锡，安葬

2013年去张家港访暨阳故知蔡念椿、陆河珍夫妇

沈玉成北京南归与旧友于鸡鸣寺小聚
左起郭元群、郑际泰、郭宗海、沈玉成、章未、俞世荣

于青龙山坡，立墓于其父母之侧，我和元群赶去参加了葬礼。我们三人从梁丰到"艺蕾""三五"，情同手足，他离世时未能送行，引以为憾，今得最后告别，于心稍安。在无锡见上玉成弟玉新、妹玉冰、表姐何雯，均系旧识，半个世纪睽违，相见甚欢。若干年后，刘宁从北师大转社科院文学所，女承父业，颇有成就，还编印了一本《沈玉成文存》，以志纪念。我与刘宁也一直保持联系。说起"三五田园"先是沈、郭、我与童秉彝四人一起生活。童离开我们，去小学任教后，郭宗海为演《白毛女》，自苏州来加盟"三五"。1950 年，我们四人同时进南大，加上原在南京的俞世荣、郑际泰，以及相继来宁求学、工作的郭应宜、应爱、缪丽芬、郭之玉、童凤照。暨阳故友竟有 11 人在南京，而且几十年未挪窝，我们经常互访、聚会，友谊远非寻常。

1998 年，我们在宁几位同去原梁丰老师郭宛琴先生家，祝她百岁寿辰。郭师是我初一国文老师吴伯昂的夫人、女生导师。其三子女也均是梁丰先后同学，长女吴锡军系省人大原副主任，子吴培亨是南大物理系教授、中科院院士。那天，郭宗海引吭高歌，郭应宜和我各唱一段京剧，共祝郭师健康长寿。

在宁暨阳故交每年一聚，2014 年合影

1998年梁丰校友祝郭师宛琴（前排中）百岁华诞
3排右4吴锡军、右2吴太弇，4排右1吴佩亨系郭师子女，梁丰同学

与郭师宛琴合影

1999年，"艺蕾"50周年，由郭元群和我、童凤照和童秉慈发起，杨舍老龄委常丙炎参与筹备，举行一次纪念活动。邀请"艺蕾"人及梁丰1949、1950届校友回杨一聚，得到热烈响应。10月9日报到，总计约有50人左右与会。当晚老龄委朱芝兰负责人（当年我住杨舍朱家墙门邻居）设宴招待。10日，先去鉴真东渡处、张家港保税区和江阴长江大桥参观游览，中午由保税区副主任郭家骏（郭令明次子）宴请。11日参观母校梁丰高级中学新址，正因其新，难觅旧梦。随后转到市一中，那是我们当年就读之所，可也只有一棵银杏树，见证了这里50年的沧桑。

及至新世纪，又是十几年，叶镜征、六培伦、郑际泰、郭元群、吴仁培、郭之玉等相继逝世，我们幸存者相见也难，但友谊长存！

1999年于张家港参加艺蕾剧社五十周年纪念活动

第七章 夕阳无限好（1991—2017）

亲情，友情，山水情（二）

"南菁"高中同学情。与杨舍故旧不一样，南菁高级中学在江阴县城，同学们住得分散，来往较少，且同窗才三载，为时较短，加之毕业后各奔东西，没有扎堆在一起。因此以后保持联系的朋友不多。同在南京的有王定一、徐永平、黄发（银宝）、尹美华等几人，外地有上海的江吉甫、钱雪蕾和济南的曹昌五等。只有1997年10月，母校南菁高级中学115周年纪念，来函相邀，我们南京几位1949届校友通了下气，他们都不去，我当代表，单骑赴会，回老家江阴，参加了这次盛会，也见上了在江阴的一些老同学。25日，我报了到，并将所带《东南大学史》和《汪公海粟》（汪也是南菁校友）两本书作为礼品相赠后，由吴文晨（堂姐章寿楠之子，南菁校办厂厂长）陪我去王朝大酒店住下。26日上午，在体育馆举行庆典，规模甚大。主席台上有省领导高德正、教委主任陈万年、华西大队老书记吴仁宝，以及地方政要与企业家，南大吴新雷和我忝为高校代表，也占了一席。27日上午，我们先去鹅鼻嘴公园，穿过黄山隧道到江边，看在建的长江大桥。随后去华西，参观集体致富的典型，吴仁宝做介绍，吴讲"土话"，其孙女当"翻译"。登金塔，眺望村民住宅，印象至深。曾经有名外国游客说："你们这样的社会主义，我们要！"归程顺访三望巷，300余栋住宅，三楼三底，40万元一套，村出20万，村民自己出20万，三年付清，难以想象。如今华西集团公司、三望巷集团公司，已在全国500强榜上有名，为家乡自豪！

"南工"大学同学情。1950年我考进南京大学机械系，1952年院系调整为南京工学院，1953年提前一年毕业，是南工机械系首届毕业生。当年毕业67人，留校10人。以后进进出出，至1982年，在南京的同学计有南工7人，万德钧、黄惟一（自控系）、曹公才、颜景平、郑文纬、袁亮和我（机械系），还有金志刚（南航）、陈兆平（南化）、程嘉森（南林）、钱颂迪（航空部管理干部学院）、朱志舜（南京机械学院），全在

南菁1949届同学江吉甫、刘惠华伉俪

与南菁1949届同学钱雪蕾合影

1997 年于江阴参加南菁中学 115 周年纪念活动

2001 年南菁中学南京校友会于南师大举行
2 排右 4 章未、右 2 徐永平，前排中尹美华为 1949 届校友，属与会校友中最早一届

高校工作。从这一年起，我们轮流做东，每年一聚。镇江沈林生（江苏工学院）、上海戴兴庆（上海机械学院）也间或来宁参加。30 余年不曾间断过，直到前几年，黄惟一、陈兆平先后去世，我们也都过八奔九之年，乃商定作罢。

"南工"于 1987 年复更名为东南大学,我们这一届同学在 1990 年左右,陆续退休,时间比较宽松。在宁同学还先后组织过三次东大机械系 1953 届校友毕业 40、50、55 周年联谊会,那是 1993、2003、2008 年,在大家还能走得动的时候,多见几面,不枉同窗一番。每次聚会,校、系领导和校友会负责人均亲切会见,介绍校、系发展情况。当年老师潘新陆、高良润、霍少成、虞鸿祉、温文源和原党总支书记朱斐也均有参加,重温师生情谊。由于我们这一届当年为适应国家建设、高校发展需要,提前一年毕业,三分之二以上分配在高校任教,其余少数去一机部、二机部的工厂或研究所工作。且当时学的"机械"是个大学科,未分专业。几十年来,各人发展方向各异——有搞机械设计、制造的,也有搞铸工、锻压的;有搞机床、仪器的,也有搞火箭、陀螺、汽轮机、锅炉和农机的……不仅能搞,也都能搞出成果,可以说得上是学有所成、业有所成,一般均是各单位业务骨干,有高级职称,且有多名博导、科技进步奖获得者、劳动模范、先进工作者……可以说没有辜负母校、师长的栽培。40 周年聚会,计有 33 人参加,美籍华裔学者王哲铮专程回来赴会。我们进谒了中山陵,观赏了秦淮风光,在大礼堂、六朝松前摄影留念。校友们还得到了汇集有全班个人照片和毕业后简历的相册一本,弥足珍贵。50 周年,再次聚会时,则已有 10 人作古,3 人失联,仍有 31 人与会。我们参观了校史展览馆和吴健雄纪念馆,给学校送上了书有"饮水思源,不忘师恩"八个大字的匾额,以志纪念。还游览了阅江楼,重访了总统府。临别宴会,在宁校友夫人皆出席亮相。其时,吾辈俱已年过古稀,相约 5 年后再见。55 周年,聚会如期举行,但外地校友,仅来 6 人,毕竟耄耋之年,远行不便。这次母系已提升为机械学院,规模空前扩大,而且全部迁去九龙湖新校区。校车将我们送抵新区,直达机械楼。院党委书记张立武亲自接待,介绍了学院发展情况,陪同参观了院史展览馆。校友们还参观了工业发展与培训中心,看到一排排崭新的数控机床,回想当年在实习工厂皮带车床上干车工的情景,深感时代变化、母校发展之快,不胜赞叹。复乘校车,在新区校园内兜了一圈,看了一期建筑,遐想母校完全建成后,必当又是一番景象。此次聚会,校友最年轻者 76 岁,最年长者 84 岁,已属不易,它是我们大学同学最后的一次聚会,以后将是只有个别往来和靠电话、手机相通了。除了南京同学外,外地同学我只与镇江江苏大学沈林生、武汉华中科技大学胡庆超和哈尔滨轻工业学院杨承曙少数几位同学还保持着联系。

南工机械系 1953 届南京校友每年一聚
前排左起：陈兆平、颜景平、戴兴庆（上海）、朱志舜、金志刚、钱颂迪、万德钧、黄惟一、沈林生（镇江），后排左 1 章未、左 2 曹公才、右 1 程嘉森，中间为夫人们

2003 年南工机械系首届（1953 届）校友毕业 50 周年纪念
前排左起 6~9 为温文源、潘新陆、高良润、虞鸿祉老师，11 史今飞为机械系主任，13 章未

最后，再说一下"南工—东大"的"同事"情。我自1953年南工机械系毕业，留校任教，分配在机床、刀具教研组后，由黄仁与我二人，承担"金属切削原理与刀具"一课。1954年初赵芝眉从北京工学院转入。1955年，原来因患肺结核休养的李高敬，病愈后恢复工作。1956年汤铭权哈工大研究生毕业来南工。自1956年至1963年，时修荣、丁瑞莲、万迪慧、谢锡俊、何健康相继毕业留校，充实刀具教学小组，从事本门业务的教学与科研工作。李于"文革"前调去上海后，刀具组9人，一直在一起共事，团结合作，和谐相处，工作也卓有成效。1983年我去教务处，何去生产处，随后，时去图书馆。几十年来，仍互有联系，保持着深厚友谊。退休后，2008年由黄仁与我发起，一年一聚，直到前几年才因年龄关系，行动不便而叫停。

2008年南工机械系刀具教学小组聚会
前排左起：4 时修荣、5 赵芝眉、6 谢锡俊，后排左起：4 丁瑞莲、5 黄仁、6 章未、7 汤铭权，8 万迪慧，余为另一半

另外，在 2012 年到 2013 年，我有机缘参加赵芝眉组织的多次旅游活动，补足了我人生中这块短板，当有以记之。主要是以前条件不够，退休后有时间、有钱了，可又"超龄"了，旅行社不接受。但赵与旅行社达成默契，按一定要求，以东南大学教工名义自己组团，可以破例。我先后参加了泰新马、宝岛台湾、柬埔寨、俄罗斯以及山西游，满足了心愿。以下作一概略回顾。

2012 年 11 月泰新马十日游。在泰国曼谷游了柚木行宫、皇家御会馆、玉佛寺、大皇宫，夜游湄南河。去芭堤雅，经"龙虎园"，观人鳄表演，在"东方公主"号观人妖表演。去金沙滩，参观蜡像馆、九世皇庙、七珍佛山三大奇观以及四面佛，宗教色彩浓浓的。飞新加坡，游览鱼尾狮身人像、圣淘沙、花芭山……过境入马来西亚宿马六甲，参观圣地亚哥古堡、三宝山、大清真寺、太子广场、双峰塔、云顶高原……自吉隆坡去新山返，全程圆满结束。

当年 12 月，接着作台湾环岛八日游。从台北经新竹、台中、嘉义、高雄、台东、花莲，再回台北，参观、游览了台北故宫博物馆、野柳地质公园、中台禅寺、日月潭、西投公园、阿里山、佛光寺、西子湾风景区、鹅銮鼻、三仙台、七星潭海堤、太鲁阁公园、台北孙中山纪念馆、101 大楼等诸多胜地，若非两岸关系改善，难有今日之游。

2013 年 4 月，柬埔寨 6 日游。世界七大奇迹之一吴哥窟留下深刻印象。继游洞里萨湖、崩密列（早年吴哥前身），去金边游塔子山、大皇宫、金银阁寺、公主墓……在金边赌场大厅内，目睹了柬埔寨歌舞表演。

5 月，赶上俄罗斯之旅。11 日飞莫斯科，12 日先去红场，观赏了列宁墓、大钟楼、圣瓦西里升天大教堂、克里姆林宫、圣母升天大教堂……继游新圣母公墓，有赫鲁晓夫、奥斯特洛夫斯基、乌兰诺娃等各色名人铜像。还去了莫斯科大学、列宁山、凯旋门、二战胜利公园……13 日于圣彼得堡逛市容，可见阿芙乐尔号巡洋舰、彼得保罗要塞等，乘游轮游涅瓦河。14 日游冬宫，建筑金碧辉煌，陈列有壁毯、瓷器、油画、雕塑等多种艺术品，美不胜收。我一路摄影，忘乎所以，掉了队，走失了 20 余分钟才归队，有惊无险。15 日游夏宫、上下花园、皇村叶卡捷琳娜宫殿及花园，夜车返莫斯科。16 日参观阿尔巴特大街购物，晚飞北京。17 日返宁。七天六晚连轴转，且最后两晚系在火车和飞机上过的夜，对我这"80 后"的老人说来，已是向极限挑战了。但在我此生旅游中，俄罗斯之旅最难忘。

9月，山西八日游，短短几天，尽赏解州关帝庙、永济普救寺、壶州瀑布、平遥古城、乔家大院、古晋祠、雁门关、云冈石窟、悬空寺、应县木塔、五台山阎锡山故居等山西诸多著名景点，太值了。只是由于我们毕竟年事已高，长途旅游，难以为继，此次山西行竟然成了我们的收官之游，心有不甘，可也只能接受。

回顾我这辈子，足迹也曾遍及祖国23个省市和香港特别行政区，地球上也到过日本和东南亚新、马、泰、柬埔寨，北美的美国和加拿大，以及欧洲的俄罗斯，应该说也不枉此生了。

2012年参加赵芝眉组织的泰、新、马十日游，在泰国大皇宫摄影
前排左1孔庆熙（原校办主任、图书馆长）、右1章未，后排左5孙庆鸿（机械系博导）、左7范旨福（原教务处教学科科长）、左9赵芝眉、左12李忠实（原高教所所长）

至于"南工—东大"1980年代在教务处和高教所的同事，一则相处时间短，二则年龄差距大，除工作关系外，私下交往不多。我退休后，除教务处专门组织过一次我在职时的老人聚会和一次省高校教学管理研究会的老人聚会叙旧外，我主要与朱斐、黄一鸾、李樟云、邢维龙等不多几位有个别交往。还有我的关系在高教所，有关事项均由程琦做我的联系人，

保持"单线联系"。程是1980年代高中毕业的小姑娘，应聘来所当办事员（大集体编制），三十余年来，领导、成员多次更迭，她却献了青春献终生，是如今所里的元老。她也已到退休年龄，依然被聘用，却也难得。

　　值得一提的是2000年东大百年校庆，学校组织了一次百年东大教育思想座谈会，由1972年以来历任教务处长、分管领导等老同志共同探讨东大教育之道，得与诸多老领导、老朋友晤面，十分难得，留下了深刻的记忆。

2002年东南大学百年校庆教育思想座谈会

我的文字情缘

二十余年来,我的退休生涯,除了每天走路、打拳、读报、看电视、做家务外,既有京剧、摄影、旅游等兴趣爱好,又有亲朋好友的相聚交往,颇不寂寞。可在此期间,我于编写校史工作结束后,也还一直没有停止过与文字打交道的活动。这使我的退休生活更充实,更有实质内容。

首先是我从南工到东大,高校工作了一辈子,多少总该留下些文字资料,我给作了清理,于1993年,将相关论文、报告复印后,装订成两册:《金属切削教学与科研报告论文选辑(1981—1987)》与《高等教育研究报告论文选辑(1982—1993)》。一共搞了两套,其中一套自留,一套赠母校梁丰中学。

随后,搞了份《著作目录》,一为1954—1983年的油印讲义、资料、报告部分,计21件。那年月,只知耕耘,不问收获。编写的东西,用

《金属切削》与《高等教育研究》报告、论文选集

上了就成，不大想到拿出去发表，为个人带来点什么好处。二为1981—1988年的金属切削教学与科研著作、论文与报告部分，计9篇。"文革"后评职称要以公开发表的材料为依据，这才注意积累。三为1982—1999年高等教育研究论文与报告部分，计25篇。

2003年春，全国闹"非典"（非典型性肺炎）传染病，5月达高潮，实行尽可能减少人际接触的特殊措施，闭门在家，正是训练电脑打字的大好时机。我把多年留存的散落手稿打了下来，以及新近直接用电脑写作的文章，和已在书刊报纸上登载过的一些材料的复印件，汇总起来，统筹编排，辑成一册《章未文稿集》。分七个栏目，为年表、著作目录、初弄笔墨、高中作文选、未明斋诗抄、记人述事与反思人生。现就其中几块，作简要说明如下。

《初弄笔墨》一栏，收入我于1947年高中一年级发表在《读书之友》油印刊物上的两篇习作：《学费》与《端午来鸿》，时年17岁。

《高中作文选留》一栏，收入了我1946—1949年高中期间的十篇作文。我高中时期，正值三年解放战争期间，以上文稿不只反映文字水平，也反映了我当时作为一名国统区中学生的思想感情和认识觉悟程度。

《未明斋诗抄》一栏，计分5篇，共29首。为初恋篇、激情篇、乡情篇、爱情篇、"文革"篇与拾遗篇。我不懂声韵与诗词格律，名曰诗抄，实是假冒，不过形似而已，自己读来顺口罢了。这些所谓诗作，大多成于1957—1976年这20年间，我们国家大曲折，我也是大曲折。一方面不务正业搞运动，一方面喜怒哀乐多感触，乃写诗以抒情，以言志。大体反映当时心情，也有矫揉造作之处。我一辈子检讨右，其实更多的是"左"了，诗作证。

《记人述事》一栏，计分四篇，共13篇文章。"艺蕾"篇2篇：《杨舍艺蕾剧社始末》，原载于沙州县政协《文史资料选辑》第四辑，1985；《怀念玉成》，系应玉成女公子刘宁约稿，为纪念他逝世十周年出版专集撰写的一篇文章，后载于《沈玉成文存》，中华书局2006。"东大篇"5篇：《东南大学90年史略》，原载于《东南大学建校90周年纪念专辑》1992；《管致中在东南大学》，原载于《东南大学校史研究专刊》第三辑，1998；《坎坷人生赤子心——记陈定武学长》，原载于江西南昌二中6136级《贯彻通讯》第178期，2000；再有两篇就是我们南工机械系1953届校友毕业40周年、50周年的《联谊记事》，分别载于《东南大学校友通讯》1994.3和2004.1期。"妻族"篇2篇：《范公锦辉史略》，系我撰写的

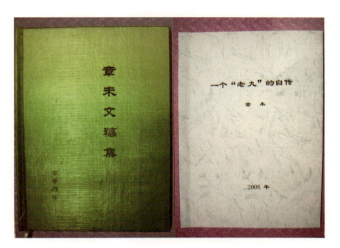

《章未文稿集》与《一个"老九"的自传》

岳父范锦辉身后举行"安息礼拜"述史的文稿，1992；《改革开放惠及黎民》，系应统战部之约，元明口述，由我执笔撰写的作为一个侨属亲身感受的文章，纪念改革开放20周年，1999年8月30、31日，电台作了广播，9月，获省侨联优秀征文奖。"京剧"篇3篇：《南京高校京韵浓》《谭徒梅友不老松》《杨应章和他的汉宝国剧社》系我给《京剧票界》写的报道，分别载于2000年第1期、2002年12期和2004年第8期。

《反思人生》2002年写成，是我在人生道路上走了70余年后，回过头来，对"人为什么活着""该怎样活""我的人生之路又如何"带有概括总结性的一份思考，一点感悟，以下将另行阐述。

上述文稿概略记载了我的人生历程，也反映了我学习、生活、思想、感情与交往的一斑。我给图文印刷厂装订了几份，留点东西下来，完成了一桩多少说得上是有点意义的大事。

时至2005年，南京海内外京昆爱好者联谊会16周年，联谊会领导拟出一本纪念图集，得到侨办主任颜健建的支持，划拨了经费，成立了编委会、编辑部，但具体执行，则落到我头上。从总体设计、文字撰写，到版面安排均由我先端出来，经讨论敲定。再由我亲自打字，作页面布置，存盘，交图文公司，由他们作图片处理、美术设计，最后编排付印。这样，极大地节省了他们的工作量。虽说并没因此给我们压点价下来，但对我说来，通过这次实践，以后再要搞，心中有数了。当年12月，《南京海内外同胞京昆爱好者联谊会成立16周年纪念》图册正式问世，印了2000册。票房出书，并不多见，受到广泛欢迎。2009年，"海内外"20周年，又出了第二本《南京海内外同胞京昆爱好者联谊会成立20周年纪念》图册。这次我驾轻就熟，不太费劲就出了活。编图册编上劲来了，顿生一念，我个人唱京剧也有半个世纪，手头有关我参与京剧活动的照片也是现成的，何不趁热打铁，自己也搞一本，留个纪念。亦可与戏友交流，管中窥豹，侧面反映一时一地京剧票房、票友活动的一斑。经图文公司估算，印上几百册，万元足矣，我有此能力。就这么敲定了下来，2010年《我的京剧情缘》出书，11000元，300册。图文社也有经验了，搞得挺好的，我很满意。

在这期间，从2006年开始，我就着手搞我的自传。我非"名人"，无留芳或遗臭的价值。写自传是这么想的：我在人世间走一遭，总得有个交代。子女有兴趣翻翻，也可增进些对我们父辈这代的了解，如此而已。前后两年，写写停停，停停写写，至2008年脱稿，计共16万字，忝为"老九"，就以《一个"老九"的自传》名之，打印装订了20本。自己与子女留几本，余在极少数至亲好友中交流，也算了却一番心愿。没想到十年以后，东大校史研究室约我撰写个人传记，乃在此基础上修改、补充后交稿。

此后岁月里，零零碎碎也写了点东西：2011年挚友郭元群去世，写了篇《不是兄弟，胜似兄弟》以志纪念；2013年金婚，写了篇《五十年家事纪要》；2014年，母校张家港实验小学110周年校庆，应邀写了篇《忆母校——抗战时期的杨舍小学》；2014年东大京剧团换届，我整理了一份《国粹京剧在东大》，半个世纪来京剧团的史料交学校退协留存；2015年写了篇《东南大学京剧团说今道昔》，刊《东南大学报》……所有这些，一非学术著作，二非文学作品，只是我个人撰写的一些文字材料而已。说明我退休以来，一直没有间断过与文字打交道，这也是我退休生活中一项占有一定分量的内容。

总的说来，退休二十余年，除了家庭子女生活方面要稍做安排外，我有京剧、摄影、旅游等广泛的爱好，也有亲朋好友间人际的交往。一个时间段里面，有时也有个小目标，找点事做做，自我感觉良好，很快乐，也很满足。人说："夕阳无限好，只是近黄昏。"我曰："夕阳无限好，最美是黄昏。"

第八章 最美是黄昏(2017—)

人生旅程终点站

生老病死，自然规律。我的身体在同龄人中算好的，但毕竟已是耄耋之年，一台机器转了八十多年，一些零部件多少都有些毛病。我心脑血管方面什么脑供血不足、腔梗、粥状动脉硬化、颈动脉斑块等均沾上边，还有前列腺肥大、骨质疏松，平平而过，看似没啥，说不定哪天突然冒出个什么问题，就够呛，特别是我身边无子女，一旦有情况，就无助、无奈。我平时血压偏低，高压110~120，低压60~70。2015年的一天晚上10时，突然头晕，心跳加快，一量血压170，过去从未有过，顿时紧张起来。身边就老伴一人，找邻居帮忙，也都七老八十，有心无力帮不上，幸而服用救心丸，躺下来休息了一阵，慢慢恢复正常。这给我一个警示，就是要开始考虑安排养老的问题了。

2017年3月，元明便血，作肠镜检查有息肉及腺瘤，需住院治疗。4月入住，进行手术摘除，用了7枚钛夹夹闭创面，再挂水消炎，5天后出院。接着，6月底的一天，我浴后在空调房内着了凉，感冒咳嗽不止，且左肺有少许炎症，除服药外，还去医院挂了5天水，前后折腾了半个月，才太平下来。我们二人，先后两场病，轮流住院、挂水。一个病倒，另一个往来奔走照料，对于"80后"的老人，实在不胜负担。养老问题，刻不容缓。时至7月下旬，南京高温，天气预报38℃到40℃，要持续半个月，我真担心这关过不了啦。下决心立即解决，先找个养老公寓，试住一阵再说。

此前，我们看过一些养老院，章晔说，要进养老院那就一步到位，来上海，她照看更方便。十年前，我"菊韵"的戏友周正康，曾约定我们去参观过他挂职的上海亲和源老年公寓，就在康桥镇秀沿路上，离章晔家不远。这是一家国内领先的、规模最大的居家式养老公寓，采取的是会员制。要求一次性投入35万、50万或60万入会费，取得会员资格，即可入住小套、中套或大套的公寓房，终生使用。另再按年收取管理服务费。一次性投入是大了些，可你要在上海买同样一套房，则远不止这么些钱，我觉得可以

亲和源迎丰老年公寓鸟瞰

接受。只是因为当时养老事业还在萌芽状态，我们才70多岁，也还"年轻"，不想这么早就入住，暂时先搁一搁。如今，10年易过，我们有需求了，亲和源却已住满了，可在附近有个二期项目：亲和源爱养之家（后改亲和源迎丰老年公寓），离章晔家更近，开车过去，不到10分钟，正在招售中。2017年春节，我们去参观过，由销售刘静陪同，并留下电话。此时，经章晔联系，要求试住，获同意。7月28日，我们就赶来上海，住了进去。公寓仅一栋10层楼房，大、中、小房型126套。我们住411室一中套，80平方米。中央空调，冬暖夏凉，24小时热水供应，配套设施齐全，且食堂就在楼内。医护方面，尚未完善，仅有一医护室，有医生、护士值班，但一则每周有固定班车，可去老亲和源医院和挂钩三甲曙光医院就医和取药；二则如遇急病，身边有人叫得应，可叫120护送去医院，应该说也可以应对了。且公寓采取秘书式服务，有事随叫随到，很方便。公寓的口号是"代天下子女尽孝，替世间父母分忧"。下马观花三个星期，感觉良好，敲定下来，签就合同，购下熟年卡，中套403室，10月15日生效。10年一过，此时房价已经上涨到160万，另外年费加能源费每年7.18万元，饮食有餐厅，费用自理。需有一定经济实力，才能承担。其实，如果子女自立，对你无所求，出售一套自己的住房，那就全拿下了。现在养老事业，如日中天，多种模式、多种档次，各显神通。每个人的情况不一样，最合

亲和源迎丰老年公寓正门

适的就是最好的。我这次的选择相信是正确的。最主要是平时有人照料，有啥情况女儿就在身边。我日子该怎么过就怎么过，舒舒泰泰，不用牵挂，颐养天年就是。说实话，迎丰就是我人生旅程的终点站，我的余生将在这里度过。

8月19日，离开公寓，住康桥半岛章晔处，等章晖9月1日回来探亲。盖章晖自1992年26岁去美转加迄今，又是个26年了。去时青春年少，现时年过半百，小老头一个。前26年一直生活在一起，后26年除我们去美去加相聚各三个月外，加上他先后回来六七次，每次二三周，总共加起来，不到一年在一起。"人生聚散实难料"，洵不诬也。如今我们已是高龄，来日不多，他打算一年一归，也无所不可。10日，陪我们同回南京，他会会老友，而后回沪返加。我们则彻底清理什物，向亲友告别，与南京分手。

我自1950年到南京，迄今67年。学成于斯，业成于斯，家成于斯，亲友于斯，退休亦于斯。我对南京有深厚的感情，一旦要离去，自是不舍。但也只有服从养老大局，顺势而行。清理什物分4类：发上海的、留南京的、送人的、扔掉的。一件件过目,挺烦人的,也只有耐着性子干。我只将最必要的生活用品和有关书籍、资料打包,快递发上海,居然也有 30 个纸箱,一项大工程。再者,便是与亲朋好友打招呼告别。长者王荣年、朱斐已于今年 5 月份谢世。原机械系总支书记陈云清,是她在 1965 年于"文革"前一手将元明从甘肃调回南京,我们才有今天的日子,我一直很感恩的。按说应该专程去告个别、道个谢,只是我们素无私交,会很不自然,决定作罢,心中默祝她健康长寿,好人一生平安!只有黄仁,1953 年以来,67 年的老交,现已 90 出头,独居在家,我去他家话别一番。原以为今后相见也难,不意一年后,我回南京处理房子,正好赶上他的"告别仪式",见了他最后一眼。至于这期间方方面面群体间的聚会,则有八九次。特别是与教务处老人有两次欢聚,先是李樟云约定教务处要为我饯行,我建议改为我辞别、李饯行,共同邀约教务处老人相聚,李同意。陈笃信校长闻讯也主动参与,并随后执意做东,又再聚了一次。盖我与李于 1983—1988 年先后主事教务处,我 1986 年去高教所,李 1988 年去省科委任副主任,在此期间,陈任副校长,主管教学。我们上下左右齐心协力工作,相处十分融洽,以后也未断过联系,有较深情谊,乃有此举。另外,从戏友到好友的李栋生、汪人杰、沙祥宝三位,也专门为我饯别,我深怀感激。

惜别东大教务处
前排左 2 陈笃信校长,左 3 王崇德,左 4 章未,左 1、左 5 为陈、章夫人;后排左 1 顾子玉,左 3 李樟云(原教务处长,省科委副主任),左 4 高辉,左 5 郭学军,左 6 黄祖瑁,左 2 为李夫人

最后，还有几个关系要处理。我人事关系不动，户口不动。组织关系经征询告以也可转，也可不转，保持联系，我暂不动，以后再说。医疗关系我校尚未转给地方，按学校公费办规定，可以认定一所医院看病，自己先付，再回校报销，很不方便，也只有听从安排，我们定了所公寓挂钩的曙光医院，报给了公费办。另外，去银行撤了代收自来水、煤气、电话、电视等业务……整整花了两个半月，才把诸事办妥，没想到搬一个家这么烦人。11月23日，赶快赶回上海，入住迎丰老年公寓。这里是我新的家，是我退休生涯新的起点，同时也是我人生的终点站，我将在此度过余生。

政协金陵京剧联谊会送别合影
前排左7俞荣华（会长，原市政法办主任），后排左1沙祥宝（琴票，原栖霞区委副书记）

艺苑京剧研究会送别合影
前排左2汪人杰（会长兼京胡，原市文化局局副局长），后排左3谢培珍（汪夫人，工小生）

过好每一天,走完人生路

亲和源迎丰老年公寓地处浦东新区秀沿路。这是一条开发中的主干道,东西向。西边一段比较成熟,有康桥文化中心、大润发超市、康桥半岛社区……公寓这一段北有浦东新区电视台,南有万信酒店和尚德学校,但没有住宅区和商店。公寓不在秀沿路上,要从万信酒店和尚德学校之间的跃进路南行再西拐才到。虽然比较安静,但出行要走到秀沿路上,才有公交。尚德学校往东,过罗山路,则又开发得较好,商业一条街,有11号地铁站、亲和源老年公寓……我们平时不出门,购物、上医院、去银行,公寓有班车,自己要出行,秘书帮你叫"的",也不觉得怎么不方便。

公寓是一所封闭的院落,正中一幢10层主楼,坐北朝南。向东延伸有二层侧楼,楼顶为屋顶花园。一楼除接待大厅和办公室外,有很大一片活动区,中间为一小巧玲珑的庭园,四周围以讲学堂、阅览室、书画室、钢琴室、康复区、乒乓台、桌球台、棋牌室等,应有尽有,会员可按各自爱好,爱玩啥玩啥。另外还陈列了一条由6吨南玉制成的镇馆吉祥物九头龙船,颇有气概。二楼为医务室和对失能、半失能老人的照护专区。负一楼为餐厅。三至十楼为会员精装住房,生活设施齐全。会员可以足不出楼,就在楼里过日子。

公寓楼外,一条环楼跑道,长约300米,可以走路、跑步健身。跑道两侧,遍植花草树木,布置错落有致。楼之东、北两向,有小河流过,沿河筑有长廊,还伸出一个观景平台。对岸绿树丛中,有几栋大楼矗立其中。在长廊里,可漫步、小憩,可打拳、做操……也许这里生态较好的关系,常见有水鸟沿着河道飞翔,于此间活动,周边鸟语花香,顿感心旷神怡,无比愉悦。

入住后,就按我们的生活规律安排作息。自己不开伙,用膳在餐厅。每天7时起床,上午或下午(看天气情况)保持一个小时户外活动,其余时间读书、看报、看电视,做点家务事。晚餐后稍事活动,打打桌球(来公寓后才学），有时唱唱卡拉OK。主要时间花在看新闻、体育和戏曲频道。10时睡觉，加上中午午睡1小时，可以保证足够的睡眠时间。

　　为了活跃会员的养老生活，公寓内成立了多个兴趣活动小组，有合唱组、朗诵组、园艺组、健身组等，2018年，亲和源十周年纪念活动迎丰出了个节目《沙家浜——智斗》，又成立了京剧组，随后还有戏曲组、桌球组……会员可自己选择，参加相关小组活动。公寓还在全体会员中每年安排一次郊游，兴趣小组成员可另加一次。2018年我参加了京剧组，与元明一起还参加了桌球组和去老亲和源参加英语沙龙，活动多多。另外，公寓每月初，要给当月过生日的会员祝寿。每逢元旦、春节、重阳等节日，均会有联欢活动，还经常邀请有关单位、社团、学校来做各种讲座、联谊和演出。先后有上海大学艺术学院退休人员的艺术团、康桥文化中心的"菊韵"京剧社、上海退休艺术家组成的"笑口常开"艺术团等来公寓表演。我们的退休生活丰富多彩，颇不寂寞。

　　在离开南京时，最难割舍的是相处半个多世纪的这片土地和亲朋好友，如今还有程光蕴、张力宁、汤铭权、孙庆鸿和李樟云等不多几位，保持微信联系，随时告我相关信息。可入住公寓以后，不仅很快熟悉了周边环境，也很快有了新的交往。大家同住一栋楼内，同在一个餐厅用膳，同去超市

入住公寓403室，2018年春节"迎丰"送礼贺年

在公寓每日走路健身，自摄背影一乐

在公寓初学桌球，比赛时滥竽充数当裁判

东大老同事、老朋友、老邻居程光蕴教授常通信息，帮我了解母校新发展

购物，同上医院看病，同在一起健身、娱乐……进进出出，朝夕相见，很快也就相互熟悉了。首先是邻居。我们住403室，最早相识是本楼层最早入住的西邻406室刘葆青、周惠萍两口子，他们亲家沈伯泉、周国新也住公寓内。巧的是405室孙荣璋、翟文娣也是三亲家同住公寓，另两家是杨先成、陈家铮和程瑞华、顾德英。陈也是京剧组成员，程、顾住503室，就在我们楼上。东邻402室赵锡华、李世华，对门416室李源章、李文洁，赵是搞建筑设计的，20世纪50年代在南工建筑系进修过，赵与李源章和我同是桌球组成员，每晚晚餐后，常在一起玩。最东邻401室李昭良、江月兰酷爱园艺，他们在我家门口搁板上给放上一盆花卉，以增生趣。他家对门417室叶宝懿（女），已入美籍，回国养老。常言说"远亲不如近邻"，我们四楼东7家邻居13人，彼此交往，相互照顾均很好。尤其是405翟文娣，她是公寓的理事，退休前是工会工作者，做群众工作一把手，对大家特别关心。我们生活于此间，感到挺温暖。

另外，我喜好京剧。一到迎丰，就得知此处住有上海京剧院导演马科及其夫人童正维（电视剧《编辑部的故事》里牛大姐的扮演者），他们是"迎丰"的代言人。还有上京著名净角兰煜民，很快就结交上了。2018年春节和"亲和源"十周年，几次演唱《沙家浜——智斗》，就是兰的胡传奎，凑上几个刁德一（我反串一个）和几个阿庆嫂（童正维是一个），就这么唱了起来，会员杨平生京胡伴奏。12月"迎双旦、赏国粹京剧演唱会""菊韵"送戏上门。我们京剧组参与互动，男声齐唱《我们是工农子弟兵》，女声齐唱《梨花颂》。另外，兰唱一段花脸《姚期——万花亭》，我唱一段小生《巡营》，童正维与"菊韵"社长郑小山对唱《军民鱼水情》。老亲和源的会员周正康、吴佩君、程玉君同时也是"菊韵"社员，他们也都有节目参加。说起"菊韵"，他们每周一、五，在文化中心活动，我是老会员。只是自2017年感冒以后，声带肥大、充血，嗓子不如当年，自己不满意，唱的积极性不高。且年届奔九，一人出门，有点心虚，只在天气适合，自我感觉良好时，去会会友，听听唱，偶尔上台亮亮嗓子，也很开心。

再者，在公寓微信群里，看到会员范淑贞做的小年糕影集，很感兴趣，不揣冒昧，主动向她求教。熟悉了大致步骤后，就试做起来。遇有活动，就用手机摄下数十张照片，经选择、美化、编辑，就可交付制作。几分钟内，一集美轮美奂的"小年糕"影集就制成了，可以收藏，可以传给亲友交流。两年来我已制作了20余集，是来公寓后一大收获，真得谢谢范老师哩。范与他先生徐国祺当年是新疆建设兵团战士，徐是园艺兴趣小组组

2018年亲和源开园十周年庆典,迎丰出节目《沙家浜——智斗》中:兰煜民(上海京剧院著名演员)饰胡传魁;左:童正维(《编辑部的故事》中牛大姐扮演者)饰阿庆嫂;右:章未,饰刁德一(时年87)

2018年重阳节于康桥镇文化中心菊韵京剧社演唱《霸王别姬》,时值米寿之年

第八章 最美是黄昏(2017—)

在公寓学会制作小年糕影集,两年来已有作品20余集

长,也是桌球小组成员。

说来也巧,在公寓,还住有我梁丰校友张坚和南工校友金士基。张是张国芳、谢佩芬他们那一届的,曾在苏联大使馆任职,于上海大学艺术学院任党委书记,工书法,夫人裴粹民也是我们京剧小组成员。金是1954年考进南工机械系的,与丁瑞莲她们同过学,后南工办农机专业,抽了金士基他们一个班转过去,1958年毕业,是南工唯一一届农机专业校友(1959年南工农机系调出,组建镇江农机学院,今江苏大学),于上海宝钢退休。校友见校友,自然更加热络些。这里,大学当老师的同行也不少,803室刘信林与808室陆吟芳便是,我们在试住时就熟悉。他们在住进公寓后,有缘喜结连理,CCTV2播送关于亲和源的视频里,就有这么一段佳话的报道。刘是合唱兴趣小组组长,桌球、乒乓球都打得很好,他俩均是京剧组与桌球组成员。

这里,要特别说一说与亲和源董事长奚志勇母亲邱娟连的桌球情缘。她老两口也住公寓内,老伴奚洪钦前几年脑功能衰退,有护工专门照看,邱要自己安排好生活。她每天一清早就在室外走路,虽然年高(1931年生)、体胖,步履蹒跚,但能一直坚持。她还跟大家一起做操,晚饭后打打桌球,唱唱卡拉OK,生活很有规律。她为人和气,有人缘,大家都很敬重她。

女儿章晔一家常来团聚

我们主要是认为桌球运动比较适合老年人，既然有条件，就想学着打，晚饭后桌球台较空，就去练习，时间上与她对上了。几乎每天晚上这个时间段，元明就和她作对打着玩，成为亲密的球友。

入住迎丰两年来，不仅能够适应新的生活，还交了许多新朋友，学会了做小年糕影集和打桌球等新玩意儿，日子过得挺充实。加上女儿章晔一家，就住附近，说过来就过来，有了家庭氛围。儿子章晖，虽远在加拿大，除两周一电话外，章晔给建了个"老章家"微信群，随时可通信息，可见图像。天涯咫尺间，高科技拉近了我们的距离。另外，我们上海的亲戚其实比南京的多。我这边有堂兄章寿梧、表弟陈为继、顾文钧、表妹顾文玫几家。元明一边范氏家族，从她祖父范禾安以下，后裔不下十几家。来往较多的则有弟媳黄美珍、堂妹范元玲和表弟姜光之几家。彼此相互探望有之，节日相聚有之，增添了不少人情味。外地香港元芳妹、天津亲家黄时聪、李玉桐、美国堂弟范思正还有南京几位亲友，也来看过我们，都说我们这里不差，我们的选择是正确的。

这里还要特别提出的是，除了老朋友以外，还有一些小朋友，就是迎丰的一些小"秘书"，迎丰办养老事业的理念是"代天下儿女尽孝，替世间父母分忧"。他们首倡"秘书"式服务，所有工作人员都是你的秘书，有什么事，给秘书说一声，就帮你给办了，不用你烦神。他们确实也是这

内弟媳黄美珍、内侄范韶峰，住上海植物园旁，2018年春应邀同游合影

样做的。大家成日相处，看到她们一张张笑脸，听到她们一声声伯伯、阿姨！不是亲人，胜似亲人，我们犹如穿上"小棉袄"，感到挺温暖。我写了首打油：《我们和你们——为迎丰秘书叫好》，以致谢忱。

　　真没想到，我们辛劳一辈子，晚年能过上如此美好的日子。生活无忧无虑，活动丰富多彩，交往相处和谐，家园美好幸福。人说"夕阳无限好，只是近黄昏"，我说"夕阳无限好，最美是黄昏"。说是这么说，但来日不长，也是不争事实，如何正确面对？也是应该有所考虑的。2018年8月，迎丰举办"感恩父母，孝亲敬老"家庭日亲情讲座活动，请仁济医院金丽萍医师作了有关东方善终文化和善终医疗方式的介绍，也要求有会员与家属的互动，约了我和章晔现身说法，我考虑了一下，概括了4句36个字，即："自然规律，何必多忧虑；坦然面对，时刻准备着；知足常乐，过好每一天；无所牵挂，走完人生路。"得到不少会员的认同，我将本此理念，走向我人生旅程的终点。

反思人生

我的人生旅程即将走向终点，该回过头来再想想，人世间走一遭，究竟为什么活着？该怎样活？我又活得怎么样？这是一个大问题，也是一个老问题，即人生观、价值观的问题。作为一个"个体"的人，每个人所处的时间、空间不一样，亦即社会、历史背景不一样，加上家庭环境、所受教育、社会经历的不一样，其回答也必然不一样。我思考的问题是作为一个"共性"的"人"，有没有一个共同的回答？也就是说为绝大多数"个体"的人所能认同的回答，我想应该有。历史上一些哲学家、教育家、人文社会学家……均有研究探讨，见仁见智，无有定论。我非"家"，但作为一个"人"中之人，走了这么长一段人生旅程，反复思考，自也有我自己的看法。

我反思的第一个问题是"人为什么活着？"我认为：一个人从呱呱坠地以来，便开始从一个"自然的人"向一个"社会的人"转化，成为人类社会中的一员。人是社会的人，社会是人的社会。人活着，就要求生存、求发展，就要求活下去、活得好，这应该是每个人的共同愿望。但正因为人是社会的人，因此也就要求有社会的发展。只有社会发展了，才能保障个人有更好的发展，反之，只有一个个人发展了，也才能推动社会有更好的发展。二者是相辅相成的关系。因此，可以这么说，人为什么活着，那就是为了个人的生存与发展，也为了社会的发展。纵观历史，上下五千年，一个人的一生，了不起也不过百年，不亦短乎？横观地球，人口几十亿，个人只是几十亿分之一，不亦小乎？个人虽不足道，但人类社会之得以绵延、进步，持续发展，不正是依赖着组成人类的无数个个人的一代代的劳动、创造，做出的贡献吗？因此，也可以说，一个人在人世间走一遭，只要是对人类社会起着有益的而不是有害的、进步的而不是退步的、积极的而不是消极的作用，那就体现了他（她）的人生价值。我想这应该是可以说得通的。

我反思的第二个问题："该怎样活？"说到底，人生在世，不外是与自然相处、与社会相处和与人相处。我归纳了八个字，即科学、民主、伦理、道德。这包容了西方的和东方的人文科学精神。

说起科学，它反映了事物的本质和发展规律，无论是与自然或社会相处，均应按科学办事，符合客观规律，违背自然规律，就要受到自然的惩罚，如乱砍林木，造成水土流失，引发洪灾，受害的是人们自己。违背社会发展规律，就要受到社会的惩罚，如"大跃进"，刮"共产"风，超前改变生产关系，破坏生产力，导致国民经济走向崩溃边缘，全国人民遭殃。可见按科学规律、科学精神办事，十分重要，不然就净办蠢事，好心也要办坏事。这里，我感到学习和掌握马克思主义的认识论和方法论——唯物主义辩证法很有必要。它可以帮助我们科学地去认识世界和改造世界，终生受用不尽。在与社会相处时，我们还要了解社会发展规律。马克思的历史唯物主义，从生产力与生产关系发展的角度，研究了人类社会发展的历史和趋向，其基本原理，应该认为是科学的，可以作为我们认识和探讨社会发展的基础，但每个国家和民族的地理环境、历史文化、经济发展、宗教信仰……各不相同，不能以一个模式发展。各国只有从本国国情出发，正确定位所处的社会阶段，明确发展的走向和步伐，才不致陷入盲目性。在中国，1949 年，民主革命才胜利，生产力十分落后。1956 年，就一步登天，"进入"社会主义。1958 年，就要"奔向"共产主义。不讲科学，走了多少弯路？花了近 30 年时间，才取得了我国是处在"社会主义初级阶段"这一符合实际的认识，教训不可谓不深矣！

再说民主。人处在社会中，理应生而平等，人人都是社会的主人，即人民群众当家做主。可在阶级社会，这不可能实现。社会制度由统治阶级建立，为统治阶级服务。统治阶级治人，广大人民群众治于人，显然不合情理。至资产阶级革命，打起民主旗帜，反对封建制度，得到人民支持，取得了胜利。虽然其作为新的统治阶级，建立新的社会制度，主要也是为其阶级利益服务的，但由于自由、民主、平等、博爱的理念，深入人心，而且作为胜利果实，渗透到其制度与法律中去，较之封建主义，毕竟是个极大的进步。在中国，共产党高举民主大旗，推翻"三座大山"，建立了新中国。人民翻身做主人，实现了前所未有的人民民主。但是，两千年的封建传统根深蒂固，加上我国制度上某些缺陷，我们的民主未臻完善，也曾有过决策失误，教训惨痛。党的十一届三中全会以来，启动了政治体制改革。时至今日，我们党明确提出了要把我国建设成为富强、民主、文明、和谐的社会主义现代化国家，要发展社会主义民主政治，这是十分可喜的。但是，我们也要看到政治体制改革的艰巨性。我们面对观念上、习惯势力上不小的阻力，面对人民群众中民主素养还不很高的现实，不能期望一蹴而就。我们还要看到，民主是历史潮流，可民主也不能绝对化，要处理好民主与集中、民主与纪律的关系。绝对民主、"大民主"，有了我的民主，就没你的民主，搞无政府主义，那又走向了反面，破坏性极大，也应防止。我们但愿执政者能主动自觉地加大力度、加快速度，积极、稳妥、不停顿地推进民主建设与改革；广大人民加强主人翁意识，热情参与、积极推动。俾在中国早日实现充分的民主法治，则国家幸甚，人民幸甚！

如果说科学、民主是从西方请来的"圣火"，那么，伦理道德则是东方固有的传统。在人类社会中，人作为社会的"人"，与社会相处，与人相处，有矛盾冲突，但更有共同利益。共同利益要求人们相处有必须共同遵守的行为准则，有共同的是非、善恶、美丑标准。这就是千百年来，人类历史积淀下来的带有共性的伦理道德。人要成为有道德的人，社会要成为有道德的社会，社会才能有序、和谐地进步、发展。不讲伦理道德，社会就乱了套，停滞、倒退。这个带有共性的伦理道德，就是我们常说的"良心""人性"。这个"良心""人性"，不是说人生来就有的，而是说人之所以称得上是"人"，他（她）应当具有的，是作为其行为的规范，是做人的底线，否则便不成其为"人"。应该承认，一些伦理道德是带有阶级性的，如中国封建社会的"三纲五常""三从四德"……有其特定的内涵。但也应该承认，更多的则是带有共性的，如"忠孝仁爱，信义和平""孝悌忠信，礼义廉耻"……因而，道德也应该是有继承性的，随着时代的发展，我们可以去其糟粕、取其精华，与时俱进，赋予新的内涵，为我所用。我们决不能只肯定作为个性的阶级性的存在，而否定作为共性的"人性"的存在。"文革"中，只讲阶级性，不讲人性。孔夫子是"封"，耶稣是"资"，刘少奇的《论共产党员的修养》是"修"，摒弃一切伦理道德，造成道德沦丧的严重恶果，影响深远。要有几代人花力气上去，进行道德建设，才可望有所改观。我们现在倡导的社会主义核心价值观，24个字：富强、民主、文明、和谐，自由、平等、公正、法治，爱国、敬业、诚信、友善。不正是人们对社会发展、对人、对事应当持有和遵循的观念与准则吗？说是社会主义的，就我看来，作为人类社会共同应当持有和遵循的观念与准则也未尝不可。

以上认识，与朋友们聊过。原国家教委王冀生说的"还有一个'与自己相处'的问题",提醒了我。我的认识是做人首先要有"自知"之明，知道自己的长处、短处，扬长补短；要有"自信"，不妄自菲薄；要能"自律"，有道德，守纪律；要"自强"不息，有理想追求，不断充实提高自己，为社会、为他人多做一点，做好一点。记得南菁中学的校训是"三立""三做"，即"立己、立人、立国家；做人、做事、做学问"，还有儒家的"正心、诚意、修身、齐家、治国、平天下"，先从自己做起，由己及人。道理就这么点，做起来可不容易。

　　反思人生，得到这么点感悟，是我做了一辈子"人"，从总体上、宏观上概括，认为应该如此。是耶？非耶？各人见仁、见智。

展望未来

以上从总体上、宏观上对人生有了个看法，对我自己，个人的人生之路又如何？"自传"作了交代。简单概括一下：早年深受儒家学说影响，也赞同自由、民主、平等、博爱，其后，接受马克思主义，加入中国共产党，迄今五十余年。其间经历过曲折，受到过不公正的待遇，但我不后悔自己的选择。我愿意献身共产主义美好理想，但对接踵而至的"阶级斗争"，缺乏思想准备；我一贯检讨右倾，但实际上更多的还是左了。总的说来，前期单纯幼稚，后期稍有成熟；前期有点理想主义，后期比较实事求是；前期激情燃烧，后期相对冷静。我感谢人民对我的培养，我惭愧我对人民的回报太少，但这主要不是我个人的原因；我对人类社会，无有大的贡献，但我在自己的岗位上是尽了心力的，尽了我作为一个"人"的职责的，因而也就无悔人生。哪一天"马克思通知我去报到"，我将欣然前往，但是直到如今，还没接到"通知"，还有一段人生之路要走下去，那么，对余生有何考虑？说实在，就我个人而言，社会对我辈，也已无所求。如果说"人生如戏"的话，我也已经从舞台上走了下来，从"演员"转换角色，成了"观众"。我按前述老人过日子的"既定方针"：一个中心，两个基本点，加四个"有所"，过好每一个"今天"。我们中国如今平均寿命为77岁，我已经远远超过了，在"赚到的"日子里，一个时间段，定个小目标，把还想做而还能做的事，一件件慢慢做，做到哪算哪，走完未竟之路。到时候，赤条条来去无牵挂，画个句号，一了百了。但我一辈子生活在人类社会中一个特定的时间（从20世纪30年代跨越到21世纪），和一个特定的空间（中国）里，对人类社会的未来、中国的未来，倒是有点展望，或曰遐想，姑妄言之。

展望人类社会的未来。我认为，人生在世，总希望自己生活的这个世界（人类社会）是美好的，今天不怎么好，盼着明天会好起来。也就是说，人们心目中，都憧憬着一个美好的、理想的社会。共产党人的理想社会是共产主义社会，佛教、基督教、伊斯兰教等宗教信徒的理想社会是天堂佛国，康有为要实现"大同"，孙中山主张"天下为公"……尽管因为是未来，是理想，各人的构想不一样，但向往真、善、美，摒弃假、恶、丑，则应该是共同的。人们都期望着有一个合情合理、公平自由、美满幸福的社会出现，并愿为之奋斗。尽管现实社会还存在着诸多不合理、不公平、不美好的现象，但是通过人们的努力，必将向着更合理、公平、美好的社会前进。反顾历史长河，人类社会不就是这样发展过来的吗？展望未来，尽管世界上各个地区、各个国家、各个民族发展不一样，甚至一个时期，局部会有曲折，乃至倒退，这不奇怪，但人类社会的未来发展，总是向前的。整个世界，今天比昨天好，这是不争的事实。明天更比今天好，这也应当是可以期待的，我对此持乐观态度。这是我从总体上看，得到的认识，也是我看问题的基本出发点。

　　展望中国的未来。我们国家从1949年中华人民共和国成立起，就是共产党领导下的新民主主义国家、社会主义国家，迄今半个多世纪。因此，展望中国的未来，首先就得展望社会主义的未来。20世纪初，世界上出现了第一个社会主义国家——苏联。世纪中，第二次世界大战后，又出现了中国和东欧一些新民主主义国家，世界上构成了资本主义和社会主义两大阵营。世纪末，东欧剧变，苏联解体。社会主义怎么啦？我的看法：从道理上讲，社会主义无疑是优于资本主义的。但是，社会主义是前所未有的社会制度，没有现成的模式。苏联的模式并不成功，我们过去对社会主义的理解，也不完全正确，有个重新认识的过程，要在实践中不断探索、创新、发展和完善。我们是这样做了，在总结国内外正反面经验教训的基础上，沿着中国特色社会主义的道路，继续前进，取得了新的进展，增强了理论自信、制度自信，迈进了新时代。对社会主义的未来，我同样持乐观态度。另一方面，现代资本主义已经不是马克思时代的资本主义，发生了很大的变化，它还有很强的生命力。它生产率高，科技发达，城乡、工农、体脑三大差别比我们小，对它也有个重新认识的过程。我认为如今社会主义和资本主义是你中有我，我中有你，有矛盾、斗争，也有共同利益。可以和平共处，和平竞争，以求共同发展，一定要斗个你死我活，结果是两败俱伤。世界上尽管还有霸权主义、恐怖主义，但不得人心。我认同人类命运共同体、地球命运共同体的理念，认同和平、发展仍是当今时代主旋律的观点。

　　至于具体到中国，半个多世纪来，在共产党领导下，取得了前所未有的成就，也经历过严重的曲折。但时至今日，今天我们经历了站起来、富起来到强起来的过程，已经成为世界上最大的发展中国家，第二大经济体，屹立在东方。展望中国的未来，作为执政党的中国共产党在党章里明确提出："中国共产党人追求的共产主义最高理想，只有在社会主义社会充分发展和高度发达的基础上才能实现。"说的是"理想"。而我们现在所处的历史阶段则还是"社会主义初级阶段"，这是在经济文化落后的中国建设社会主义现代化不可逾越的历史阶段，需要上百年的时间。这是我们的现实。人要有理想，但还得面对现实，从现实出发。今天，我们党在新世纪勾画了一个近期发展的奋斗目标，那就是到两个一百年：中国共产党成立一百年，全面建成小康社会；新中国成立一百年，基本实现现代化。我相信，只要我们在政治上、经济上不出大问题，通过全国人民努力奋斗，是可以实现的。尽管我们今天，还存在着发展不充分、不平衡和改革过程中一些社会矛盾，存在着左、右各种思潮的干扰。但可喜的是新一代领导人的头脑是清醒的，心中是有数的，持有的治国理政理念和推行的方针政策，均是比较合乎民心、顺乎民意的。在指导思想上"一脉相承，与时俱进"八个字挺"高"，一方面承认今天是昨天发展过来的，对过去不做简单的否定，以免思想混乱，莫衷一是，陷入无休止的争论；一方面抓住今天，面对现实，随着时代变化，在实际工作中，解放思想，该改弦更张的，绝不墨守成规。举的是"中国特色社会主义"的旗帜，向着明确的具体目标，踏踏实实往前走，这我也是赞同的。由此，对中国的未来，我也是持乐观态度的。

总之，对人类社会的未来、对社会主义的未来、对中国的未来，我是乐观派。但正因为是"未来"，而且有的是遥远的"未来"，我的展望也好，遐想也好，是耶？非耶？要由未来的实践来检验。检验的结果如何？我是看不到了，但这无关紧要。人类社会、社会主义以及我们的中国，均会按照其自身发展的规律，走向未来，不以哪个个人的意志而转移。向未来祝福！Bye！Bye！

结束语

　　蒙学校青睐，有意将《我的人生轨迹》和几篇高等教育研究报告、论文选编，作为东南大学教育人物丛书之一付梓，我颇感惶恐。

　　一则此自传初稿成于十年前。如"自序"所言，原来是写给自己看看、子女翻翻和在少数至亲好友间交流，并无面世打算。这与学校出丛书的目标和要求不完全一致，但因年届耄耋，即将进"九"，无力再作全面变动，只能稍事修改交稿。虽然我半个多世纪以来，一直在四牌楼母校学习、工作与生活，经历了国立南京大学—南京工学院—东南大学几个历史时期，见证了她的建设、改革与发展。但自传中也有一些篇幅如青少年时期、家庭、亲友与爱好以及退休生活等，与"东南大学教育"并不完全相干，只有在此向学校与读者致歉了。

　　二则我心目中的"教育人物"应是在教育方面，有自己独到的理念，在实践中卓有成效，产生较大影响者。东南大学在各个历史时期的校领导中，锐意进取、奋发图强，为学校发展创造辉煌的"人物"有之；在各个专业学科中，走在学术前沿，开拓创新，于教学、科研领域做出显著成果的领军"人物"有之。而我自问只是东南大学一名普通教师、教学管理工作者与教育研究工作者，怎么也说不上是"人物"，此书作为"教育人物丛书"之一出版，我实不敢当。在此，只望读者将其作为引玉之"砖"来看待，能予宽容，也盼能有更多"东大人"参与，将众多名副其实的"教育人物"的业绩与成果，挖掘整理出来，不使泯灭，结"玉"成书，以飨来者，则是所至愿。

　　最后，向母校领导和校史编纂委员会时巨涛老师对本书的关注，校史室郭淑文、出版社陈淑和戴丽等老师为本书编印出版付出的辛勤劳动深致谢忱！

附录：章未编著目录

一、油印讲义、资料、报告部分（1954—1983）

1. 南京工学院机床刀具教研组：《金属切削原理实验指导书》，1954 年
2. 南京工学院机床刀具教研组：《金属切削刀具课程设计及毕业设计参考资料》，1956—1958 年
3. 南京工学院机床刀具教研组：《金属切削刀具毕业设计指导书》，1956 年
4. 南京工学院机床刀具教研组：《金属切削原理及刀具》（夜大学用），1960 年
5. 南京工学院机床刀具教研组（章未编）：《金属切削原理及刀具》（中干班用），1961 年
6. 章未、赵芝眉：《金属切削原理及刀具》（90 学时），1963 年
7. 赵芝眉、章未：《金属切削刀具》（90 学时），1963 年
8. 南京工学院机床刀具教研组：《金属切削刀具实验指导书》，1963 年
9. 章未：《修缘插齿刀》，南京工学院科学报告会论文，1963 年
10. 章未：《小模数摆线齿轮滚刀的设计》，南京工学院科学报告会论文，1964 年
11. 章未：《机床测绘》，南京工学院 211 教研组，1974 年
12. 章未、谢锡俊：《齿轮加工》，南京工学院 211 教研组，1975 年
13. 南京工学院机制教研组刀具教学小组：《硬质合金不重磨刀片槽形对切削力影响的试验报告》，1978 年
14. 南京工学院机制教研组刀具教学小组：《建立切削力经验公式的试验与数据处理方法》，1978 年
15. 南京工学院 211 教研组：《切屑处理》（专题目录索引），1979 年
16. 南京工学院 211 教研组：《切屑处理》（专题译文集），1979 年

17. 章未：《切屑的形式及控制》，中国机械工程学会断屑问题学术讨论会交流论文，1980 年

18. 章未：《关于确定我国切屑分类方法的探讨》，中国机械工程学会断屑问题学术讨论会交流论文，1981 年

19. 南京工学院 211 教研组：《生产实习参考讲义》，1982 年

20. 章未：《机械工程简介》，《科技情报概论》专题选编，金陵职业大学，1982 年

21. 章未：《难切削材料切削加工概况》，机械工业部难加工材料切削加工技术座谈会交流论文，1983 年

二、金属切削教学与科研著作、论文与报告（1981—1988）

1. 南京工学院机制教研组（章未执笔）：《关于金属切削原理及刀具课程教学的几点看法》，全国高校金属切削原理及刀具教研会成立大会交流论文，1981 年

2. 汤铭权、章未、万迪慧：《钙及钙硫复合易切削结构钢的切削加工性试验研究》，《江苏机械》，1982 年

3. 汤铭权、章未、万迪慧：《钙及钙硫复合易切削结构钢易切削机理探讨》，《南京工学院学报》，1983 年

4. 章未：《GL−180 过共晶铝硅合金活塞的研制报告》（切削加工部分），与南京内燃机配件厂合作研究成果鉴定材料，1982 年

5. 章未：《切屑的形式及控制》，《机械技术》，1981—1983 年

6. 章未：《夜大学专业课教学的几点体会》，《南京工学院教学研究资料汇编》，1984 年

7. 章未：《提高金属切削效益的途径：切削性能的改善与提高》，南京工学院、无锡轻工业学院主编：《金属切削原理》（第三篇第七章），1984 年

8. 章未、沙勇：《自动化生产条件下对切屑状态实行监控的几个问题》，《机械设备故障诊断与工况监视》，1988 年

9. 沙勇、章未、黄仁：《切屑状态在线辨识的特性分析》，《机械设备故障诊断与工况监视》，1988 年

三、高等教育研究著作、论文与报告（1982—1999）

此处所有以单位或部门署名的文章均系章未执笔

1. 南京工学院机械制造工艺设备及自动化教研室：《毕业设计（论文）回顾、实践与看法》，《教育部部属高等工业学校毕业设计（论文）工作经验选编》，1982年

2. 南京工学院机械工程系：《试论工科电子机械类专业及其划分》，教育部直属高等工业学校教育研究协作组第一次专题研讨会交流论文，1983年

3. 章未、计有为、张思、王积伟、万迪慧：《从机制专业看高等工程教育的层次与规格》，教育部直属高等工业学校教育研究协作组第二次专题研讨会交流论文，《高等工程教育结构改革研究》，重庆大学出版社，1987年

4. 南京工学院教务处：《关于高等工业学校修订本科四、五年制教学计划的原则和规定》（建议初稿），《南京工学院高等工程教育学报》，1984年专辑

5. 南京工学院教务处：《我院教改的实践与体会》，《部分高等工业学校教学改革座谈会文集》，1986年

6. 南京工学院计算机科学与工程系：《计算机及应用专业评估试点实测工作总结》，《电子高等教育》，1986年

7. 章未：《全面发展，面向实际——教育方针、培养目标和成才道路的再认识》，国家教委教育研究课题研究报告，《高等工程本科教育的研究与改革》，1990年

8. 朱斐、吴人雄、黄一鸾、章未：《关于高等工程教育师资队伍建设及学科带头人成长因素的探讨》，《南京工学院高等工程教育学报》，1988年第1期

9. 东南大学专业建设咨询委员会：《关于东南大学专业建设和院系设置的建议方案》，《1990年东南大学年鉴》，东南大学出版社，1990年

10. 李忠实、章未、邢维龙：《经济建设与高等工程教育》，《东南大学高等教育学报》，1989年第1期

11. 邢维龙、章未、简耀光、李忠实：《高等教育适应社会需要辨析》，《江苏高教》，1989年第4期

12. 陈笃信、章未、李忠实：《十年改革，形成新格局——东南大学教育改革的实践》，《国际高等工程教育学术讨论论文集》，浙江大学出版社，1990年

13. 李廉水、章未：《发挥学校优势，促进社会发展》，高等学校与社区发展研讨会（北京）交流论文

14. 国家教委直属高等工业学校教育研究协作组：《发挥协作研究的优势，为建立我国社会主义高等工程教育体系而奋斗》，全国高等工程教育研究会成立大会交流论文，《高等工程教育研究》，1991年第3期

15. 陈笃信、章未、李延保：《明确目标，把握规律，加强管理协调关系》，《东南大学高等教育学报》，1992年第1期

16. 陈笃信、章未、许苏明：《新时期人才培养目标刍议》，《东南大学高等教育学报》，1992年第1期

17. 章未、祝宗泰：《也谈高校校办产业问题》，教育社会学研究会1992年年会交流论文，1992年

18. 东南大学、江苏工学院、南京化工学院、无锡轻工业学院四校合作课题组：《部属高等院校为地方经济建设和社会发展服务的研究——江苏省教育科学"八五"课题研究的主报告》，1993年

19. 朱斐、黄一鸾、吴人雄、章未（执笔）：《东南大学九十年史略》，《东南大学建校九十周年纪念专辑》，1992年

20. 章未、李忠实：《高等工程教育中的教师和学生》，《中国高等工程教育》（第九章），清华大学出版社，1995年

21. 章未：《江苏高校十年（1985—1995）》（东南大学部分），《江苏高校十年》，中国矿业大学出版社，1996年

22. 章未：《本科教学工作特色与存在问题》，《东南大学本科教学工作自评报告》（第二部分），1996年

23. 章未：《东南大学史》（第二卷）第七、九、十章及附录一，《东南大学史第二卷》，东南大学出版社，1997年

24. 章未：《殚思竭虑，拓宽专业学科；继往开来，创建综合学科——管致中在东南大学》，《东南大学校史研究第三辑》，东南大学出版社，1998年

25. 章未、黄一鸾、朱斐：《南工"教育革命"评说》，《学府史论》，天津大学出版社，1999年

后记

　　章未老师是我的老领导,也是我最尊敬的前辈之一。1982年,我从复旦大学中文系毕业,被分配到南京工学院(东南大学前身)任教,那时南工是"纯工科",新成立的文史组没地方落,就临时挂靠在教务处。处长是王荣年副院长兼任的,没过多久章未老师就从机械系调来当处长,所以从一定意义上讲,章老师也是我到学校后的第一个顶头上司。三十多年来,他一直对我关心备至,教益多多,对我成长影响很大。我们一直保持着亲密的联系,虽说不常见面,可心心相印,感情深厚,一见面总有说不完的话。他长我四分之一世纪,却一直视我为忘年交,那时不兴称头衔,我一直叫他"章老师",他则一直喊我"小时"或"时巨涛同志",称谓几十年不变。我与章老师是可以另讲一个故事的,因篇幅的关系,只说一些与这本书有关的事。

　　关于这本书的来历和为什么要写自传,章老师在"自序"中已说得很清楚了。本书的内容及价值,读者见仁见智,也自可体会评价,我亦不多说了。这里仅介绍一下本书成书及出版经过,并从校史研究的角度谈一点个人体会。

　　也许是巧合,章老师在高教所长任上及退休后的一段时间,学校曾委托他组织和参与校史研究及编纂工作。那时我已从社科系调入校办工作,与章老师在同一层楼,又受韦钰校长和朱万福副校长的指派负责联系这方面的事宜,所以除私人情谊外与他在工作上也有许多联系。当时校史主编是朱斐先生,校史编写组挂在高教所,章老师作为所长又是学校老人,不仅直接参与校史编撰工作(是第二卷主要著者之一),同时还承担了大量的组织和保障工作,可以说是东南大学校史研究工作的主要开创者之一(他在本书中有比较详细的记叙)。章老师拉我参加了校史第二卷中有关八十年代改革那部分章节的编写工作,还开玩笑说,我们都老了,根据二十年一修史的规矩，以后校史第三卷就由你来当主编了。当时只觉是一句玩笑，没想到"有幸而言中"。2015年我从党办主任任上退下后，也受命参与了校史研究工作并主持校史第三卷的编纂，这是章老师的期望，是事业和责任的传承，也是我们的缘分吧。

要研究历史，充分发掘和占有史料是第一位的。除了档案文献外，当事人的回忆和访谈是史料重要来源之一。所以校史研究室成立后，我们一直把访谈整理老先生、老领导的口述史，鼓励他们撰写回忆录作为一项重要工作。但这件事进行得并不顺利，原因主要是这些老同志大多年事已高，精力不够，如果无资料、无助手，让他们自己动手写回忆录非常困难。也有的人，回忆往事常常只凭记忆和印象，缺少"物证"和确切时间地点，或用现在的眼光现在的观点描述评价过去的人和事。还有不知什么原因，不少老同志过于谨慎，这不愿讲，那不让说，对重要而敏感的人和事常常避而不谈，往往口述好几天，整理出几万字，给左删删，右改改，棱角磨平，细节全无，真实性、趣味性和史料价值也大打折扣。总之，尽管这项工作很重要，但推进起来却出乎意料的困难。不过章老师是个"例外"。

从一开始做这事，我就想到章未老师。他1950年考入当时的南京大学工学院，1952年院系调整后作为南京工学院机械系第一届毕业生留校任教，到1992年退休，在校工作四十年，履历完整，命运曲折，阅历丰富，有"多运动"、多岗位的历练和经验，又有独立见解，博闻强记，是新中国成立后学校历史的见证人和活字典。我在宣传部和党办工作期间就经常就校史中的一些问题请教他，所以，搞口述史最先想到的就有他。可跟他说了两次，他虽然很赞同很支持我们做此事，可自己好像又不积极。我有些不解，但毕竟他是八十多岁的老人了，这事强求不得。

大约2017年中，有一天他打电话给我，希望我去一趟，见面时告诉我，因他和夫人年事已高，常有病痛，孩子不在身边，生活诸多不便，故决定迁往上海，入住老年公寓。他兴奋地向我描述了公寓的情形，说这样既离女儿近些，又不连累别人，是最好的选择，这次喊我来是告别的。我听了，真心觉得他的决定是对的，但多少还是有些怅然。我说，你走了，我会想你的，以后有些事还会请教你的，去那边，如果有空可以写点回忆文章给我们。章老师笑着拿出一本打印的册子递给我说："其实你要的回忆录我2008年就写好了，不过是写给孩子和故旧亲朋看的，让孩子们了解父辈是怎么走过来的，对自己也是个交代。从来没想过要出版，所以一直没给你。现在你拿去看看吧,不知是不是符合你们的要求？不行别勉强,不过再写,也写不动了。"我这才明白他喊我来的目的。他总是这样,对人对事都极其认真,我很感动。

章老师给我的打印本自传名曰《一个"老九"的自传》,大约十来万字,据他说曾自费印了几十本送给家人和老同学老朋友看。在回忆录中,他从个人的视角记叙了自己从青少年时代到退休后的人生经历。他以很大篇幅回忆了童年和青少年时代,他的家人、同学和朋友,回忆了战乱年代颠沛流离的生活,情深意切,痛楚而又温馨。他对二十世纪五六十年代到八九十年代,南工及东大许多重要时期发生的重要事件,对当年知识分子的境遇和心路历程有翔实的记录,细致入微,殊为宝贵。特别是他一直在教学一线工作,从助教到教授,从教学秘书、教学组长、教研室副主任、系副主任一直到教务处长、高教所所长,学校的教学及教学管理岗位一个不落;从新开课程、教材编写,到实习实践教学、专业建设,几乎每件事都从头做起,每一个环节都烂熟于心;从专业学科布局调整,到教育教学改革,从一线教学到宏观管理和理论研究,视野不断开阔,经验也愈加丰富。同时他亲历了从二十世纪五十年代初的知识分子思想改造,到"反右""大跃进""文革"直至改革开放后的历次运动,命运多舛,几度浮沉,记忆沉重。他参与了新中国高等教育从初创到改革开放以来几乎每一次重大改革和转变,对中国大学尤其是工科教育有着深刻认识和独立见解。这在同代人中是不多见的。加之章老师有较高的理论素养和文字功底,记忆力又好（以他的个性会有完整的笔记）,所以叙事完整,细节丰富,文笔生动,是学校历史一份不可多得的微观样本。他坦荡真诚,不粉饰、不诿过,真实地反映了那一代知识分子的激情与彷徨,奋斗与磨难。章老师算不得"名家大师",当官也只至"中层",即便命运坎坷,在那个时代,也只能说普通平常,但正因其普通,才更具有代表性和普遍意义。正如章老师在"自序"中所言："从一个特定人物（我）的人生轨迹中,管中窥豹,可以看到一个特定时间（新中国成立以来半个多世纪）、特定空间（高等学校）中极小的一个侧面,也并非完全没有意义。"斯言信也！常说"大时代的小人物"往往映照的却是"大历史"的真实印记,或者说历史本来就是由千千万万大大小小的"凡人"写成的。

也许熟悉传主,也许对那段历史多少有些了解,初读章老师自传时,常有异常欣喜亲切之感,在我读到的有关东南大学的历史回忆中,尤其是新中国成立后的这段历史，如此完整、坦荡、细腻和真实的个人记述是仅见的，许多故事生动有趣，时间、地点、人物记述准确（我曾对其中一些事件、人物甚至文件名称做过核对，发现无一不确），若与学校"正史"参照起来看，更有其独特的史料价值。

看了章书初稿后，我立刻与有关同志商定将其列入"东南大学教育人物丛书"出版计划，同时还给章老师提了两点小建议：一是，建议他对书中任学校教务处长和高教所所长期间的工作加以补充和丰富；二是，能否对退休后的生活（如京剧票友、校友聚会、探亲旅游）记叙过细的部分做适当删节。他最初写作时，因读者对象不同，多记述的是个人经历，所以"文革"前的故事比较具体，细节也很生动。而后期，他担负的工作更重要，影响也更大，反而着墨不多，过于谦逊，许多细节一笔带过。我从校史研究角度出发，自然希望他能多写一些。而退休之后的生活，也许离得比较近，故着墨也琐碎了一点。不过我建议，他书中涉及家庭和家族部分一定要保留，因为家庭境遇和家族史亦是了解个人和民族文化历史的重要方面。

为把这事儿做得妥善些，2019 年 3 月，我和校史研究室的郭淑文特地去上海的老年公寓与章老师具体商量本书出版事宜。事情进展非常顺利，章老师不仅从善如流，同意了我的意见，谈妥了具体事项，而且花了两个半天时间与我们聊学校往事，回答疑问，快九十岁的老人还爬上蹲下为我们找资料、找照片。接下来，他又花了几个月的时间，全面修改和大大丰富了本书的内容，由原先十几万字扩充到二十多万字。特别让人感动的是，这本书的每一个字，都是由一位耄耋之年的老人在键盘上一个一个敲打出来的；每一幅照片，都是他从保存的几千张照片中一一选出并详加注释的，有些照片十分珍贵，弥补了校史收藏的不足。在这期间，他与郭淑文、本书责编陈淑和我为这本书不知几多微信往来，最后才成了今天放在我们面前的《我的人生轨迹》这本自传。

过去看有些名人传记或口述史，常常不理解为什么看上去薄薄的一本书会花费那么多时间，有时长达几年甚至十数年，此次经历，方知殊为不易。章书若从 2008 年初稿成就算起，到今天即将正式出版，其间竟也有十二年了。

在章老师九十寿辰之际，他的自传出版是一件值得庆贺的事，应感谢的人很多，我这里特别说两个人。一位是章老师的夫人范元明老师。我很早就认识师母，年轻时常去章家，每每看到他们夫妻之间的那种相濡以沫、温情默契，都会有一种莫名的感动。我也曾听过章老师"相亲"的故事，可他说，他跟范老师一辈子没红过脸吵过架，我当时是有些不信的。章老师的书中，关于老伴着墨甚多，字里行间，伉俪情深；一辈子风风雨雨，不弃不离，让人相信世间真的有所谓"一见钟情""天作之合"的缘分。章老师两口子都是长寿之人，年近九十依然耳聪目明，热爱生活，充满活力，我想一定与婚姻美满、家庭幸福有极大关系。

还有一位就是为章老师自传作序的钟秉林教授。请钟兄作序不是因为他"官"大，而因为他是章老师的"嫡出"弟子，师生情深，这一点无论是从章书中，还是从钟序中都可以清楚地感受到。我还可以透露一点，大约三十二年前，韦钰校长在东南大学破格晋升的第一批四个青年副教授中就有钟兄，记得当时我与章老师聊起此事，他喜形于色，说他那批学生中最优秀的就是钟秉林，得意之情，至今难忘。这次《我的人生轨迹》成稿，循例要请人写序，我曾列出几人征求他意见，是他提出钟秉林对他比较熟悉了解，还是希望钟来写。我和钟兄亦有三十多年的友谊，遂自告奋勇去说，并寄去书稿，钟兄一口答应，不到一周就看完书稿，写了序寄回，师生情缘，溢于言表。

至于我，人生中能遇到章老师这样一位好领导、好前辈和忘年交是一种幸运，能为促成他老人家回忆录出版出一点力也是我们的缘分。

时巨涛

2020 年 6 月 25 日

（作者系东南大学校史编纂委员会副主任，原党委办公室主任）